L'économie entre performativité, idéologie et pouvoir symbolique

L'homme et la société

Revue internationale
de recherches et de synthèses en sciences sociales

L'économie entre performativité, idéologie et pouvoir symbolique

Coordonné par

Bruno Ambroise, Grégory Salle et Richard Sobel

Revue soutenue par l'Institut des Sciences Humaines et Sociales du CNRS et le CNL

L'Harmattan

L'homme et la société

Revue internationale
de recherches et de synthèses en sciences sociales

Secrétariat de rédaction

Jean-Jacques Deldyck - Université Paris 7 - Boîte courrier 7027
75205 Paris Cedex 13 - Téléphone 01 57 27 64 86
E-mail : deldyck@univ-paris-diderot.fr

5-7, rue de l'Ecole polytechnique, 75005 Paris
http://www.harmattan.fr
diffusion.harmattan@wanadoo.fr
harmattan1@wanadoo.fr
ISBN : 978-2-343-08304-9
EAN : 9782343083049

L’homme et la société

Revue internationale
de recherches et de synthèses en sciences sociales

N° 197 **2015/3**

Éditorial. Le 11 janvier. Avant, après..7

* * *

L’ÉCONOMIE ENTRE PERFORMATIVITE, IDEOLOGIE ET POUVOIR SYMBOLIQUE

Bruno Ambroise, Grégory Salle et Richard Sobel
L’économie entre performativité, idéologie et pouvoir symbolique.... 13

Nicolas Brisset,
Comment (et pourquoi) repenser la performativité des énoncés théoriques ?.. 31

Frédéric Lebaron
Discours d’institution et pouvoir symbolique.
Le cas des banques centrales.. 65

Philippe Batifoulier
Performativité et théorie conventionnelle.
Une application à l’assurance santé 79

Florence Jany-Catrice
La légitimation académique d’un projet politique.
Le cas de la création des « services à la personne »......................105

François Flahault
Quand la science contribue à créer l’ordre du monde....................131

* * *

HORS DOSSIER

Catherine Brégianni et Antonis Antoniou
Mémoire et oubli des institutions associatives : micro-analyse de réseaux coopératifs dans la Grèce de l’entre-deux-guerres et politique centrale..147

DEBATS ET CONTROVERSES

Jean-Pierre Garnier
L’invisibilisation urbaine des classes populaires........................169

Sophie Wahnich
Faire face 191

NOTES CRITIQUES

Bruno Ambroise
À propos de Fabian MUNIESA, *The Provoked Economy : Economic reality and the performative turn* (Routledge, 2014) 205

Grégory Salle
Une dissonance cognitive bien ordonnée :
les économistes et la crise du néolibéralisme 217

REVUE DES REVUES 227

COMPTES RENDUS 245

Résumés/Abstracts 271

* * *

Toute la correspondance — manuscrits (double interligne, 35 000 signes maximum pour les articles, 4 200 pour les comptes rendus), livres, périodiques — doit être adressée à la **Rédaction** : L'homme et la société -

ABONNEMENTS ET VENTES AU NUMERO

Éditions L'Harmattan 5-7 rue de l'École-Polytechnique 75005 PARIS

Un abonnement annuel couvre 3 numéros dont 1 double

(joindre un chèque à la commande au nom de L'Harmattan)

France : 60 € — Étranger par avion : 65 €

Éditorial

Le 11 janvier. Avant, après

Je ne souhaite pas ici dérouler une analyse de la réaction aux attentats des 7 et 9 janvier 2015 à Paris — avec le texte de Sophie Wahnich, une telle analyse est proposée, du point de vue d'une historienne de la Révolution française dont l'auteure revendique à juste titre la pertinence. Je vais plutôt essayer quelques remarques de méthode, au sens large de ce dernier thème.

Une première caractéristique me semble devoir être signalée, et peut-être commande-t-elle toutes les autres, la participation massive aux manifestations du 11 janvier 2015. Ce grand nombre dans une période de basse mobilisation militante, politique et syndicale, est à soi seul remarquable : la quantité fait ici qualité. Non qu'il s'agisse de rejouer par là la dialectique en vertu de laquelle le quantitatif se mue en qualitatif comme le plomb se transforme en or. Non, simplement le caractère massif des manifestants, peut-être du jamais vu, indique la spécificité de ce qui s'est passé le 11 janvier. Ce qui s'est passé alors mérite d'être rangé dans la catégorie de l'imprévisible. En quoi ce qui s'est passé a fait événement.

Aussi, les analyses ne doivent-elles pas — ce que majoritairement elles s'empressent de faire — réinscrire un tel événement dans les schèmes de la prévisibilité. N'imitons surtout pas ces économistes orthodoxes qui, dans l'après-coup confortable de leurs préjugés, restituent la crise dite des *subprime mortgages* dans un cours des choses dont ils prétendent posséder la clef alors qu'ils n'ont rien vu venir. Il faut, au contraire, tenter de dérouler des explications qui soient capables de respecter cette imprévisibilité, de l'intégrer sans la réduire. Nous devons faire nôtre le défi que Sartre se lance à lui-même lorsqu'il énonce le principe du genre biographique : alors que celui ou celle dont on s'attache à raconter la vie n'existe plus que sur le mode de l'être-pour-autrui, il convient de ressaisir le mouvement de l'être-pour-soi de cet existant, maintenant disparu, dans son projet.

Pour suivre cette recommandation, valant tant pour un sujet individuel que pour un sujet collectif, il importe de se défaire de l'illusion du déterminisme social sous l'emprise de laquelle trop de discours sociologiques ou historiques s'abritent. Loin d'être explicative, la catégorie du « déterminisme social » a vocation normative, elle se retrouve en bonne place dans toute idéologie de la domination invitant, à vrai dire sous une forme injonctive, au conformisme social et à l'irresponsabilité.

Qui en appelle au déterminisme laisse apparaître par là-même la contradiction de sa thèse car en la posant il s'en exempte. Cette exemption est préalable, elle est la condition même de l'énonciation du déterminisme. Celui ou celle qui se libère du déterminisme en en faisant un objet de connaissance accède à cette position qu'il s'est préalablement ménagée. En quoi le déterminisme est un « finalisme honteux » dans la mesure où sa vocation est de légitimer la position de qui l'énonce.

Le déterminisme social, c'est toujours pour les autres. Pas pour l'analyste tout imbu de son objectivité, et moins encore pour le dominant plein de sa légitimité.

Le refus de tout recours à cette pseudo-notion ne signifie en rien l'ignorance des déterminations sociales, comme le déclare fortement la présentation de la revue,

> « [...] notre revue entend assumer aujourd'hui la même ambition de sortir les sciences sociales de conceptions transcendantes tendant à enfermer l'activité sociale dans des cadres indépassables tels la "mondialisation", la "société post-industrielle", la "société de l'information", etc. À ce titre, elle se revendique d'un matérialisme visant à élucider les déterminations de l'activité sociale, ses oppressions mais aussi les ouvertures qui s'y révèlent pour les acteurs. Son projet est simultanément théorique — par son ambition de déjouer les pièges de la transcendance —, empirique — par son attention aux déterminations des situations sociales — et pratique — par son attention à l'expérience et aux attentes des acteurs dans une perspective de transformation sociale. »

Le déterminisme social délimite un contexte tandis que les déterminations sociales opèrent en situation. Le « contexte » est conçu pour encercler les acteurs historiques-sociaux, les enfermer dans une époque, qui pèse sur eux de l'extérieur, mécaniquement ; contexte et acteurs sociaux sont deux entités d'abord indépendantes que la sagacité de l'historien(ne) réunit après coup, mais quelle que soit sa dextérité il n'empêche qu'elle a manqué l'essentiel en s'exerçant dans l'après-coup. Essentiel que la « situation » préserve pour sa part en ce qu'elle ne peut être pensée indépendamment des sujets sociaux-historiques ; l'une et les autres sont strictement contemporains. Les déterminations sociales ne sont pas des éléments constituants de la situation — laquelle, en les accueillant à ce titre exclusif, se dégraderait en contexte — car elles jouent dans l'ordre même de la relation entre sujets et déterminations — relation qui est à elle seule toute la réalité socio-historique. *À la fois et tout en même temps*, les déterminations sociales *font* les sujets historiques-sociaux et *sont* ces mêmes sujets.

Opter pour la situation au détriment du contexte, pour les déterminations sociales contre le déterminisme, rend attentif et sensible au fait que les raisons qui ont conduit à participer à la manifestation du 11 janvier ou ont servi à justifier cette participation ont été pour le moins diverses.

Deux ou trois évidences.

La typologie des collectifs dépend du mode, plus ou moins durable, de se rapporter aux autres. Se rapporter aux autres n'est pas occasionnel, nous nous rapportons aux autres en permanence, mais selon des modalités très variables. De plus, ce mode de se rapporter aux autres n'est jamais seulement une relation duale, il implique toujours un tiers. Lequel circule, si bien que les rôles sont interchangeables.

Lorsqu'on prétend qu'un « esprit républicain » a présidé aux rassemblements du 11 janvier, on fait l'hypothèse que le tiers (l'esprit républicain, donc) est hypostasié, les manifestants étant ainsi confondus avec des émanations de ce tiers. Une telle représentation des rassemblements d'alors vient conforter les instances du pouvoir étatique, lequel peut ainsi se croire l'initiateur de ces manifestations et son principal bénéficiaire puisque de telles instances s'auto-présentent comme l'incarnation de cet esprit républicain. Pour contrer une telle mainmise présidentielle et gouvernementale sur les manifestations qu'il suffise de rappeler que des rassemblements ont eu lieu dès le 7 janvier sans que l'État et le gouvernement, ni d'ailleurs une quelconque organisation, y soient pour quelque chose. L'intervention étatique-gouvernementale a seulement tenté de profiter de ces premières mobilisations pour faire croire, et se faire croire — tout autant et sans doute plus encore — qu'il était capable d'organiser une riposte populaire aux attentats. Avec l'arrière-pensée politique de prouver, et plus encore de se prouver, qu'il bénéficierait d'un soutien populaire en dépit de tous les indicateurs qui le montrent isolé du fait de sa non-politique et de son attitude de technicien gestionnaire seulement soucieux de la bonne marche d'une économie censée fonctionner en toute autonomie, en toute extériorité, et de la seule manière possible [1].

1. Dans cette conception, l'économie est un ensemble qui n'est pas à proprement parler social, plutôt un dispositif neutre, comme à côté de la société et cependant apte à répondre aux besoins de celle-ci. Or, ce qui est communément appelé « économie » est avant tout une structure de pouvoir.

Que des manifestants aient répondu à l'appel officiel, il n'y a pas de raison d'en douter, mais déclarer tout bonnement que tous les manifestants ont été mus par cet appel, c'est faire preuve de mauvaise foi du côté des analystes et de propagande du côté du pouvoir.

Le tiers iconique « Je suis Charlie », qui a surgi dès les premières mobilisations, s'inscrit dans la lignée du tiers républicain. Avec une différence malgré tout. Si le tiers républicain est susceptible de variations (l'égalité devant la loi ou la liberté par la loi, par exemple), celles-ci voient leur amplitude se restreindre à partir du moment où les exigences républicaines sont projetées dans la transcendance de l'« *esprit* républicain ». Les voilà sanctifiées, hors de portée du « peuple », pourtant seul susceptible de les faire vivre et de les renouveler.

En revanche, le tiers « Je suis Charlie » fonctionne sur le principe de l'« auberge espagnole » dans laquelle, dit-on, il était possible d'apporter son repas. De même « Je suis Charlie » autorisait chacune et chacun à l'investir personnellement. Ce ne fut sûrement pas un slogan politique. Ce fut plutôt un signe de reconnaissance tel qu'il fonctionne sur les réseaux dits sociaux, lesquels n'ont pas manqué de jouer leur rôle dans cette mobilisation. Par son indétermination, « Je suis Charlie » offre l'occasion d'une identification ouverte parce que flottante, accueillante parce qu'au pourtour flou (précisons qu'il est possible d'envisager une identification ouverte et accueillante tout en étant affirmative d'elle-même et revendicative) ; seuls les dirigeants et membres du Front national en étaient exclus.

Un tel signe de ralliement traduit un certain mode d'être collectif qui combine la décision d'être ensemble avec la dominance des relations duales dans la structuration de ce collectif. Autrement dit, le fait d'avoir choisi d'être là en même temps que les autres n'a nullement aboli le caractère sériel des relations que les uns et les autres ont entretenu au sein du rassemblement. Là ensemble, et pourtant simplement juxtaposés. Ayant décidé de se rassembler, pour réagir contre les attentats, tout en restant profondément affectés de passivité. L'unité de ces rassemblements leur est venue de l'extérieur — un attentat à la fois odieux, comme de nombreux autres, et proche — sans que cette passivité soit surmontée par un projet issu du rassemblement lui-même, qui lui aurait permis, pour retenir à nouveau le vocabulaire sartrien, de s'extraire du statut de collectif (rassemblement passif dont la sérialité est l'*exis*) pour accéder à celui de groupe (ensemble d'individus dépassant leur milieu pratico-inerte par leur *praxis* inspirant un projet commun). Le « Je suis Charlie » est une aubaine qui permet de masquer cette impuissance propre aux collectifs en promouvant illusoirement un « je » collectif supposé, du même coup, porteur d'un projet qu'on ne se donne surtout pas la peine de définir et que l'on peinerait à définir.

Ainsi, la multiplicité des motifs — défendre la liberté d'expression, assurer que l'on n'a pas peur, dresser la culture contre la violence... —, qui ont poussé à se rassembler, a déjoué l'efficace du déterminisme par inconsistance, par indétermination en quelque sorte, et nullement par sa contestation comme outil de la domination.

Et s'il nous a semblé difficile de décrire une continuité entre les mobilisations du 11 janvier et ce qui a précédé, il nous apparaît tout aussi clairement qu'elles n'ont eu aucune suite dessinant la possibilité d'un mouvement social. Une sorte d'épisode écrit au seul présent, niché dans un instantané. La seule conséquence qui puisse être rattachée à ces manifestations, c'est le renforcement sécuritaire orchestré par l'exécutif. Dans la mesure où le pouvoir a décidé d'interpréter ces mobilisations comme autant de demandes sécuritaires.

Il est certain qu'un événement ainsi abstrait de la continuité temporelle, de l'avant comme de l'après, est un indice significatif de l'état de la société française dont il conviendrait de profiter sur le plan de l'analyse.

Michel KAIL

* * *

Sciences sociales et santé

Vol. 32, n°1

Mars 2014

Revue trimestrielle

Sommaire

Éric Gagnon, Michèle Clément, Marie-Hélène Deshaies — Sujets de droits : l'interprétation des droits des malades

Marion Girer — Les droits des patients : les enjeux d'une autonomie affirmée (*Commentaire*)

Marie Schnitzler — Le rôle de l'entourage au sein de l'hôpital africain : une thématique négligée ?

Geneviève Cresson — Les rôles et les tâches multiples de l'entourage des patients (*Commentaire*)

Christopher Lantenois, Benjamin Coriat — La « préqualification » OMS : origines, déploiement et impacts sur la disponibilité des antirétroviraux dans les pays du Sud

Gaëlle Krikorian — Le programme de préqualification de l'OMS au cœur d'un conflit sur la propriété intellectuelle (*Commentaire*)

La rédaction a reçu

Remerciements

Tarifs d'abonnement 2014 (4 numéros par an)

	FRANCE	UE ET SUISSE	AUTRES PAYS
Étudiants	85 €	101 €	109 €
Particuliers	116 €	132 €	140 €
Institutions	269 €	285 €	293 €

Le paiement est à effectuer à l'ordre de John Libbey Eurotext et doit être adressé à :
Éditions John Libbey Eurotext - 127, avenue de la République
92120 Montrouge
01.46.73.06.60
contact@jle.com

Sciences Sociales et Santé

publié par l'Association pour le Développement des Sciences Sociales de la Santé (ADESSS) et soutenue par l'Institut des Sciences Humaines et Sociales du Centre National de la Recherche Scientifique (CNRS)

L'économie entre performativité, idéologie et pouvoir symbolique *

Il est devenu presque banal de remarquer que, depuis bientôt deux décennies, la « performativité » est devenue une notion en vogue dans les sciences sociales. Le succès était déjà suffisamment notable pour qu'un tel constat soit, il y a dix ans, le point de départ d'une analyse des « migrations » de cette notion, passant en revue ses « nouveaux visages [1] ». Un succès au demeurant assez paradoxal si l'on considère que, comme l'ont remarqué eux-mêmes certains des initiateurs de ce remaniement conceptuel, il s'agissait chez son créateur, John L. Austin [2], d'une notion problématique et même caduque, dans la mesure où il s'est évertué à la dépasser à peine élaborée. Il s'agissait en outre d'une notion qui ne prenait pleinement sens qu'au sein de sa réflexion générale sur les actions accompliesau moyen du langage et des problèmes auxquels elle répondait. Pourtant, elle s'est répandue d'une manière si manifeste qu'on a pu parler d'un « tournant performatif [3] » dans les sciences sociales en général et dans la sociologie économique et l'épistémologie de l'économie en particulier,

---

* Ce dossier prend pour partie appui sur des travaux interdisciplinaires menés dans le cadre et avec le soutien de la Maison européenne des sciences humaines et sociales (MESHS) de Lille en 2012 et 2013.

1. Jérôme DENIS, « Préface : Les nouveaux visages de la performativité », *Études de communication*, n° 29, 2006, p. 8-24. Voir plus largement le dossier « Performativité : relectures et usages d'une notion frontière » dont ce texte est l'introduction, notamment l'article de Marc LENGLET, « Des paroles aux actes : usages contemporains de la performativité dans le champ financier ». Deux ans plus tard, le colloque « Performativité et politique : au-delà de la sociologie économique », organisé à l'université de Toulouse en octobre 2008, témoignait de la vivacité de cette approche.

2. John L. AUSTIN, *Quand dire, c'est faire*, Paris, Seuil, 1991 [orig. : *How to do things with words ?*, 1962].

3. Voir Fabian MUNIESA, *The Provoked Economy. Economic Reality and the Performative Turn*, Londres/New York, Routledge, 2014 (notamment la 1re partie, p. 5 *sqq.*). L'expression se retrouve dans une perspective propre chez Christian LICOPPE, « Michel Callon et le " tournant performatif " de la théorie de l'acteur-réseau », in Madeleine AKRICH, Yannick BARTHE, Fabian MUNIESA et Philippe MUSTAR (dir.), *Débordements. Mélanges offerts à Michel Callon*, Paris, Presses des Mines, 2010, p. 291-298.

tournant amorcé par l'ouvrage collectif inaugural publié en 1998 sous la direction de Michel Callon[4]. Reprise et discutée par d'autres auteurs, en France mais aussi, voire surtout, dans le monde anglophone, cette approche s'est développée en tant que contribution importante au renouvellement théorico-empirique des sciences sociales de l'économie, justifiant par exemple un chapitre dans le *Traité de sociologie économique*[5].

Des débats ont eu lieu depuis la fin des années 1990 quant à la précision conceptuelle et la portée heuristique de cette notion et donc à l'envergure de l'innovation théorique auquel elle prétendait[6]. Toutefois, ces débats, même s'ils furent parfois assez vifs, ont été partiellement éclipsés par l'ampleur et la rapidité de la diffusion du terme de « performativité » et ses dérivés, bien au-delà d'ailleurs du domaine économique. De plus, en dépit d'efforts de clarification de la part de ses introducteurs et promoteurs qui ont pu lever certains malentendus, le terme pâtit d'un effet de mode qui contribue à nourrir l'équivoque, quand il n'est pas utilisé à tort et à travers. Le fait que, ces dernières années, une expression quelque peu brumeuse comme celle de « *critical performativity* » ait fait son chemin du côté des dites « sciences de gestion » signale que, sous couvert de prolongements ou de compléments, on risque fort une dilution conceptuelle semant la confusion plutôt qu'apportant un quelconque éclaircissement. Il en va de même, dans une moindre mesure, avec l'expression de « contre-performativité » dont certains usages au moins peuvent laisser perplexe. Il n'est pas superflu d'évoquer ici un décalage ou un hiatus linguistique rarement relevé, qui pourtant contribue sans doute à nourrir des mésententes transatlantiques. En français, les mots construits ou traduits autour de la racine « perform- » (le verbe « performer » ou le substantif « performation », que M. Callon a substitué dans un second temps à « performativité »[7]) véhiculent une connotation quelque peu ésotérique et

---

4. Michel CALLON (dir.), *The Laws of the Markets*, Oxford, Blackwell, 1998.

5. Fabian MUNIESA et Michel CALLON, « La performativité des sciences économiques », in Philippe STEINER et François VATIN (dir.), *Traité de sociologie économique*, Paris, PUF, 2009, chap. 8, p. 289-324.

6. De ce point de vue, l'ouvrage de Donald MACKENZIE, Fabian MUNIESA et Lucia SIU (eds.), *Do Economists Make Markets ? On the Performativity of Economics*, Princeton, Princeton University Press, 2007 apparaît autant, voire plus, comme un état des lieux des désaccords que comme un manifeste.

7. Voir la formulation des « tensions constitutives », in Fabian MUNIESA et Michel CALLON, « La performativité des sciences économiques », *op. cit.*, p. 297-302. D'où la traduction utilisée par Donald MACKENZIE et Yuval MILLO, « Construction d'un marché et performation théorique. Sociologie historique d'une bourse de produits dérivés financiers », *Réseaux*, n° 122, 2003, p. 15-61.

en tout cas savante (ces termes n'apparaissent pas dans les dictionnaires courants) qu'elle n'a pas en anglais, où *to perform* est un verbe parfaitement commun, qui se traduit par « effectuer », « réaliser » voire tout simplement « faire ». De ce point de vue, même une fois posé que « [p]erformer c'est provoquer, instaurer, constituer, faire que quelque chose a lieu[8] », le surplus de précision théorique obtenu par l'usage du terme de « performation » par rapport à « réalisation », « effectuation » ou même « actualisation » (au sens du passage de la puissance à l'acte) n'est pas toujours évident.

Ce sont là des premières raisons justifiant de verser une nouvelle pièce, au moyen de ce numéro de *L'homme et la société*, à un dossier déjà raisonnablement épais. Mais la raison décisive réside dans la conjoncture théorico-politique qui est la nôtre — qu'on ose à peine qualifier de « crise » tant le mot a perdu tout sens hormis la désignation d'un mode de gouvernement[9]. On sait que la notion d'« épreuve » figure en bonne place dans la panoplie conceptuelle de la « sociologie de la traduction » (ou « théorie de l'acteur-réseau »), dont « l'approche par le performatif » est une expression tardive. Or, on conçoit difficilement épreuve de réalité plus massive que la « crise » ouverte en 2007-2008. Convertie en épreuve de connaissance, elle offre d'autant plus un test empirique grandeur nature aux efforts théoriques que l'une de ses caractéristiques est précisément d'avoir entraîné un vaste ensemble de réflexions sur l'impact des « idées » sur le « réel », y compris sous la forme documentaire[10]. En quoi alors la sociologie de la traduction, *via* la notion de performativité telle qu'elle l'emploie, aide-t-elle concrètement à penser une « crise » (guillemets inclus) qui fait directement écho aux préoccupations qu'elle a mises en avant ?

L'enjeu tient en somme en un triple questionnement. Le premier est celui des conditions de pertinence de l'extension sémantique d'un concept extrait de sa problématique initiale : l'identité formelle du mot peut masquer un usage qui a peu à voir avec son acception première, ce qui, même si la torsion de sens est parfois signalée par ceux qui l'opèrent, est source de confusion dans la mesure où le terme est de fait attaché à Aus-

8. Fabian MUNIESA et Michel CALLON, « La performativité des sciences économiques », *op. cit.*, p. 301.

9. Voir par exemple le numéro 30 de la revue *Lignes* (2009), « De la crise comme méthode de gouvernement ».

10. On pense notamment à *The Inside Job* (Charles FERGUSON, 2010) ou *Capitalisme* (Ilan ZIV, 2014).

tin qui l'a construit pour des raisons conceptuelles précises. Le deuxième concerne la portée heuristique de la notion : dans quelle mesure a-t-elle été source de connaissance ou, en d'autres termes, a-t-elle fondé un regard réellement original sur les objets concernés, mettant en lumière une dimension jusque-là négligée ou inaperçue ? Le troisième questionnement, le principal peut-être, a trait au rapport entre l'approche par la performativité telle que portée par la sociologie de la traduction, d'une part, et d'autres courants de pensée et perspectives théoriques, de l'autre, et ce particulièrement du point de vue de la question de la critique. La position de cette sociologie paraît de ce point de vue ambivalente, hésitant entre critique de la critique, posture post-critique et reprise de la critique par d'autres moyens ; une oscillation que la conjoncture présente invite à discuter.

Un emprunt terminologique qui produit des effets heuristiques au risque d'un brouillage théorique ? (ou : un enfant dans le dos de John L. Austin)

Élaborée à l'origine dans le cadre de la philosophie du langage ordinaire (contre le paradigme descriptif du langage), puis dans la pragmatique linguistique (davantage attentive aux conditions langagières d'énonciation), la notion de performativité a vu son sens s'élargir à mesure que son usage s'est diffusé à divers champs des sciences sociales. On la retrouve en effet de la philosophie des normes — ce qui n'est guère étonnant au regard de la connexion originaire entre actes de langage et droit, personnifiée non seulement par Austin mais aussi par Adolf Reinach [11] — jusqu'à l'anthropologie de l'écriture, en passant par la théorie sociale et notamment les *gender studies* [12]. Mais c'est sans doute dans la sociologie économique que son succès est le plus patent. Son adoption a donné lieu à un ensemble de travaux stimulants, y compris par certaines différences entre les auteurs sur certains aspects (relatifs par exemple à la production de l'*homo œconomicus* et à la notion d'encastrement), travaux appuyés sur de nombreux cas d'étude permettant de voir la notion à l'œuvre dans

---

11. Pour une discussion autour de ce point, voir, dans deux perspectives différentes, Sandra LAUGIER, « Performativité, normativité et droit », *Archives de Philosophie*, n° 67/4, p. 607-627 ; Béatrice FRAENKEL, « Actes écrits, actes oraux : la performativité à l'épreuve de l'écriture », *Études de communication*, n° 29, 2006, p. 69-93.

12. Voir Judith BUTLER, *Le pouvoir des mots. Politique du performatif*, Paris, éd. Amsterdam, 2004. Pour une critique de cette conception, voir Bruno AMBROISE, « Peut-on penser une construction performative du genre ? », *Agone*, n° 43, 2010, p. 142-167.

des analyses empiriques. C'est même sans doute l'un des principaux mérites de cette approche que d'avoir constitué un véritable programme théorico-empirique (contre la fétichisation du « terrain » ou la survalorisation des « usages »), se servant d'un effort de remaniement conceptuel comme d'un aiguillon de l'enquête.

Par-delà des variations ou distinctions mineures, l'idée fondamentale est la suivante : les « sciences économiques », l'économie comme discipline, comme savoir, ne forment pas seulement (voire pas du tout) un discours neutre se bornant à décrire ou observer l'économie comme activité ; bien plus, elles la « performent », c'est-à-dire qu'elles contribuent à la faire advenir, qu'elles participent à son accomplissement, à sa configuration, à son objectivation. En ce sens, on a pu considérer que, à l'instar des discours qui modifient l'état du monde, tel celui de la promesse ou celui du mariage, le discours économique avait un effet « performatif ». Cette idée maîtresse n'apparaît cependant pas comme l'apport le plus original, même s'il est vrai qu'elle éclaire à sa manière le point aveugle d'une position consistant simplement à dévoiler les impensés et à dénoncer l'irréalisme, sinon la fausseté mystificatrice, des modélisations économiques [13]. Reconnaître qu'un discours (à prétention) scientifique a des effets observables dans le monde réel n'a en soi rien de très nouveau. Ce ne serait pas faire beaucoup crédit aux penseurs du capitalisme que de penser qu'ils n'avaient jamais songé au fait que, par exemple, les conceptions mercantilistes ou physiocratiques (et plus tard monétaristes ou keynésiennes) ont puissamment informé le capitalisme « réel »... Cela ne s'est pas toujours accompagné de descriptions en bonne et due forme, certes... Quoique : plus près de nous, en s'opposant au paradigme descriptif du langage statistique pour en montrer tout l'aspect normatif voire prescriptif, Alain Desrosières n'avait-il pas, non seulement dit, mais bien montré l'essentiel ? [14] On y retrouvait en tout cas un enjeu central de la sociologie de la traduction, consistant à suivre pas à pas comment des énoncés sont traduits en modes d'organisation pratiques, par quelle chaîne sociotechnique on passe du discours (ou d'ailleurs de la pensée) à sa réalisation tangible.

---

13. Sur la critique sociologique de l'économie comme « fausse science », voir Philippe STEINER, « La tradition française de critique sociologique de l'économie politique », *Revue d'Histoire des Sciences Humaines*, n° 18, 2008, p. 63-84.

14. Voir les travaux d'Alain DESROSIERES, de *La politique des grands nombres* (Paris, La Découverte, 1993) à *Prouver et gouverner* (Paris, La Découverte, 2014). Les premiers travaux du britannique Donald MacKenzie, l'un des principaux noms attachés à l'approche considérée ici, avaient justement trait à la sociologie de la statistique.

De cette attention à la trame sociotechnique découle sans doute le point le plus remarquable de la sociologie qu'on peut dire, faute de mieux, « performativiste » : l'attention portée non seulement au discours, mais aussi, voire surtout, aux médiations techniques par lesquelles il transite sous forme objectivée, donc aux objets, supports, équipements, etc., jouant un rôle de médiateurs et non seulement d'intermédiaires [15]. C'est ici que l'usage de la notion se distingue du concept de prophétie autoréalisatrice élaboré par Robert Merton, centrée sur les phénomènes de croyance collective [16]. Les assertions scientifiques ou à prétention scientifique, telles celles de l'économie comme discipline, sont imbriquées dans des rapports non seulement discursifs et plus largement symboliques (juridiques, par exemple) mais aussi dans des dispositifs matériels, l'ensemble formant des agencements ; d'où la propension à parler d'agencements marchands plutôt que de marchés. Si l'étude de ces agencements a donné lieu à de passionnantes études de cas, certaines interrogations subsistent néanmoins. Elles tiennent d'abord au terme directeur lui-même, en raison d'une « opération d'emprunt » qui en a effectivement « modifié le sens » initial [17]. Il faut dire que reprendre un terme forgé en référence au langage pour en fait porter l'attention sur autre chose, et même d'une certaine manière minorer le rôle du discours en se concentrant sur les éléments matériels qui lui donnent consistance, donc s'éloigner fortement de l'inspiration austinienne (pour ne pas dire la prendre à contrepied !), ne pouvait manquer de jeter le trouble… C'est notamment de ce trouble dont traite Nicolas Brisset dans sa contribution au présent dossier intitulée « Comment (et pourquoi) repenser la performativité des énoncés théoriques », contribution qui propose une conception alternative, conventionnaliste, née de l'articulation entre Austin et David Lewis ; pour Austin, en effet, les effets performatifs sont nécessairement conventionnels.

Sans revenir ici en détail sur la genèse et le sens de la notion, abordés dans au moins deux contributions du dossier (celles de Nicolas Brisset et de François Flahault), rappelons qu'Austin forge le terme « d'énoncé performatif » en distinguant d'abord clairement les énoncés constatifs (ou descriptifs) des énoncés performatifs. Les premiers sont les énoncés tradi-

---

15. Pour reprendre la distinction de Bruno LATOUR dans *L'espoir de Pandore*, Paris, La Découverte, 2001, p. 328-329.

16. Michel CALLON, « What Does It Mean to Say That Economics Is Performative ? », in Donald MACKENZIE, Fabian MUNIESA et Lucia SIU (eds.), *Do Economists Make Markets ?*, *op. cit.*, p. 321 *sq.*

17. Fabian MUNIESA et Michel CALLON, « La performativité des sciences économiques », *op. cit.*, p. 295.

tionnellement privilégiés par l'analyse philosophique, en ce qu'ils disent quelque chose à propos du monde et ont ainsi un contenu analysable en termes de conditions de vérité. À l'inverse, les énoncés performatifs identifiés par Austin ne sont précisément pas analysables en termes de vérité ou de fausseté, car il s'avère qu'ils ne décrivent rien mais font plutôt quelque chose ; c'est le cas des énoncés de promesse, de mariage, de baptême, etc. : ces énoncés ne parlent pas de l'état du monde mais le modifient. Or, cette distinction initiale, qui avait surtout pour objet de contester la prééminence accordée à l'analyse logique des énoncés censés dire le vrai, est rapidement battue en brèche par Austin lui-même, qui montre qu'en réalité tout énoncé comprend une dimension « actionnelle » qu'il qualifie d'illocutoire. Autrement dit, la distinction entre les énoncés constatifs et les énoncés performatifs n'était que provisoire et reposait sur l'illusion que seuls certains énoncés avaient une dimension actionnelle. Ayant montré que cette dimension était générale, Austin abandonne la distinction initiale au profit d'une tripartition d'aspects valant pour tous les énoncés : l'aspect locutoire, l'aspect illocutoire et l'aspect perlocutoire. Lorsque l'on parle et que l'on réussit à utiliser ses mots pour dire quelque chose, trois choses au moins, nous dit Austin, sont accomplies : un acte locutoire, un acte illocutoire et un acte perlocutoire. Prenons l'énoncé « Je vous déclare mari et femme », utilisé dans un contexte adéquat et ne subissant pas d'échec. L'acte locutoire consiste à dire que je vous déclare mari et femme ; c'est l'acte d'énonciation signifiant. L'acte illocutoire consiste à vous faire mari et femme, donc à vous marier ; c'est dans cet acte que réside l'effectuation du mariage. Enfin, l'acte perlocutoire est celui de rendre heureux les nouveaux époux, et tristes les prétendants éconduits : il correspond aux actes réalisés conséquemment à l'acte illocutoire. Parlant d'acte, Austin entend donc identifier un type d'effet particulier correspondant en définitive à l'acte illocutoire : des effets illocutoires, qui, peut-on considérer, englobent les effets qualifiés initialement par Austin de « performatifs ».

En première analyse, ce dernier avait introduit le terme de performatif dans les années 1940, au cours d'un séminaire avec le philosophe du droit Herbert Hart, pour comprendre le fonctionnement du langage juridique et ainsi analyser d'une nouvelle façon le langage : le droit, en effet, ne se contente pas de dire les choses mais fait bel et bien des choses, sachant qu'Austin allait finalement montrer que tous les types de discours ont ce type d'efficacité. Le rapprochement avec l'efficacité des théories économiques semblait donc tentant : dans l'esprit de nos auteurs, la théorie économique ne modifie-t-elle pas le réel comme le droit est capable de le faire ?

Encore faut-il spécifier le type particulier d'effet qu'Austin voulait identifier au moyen du terme « performatif ». Une première caractérisation de l'efficacité performative semble être qu'elle fait exister cela même dont elle parle, comme la prononciation d'un ordre ou d'une promesse crée même (ou du moins semble créer) l'ordre ou la promesse. L'économie fait-elle exister en ce sens ce dont elle parle ? C'est une première question. Mais il convient d'ajouter la deuxième caractérisation, décisive : l'efficacité performative porte au jour ce dont un énoncé parle au moyen de la parole elle-même, c'est-à-dire, précisément, en disant telle ou telle chose. C'est en disant — d'une façon ou d'une autre — que l'on promet que l'on promet ; c'est en disant que l'on ordonne que l'on ordonne. Autrement dit, il s'agit là d'une efficacité de la parole, qui peut bénéficier, à ce titre, d'une analyse linguistique, puisqu'il n'y a d'action performative que s'il y a un énoncé à l'origine. Peut-on alors considérer que l'économie, de la même façon, crée certaines choses — et lesquelles — au moyen de la parole même, ou du discours de ceux qui l'énoncent ? Et, *surtout*, comment comprendre que la parole fasse ces choses ?

On sait bien que la sociologie de la performativité admet s'être inspirée d'Austin pour ensuite s'en éloigner, en intégrant le discours parmi d'autres éléments sociotechniques comme conditions de la performativité. Reste qu'on peut alors s'interroger sur la légitimité ou l'intérêt du recours à une notion entée sur le discours et qui, à l'origine, n'a un sens que parce qu'elle permet d'identifier un phénomène jusque-là passé sous silence. Que gagne-t-on conceptuellement à qualifier de « performatifs » des effets de la théorie économique s'il s'agit simplement d'y voir les effets obtenus au moyen de dispositifs sociotechniques — c'est-à-dire des effets produits d'une façon qui, d'un point de vue conceptuel, n'a jamais vraiment été mystérieuse ? Autrement dit, on ne se débarrasse pas de l'enjeu conceptuel de l'usage du concept en considérant simplement qu'on le définit autrement : encore faut-il que cette redéfinition ait un sens et soit motivée. Pourquoi parler de « performativité » du discours économique si, par là, il ne s'agit plus de penser l'effet performatif obtenu au moyen du discours mais les simples conséquences qui résultent de la mise en œuvre d'un discours économique donné au travers de dispositifs sociotechniques qui ont précisément pour objet de modifier le cours du monde et d'obtenir certains changements ? En quoi, pour le dire autrement, parle-t-on encore d'un effet du symbolique sur un réel qui ne l'est pas ?

S'il s'agit de dire qu'on ne le peut qu'en inscrivant le discours dans un ensemble de dispositifs qui lui permettent d'avoir une efficacité, on change d'approche — mais de ce fait, on ne parle plus vraiment des mêmes phénomènes et, dès lors, l'usage du terme de « performativité » risque d'être inadéquat, si ce n'est trompeur [18]. Ainsi, s'il s'agit d'expliquer que la mise en œuvre de certains processus de calcul (construits par la théorie économique standard, par exemple le modèle *Black-Scholes*) conduit les agents économiques qui les utilisent à se comporter comme le prédit la théorie économique qui en est à l'origine, pourquoi parler de « performativité », alors que les effets produits semblent bien plus relever des effets « perlocutoires », ces effets produits par des moyens naturels qui n'ont pas besoin du discours pour advenir [19] ? Ne fait-on pas appel à un concept précisément construit (et légitime) pour penser autre chose ? Ne court-on pas alors le risque de confondre deux modalités d'efficacité, sans nier la pertinence propre de l'identification des effets de la science économique mis au jour par ladite « approche par le performatif » ?

L'interrogation s'impose d'autant plus que l'enjeu de l'identification des conditions matérielles de cette efficacité du discours n'est pas nouveau. Déjà Austin, puis John Searle ou Pierre Bourdieu avaient dégagé des conditions non purement linguistiques, mais contextuelles et institutionnelles qui déterminent l'efficacité des énoncés performatifs. En ce sens, ils ont essayé de montrer que l'efficacité performative avait des conditions « matérielles » et « sociales » de réalisation. Et on peut dès lors être tenté de dire que l'économie, en tant qu'elle constitue bien un discours, de la même façon, se donne parfois les moyens de se mettre en œuvre ou de se réaliser performativement, que ce soit au plan macroéconomique (politique économique) ou microéconomique (organisation des entreprises). L'économie comme science ou comme modèle (*economics*) trouverait ainsi, sous certaines conditions, à se réaliser dans l'éco-

---

18. C'est déjà l'objet de la critique faite par Judith BUTLER à l'encontre de l'approche de Michel Callon : « Performing Agency », *Journal of Cultural Economy*, vol. 3, n° 2, p. 147-161.

19. Puisqu'on pourrait très bien imaginer que les mêmes effets (économiques) puissent être produits sans que les équations aient jamais été formulées dans un langage. Cela pose d'ailleurs la question du statut particulier du langage mathématique : peut-on vraiment considérer qu'il agit comme les énoncés performatifs ? En bonne rigueur austinienne, les énoncés de la mathématique doivent plutôt être considérés comme des énoncés ayant une vocation descriptive, c'est-à-dire comme étant susceptibles d'être évalués en termes de vérité ou de fausseté (dans l'ordre formel des mathématiques). C'est même tout ce qui fait leur intérêt.

nomie comme domaine de la réalité sociale (*economy*). Reste que l'effet propre de l'efficacité performative est considéré par Austin (ou Searle, ou Bourdieu) comme un effet singulier : il s'agit proprement, pour reprendre les distinctions ultérieures, de l'effet illocutoire, distinct de l'effet perlocutoire, lequel s'apparente pour sa part plus aux simples conséquences d'un acte. L'effet illocutoire intervient logiquement du fait même de dire quelque chose, ou du moins *certaines choses*, dans *certaines conditions*. Ainsi, pour reprendre un exemple classique : léguer, c'est proférer un énoncé au moyen duquel, dans les bonnes conditions, le locuteur va agir d'une certaine façon en léguant quelque chose à quelqu'un. L'acte illocutoire produit réside dans le fait même de dire, même si cette réalisation est déterminée par autre chose que le simple langage[20]. Et cet acte consiste bien à opérer une modification dans l'ordre du monde : une fois le legs énoncé, quelque chose de nouveau existe dans le monde : un legs. C'est ce type de réalité que désigne l'effet illocutoire. Il existe plusieurs façons de la qualifier — en termes de réalité symbolique[21], de réalité déontique[22], etc. — mais il s'agit toujours de la distinguer des effets produits perlocutoirement, c'est-à-dire par des moyens naturels qui ne nécessitent pas de manière essentielle le langage. Ainsi, il peut s'ensuivre du legs une joie profonde chez le futur héritier ou un dépit chez ceux qui sont déçus. Mais ces deux sentiments, qui sont bien produits par l'action de langage du legs, auraient très bien pu être produits autrement, sans passer par un énoncé. Pour le dire autrement, la joie produite comme un effet de l'acte de langage du legs n'est pas produite directement par l'énonciation, mais par les modalités de sa réception chez le destinataire. Elle n'est donc pas un effet performatif. Autant d'éléments qui font que subsiste dans certains cas une part d'incertitude, y compris descriptive, sur ce qui est précisément visé, même une fois substitué « performation » à « performativité ».

---

20. Outre les textes d'Austin lui-même, voir sur ces points Bruno AMBROISE, *Qu'est-ce qu'un acte de parole ?*, Paris, Vrin, 2008 ; Marina SBISA, « Locution, illocution, perlocution », in Marina SBISA et Ken TURNER (eds.), *Pragmatics of Speech Actions*, Berlin, Mouton De Gruyter, 2013, p. 25-75.

21. C'est la solution de Pierre BOURDIEU, *Méditations pascaliennes*, Paris, Seuil, 1997 ; *Sur l'État*, Paris, Raisons d'agir/Seuil, 2012.

22. C'est la solution développée par Marina Sbisà, l'éditrice d'Austin, qui rejoint en cela les propositions naguère faites par A. Reinach : voir notamment Marina SBISA, « On Illocutionary Types », *Journal of Pragmatics*, n° 8, 1984, p. 93-112.

De quoi la « performation » est-elle le nom ? (ou : ambivalence de la critique de la critique)

On a suggéré plus haut que l'approche par la « performativité » avait le mérite d'éviter plusieurs écueils, parmi lesquels les divisions instituées par la théorie économique standard entre économie positive ou pure et économie normative ou appliquée ; divisions qui avaient déjà du plomb dans l'aile, d'autant que, pressés par la conjoncture, même des économistes guère connus pour leur goût immodéré de l'hétérodoxie se sont appliqués à démontrer qu'une théorie peut modeler le réel selon ses principes [23]. Au-delà, cette approche se démarque sans équivoque de toute forme de naturalisme (cognitivisme inclus) et, en cela au moins, elle produit des effets critiques, bienvenus à l'heure du succès croissant – et particulièrement préoccupant – d'un paradigme comme celui de la neuroéconomie. Du reste, ce courant se réfère volontiers à des auteurs fondateurs des sciences sociales, sans forcément marquer de distance avec les représentants de diverses traditions critiques [24].

Reste qu'on ne peut s'empêcher de soulever à nouveau cette question de la critique qui, comme l'ont relevé M. Callon et F. Muniesa eux-mêmes, est de fait au cœur des débats suscités par cette approche. Ses représentants semblent en effet naviguer entre plusieurs positions, prenant inégalement leurs distances vis-à-vis de traditions ouvertement critiques de l'économie et, plus généralement, de l'ordre social. Dans le chapitre du *Traité de sociologie économique*, les auteurs disent trouver les critiques épistémologiques et politiques existantes « frustrantes car elles se dispensent de regarder de manière empirique comment fonctionnent ces savoirs et comment ils affectent les pratiques économiques », avant d'expliciter le fait que le « vocabulaire de la performativité [...] préserve un certain nombre de préoccupations qui sont au cœur de la critique... » [25]. L'accent est alors mis sur la continuité, au prix d'un surcroît d'exigence empirique et d'un droit d'inventaire (qui serait à préciser) quant aux « préoccupations » qui animent le regard critique. Ailleurs, à l'inverse,

---

23. Par exemple Henri BOURGUINAT et Éric BRIYS, *L'arrogance de la finance. Comment la théorie financière a produit le krach*, Paris, La Découverte, 2009 ; et, par comparaison (d'avant la crise financière de 2007-2008), Donald MACKENZIE, *An Engine, not a Camera. How Financial Models Shape Markets*, Cambridge, MIT Press, 2006.

24. Voir par exemple les mentions à Marx, Foucault, Lyotard ou Bourdieu in Fabian MUNIESA et Michel CALLON, « La performativité des sciences économiques », *op. cit.*, p. 293-295.

25. *Ibidem*, p. 318-319.

les flèches semblent prioritairement décochées à l'encontre de toute perspective se présentant ouvertement comme « critique », parfois même sur le mode de l'incompréhension surjouée[26], tandis qu'inversement domine une impression d'indulgence (coupable) à l'égard du paradigme néoclassique en tant que tel. Cette ambivalence se retrouve notamment dans le rapport à l'auteur de *La grande transformation* : tantôt c'est la rupture qui est accentuée, sous la forme d'un renversement visant à « libérer du concept d'encastrement (*embeddedness*)[27] », tantôt, à l'inverse, c'est un complément ou un prolongement qui est proposé, avec l'idée que se trouve comblée une lacune théorique de l'héritage polanyien[28]. Certes, le réinvestissement de la notion de performativité dépend d'une perspective théorique qui se déploie sur un plan propre et, à vouloir à tout prix confronter des approches qui ne se rencontrent pas vraiment ou pas toujours — un travers des plus courants dans les joutes intellectuelles —, on se condamne au dialogue de sourds. Néanmoins, l'altérité est aussi en partie une forme de rivalité et l'on se demande parfois si l'on n'a pas affaire à un affadissement sinon un anéantissement de perspectives analytiques qui s'exprimaient auparavant dans une autre terminologie, plus offensive à l'égard de l'ordre institué ou simplement, à un niveau plus modeste, de la théorie économique la plus standard.

On a, au passage, parfois l'impression que les tenants de cette démarche, dans leur volonté de se démarquer des approches plus ou moins constituées (par les conventions, les institutions, les structures, les propriétés sociales des acteurs, etc.), vont parfois un peu vite en besogne. Ainsi, l'idée selon laquelle « au-delà de sa polysémie, cette notion [d'encastrement] implique la même hypothèse, celle de la primauté des rapports sociaux sur les rapports économiques (primauté qu'affirment également les sociologies qui critiquent la notion d'encastrement pour lui préférer celles de champs ou d'institutions)[29] » aligne de façon quelque peu

---

26. Voir par exemple, sur l'analyse en termes d'idéologie, Michel CALLON, « Elaborating the notion of performativity », in *Le Libellio d'AEGIS* [en ligne], vol. 5, n° 1, 2009, p. 19.

27. « Le choix de la notion d'agencement marchand comporte pour première conséquence de libérer du concept d'encastrement (d'*embeddedness*) » écrit Michel Callon dans sa postface à Franck COCHOY (dir.), *Du lien marchand. Comment le marché fait société*, Toulouse, PUM, 2012, p. 344.

28. Franck COCHOY, Martin GIRAUDEAU and Liz MCFALL, « Performativity, Economics and Politics », *Journal of Cultural Economy*, vol. 3, n° 2, 2010, p. 141.

29. Michel CALLON, postface à Franck COCHOY (dir.), *Du lien marchand*, *op. cit.*, p. 344-345.

réductrice des adversaires bien distincts. De ce point de vue, la démarcation vis-à-vis de traditions critiques fort diverses, au nom du pluralisme contre le mécanisme[30], laisse sceptique. Un sentiment accentué à l'aune de l'ambition intellectuelle bien décevante consistant par exemple à « comprendre ce qu'est un " bon " marché »[31], sans égard pour la critique des rapports marchands, sans parler de la marchandisation des rapports sociaux. Force est alors de constater que, de manière plus ou moins explicite, ce système théorique évince de fait un certain nombre de concepts qui, tels « économisme », « idéologie », « fétichisme », « réification » ou « pouvoir symbolique », étaient et demeurent associés à une critique théorique plus ou moins assumée de l'ordre économique et social et ce à travers l'analyse des rapports sociaux non seulement matériels, mais aussi symboliques. Il n'est pas dit que l'on y gagne nécessairement au change, y compris d'un point de vue intellectuel général délié d'une intention critique explicite.

Une rapide confrontation avec Marx, Bourdieu et Foucault (pour s'en tenir là) invite à la fois à relativiser les apports de l'approche par le performatif et à repérer les articulations possibles avec d'autres perspectives. Ceci afin de mettre en relief, parfois derrière des effets de slogan ou d'affichage, des lignes de continuité dans le travail réflexif des sciences sociales. C'est la raison pour laquelle, explicitement ou implicitement, les liens entre performativité et idéologie ou performativité et pouvoir symbolique, traversent les contributions réunies dans ce dossier. On peut d'abord se demander si la notion de « performativité » (de même que celle de performation), telle qu'elle est utilisée par l'approche performativiste, n'affaiblit pas la critique des effets de domination du discours économique, notamment par rapport à la notion d'origine marxienne d'« idéologie », construite et mobilisée au sein d'une perspective structurale globale sur le mode d'être des humains vivant en société :

> « Dans la production sociale de leur existence, les hommes nouent des rapports déterminés, nécessaires, indépendants de leur volonté ; ces rapports de production correspondent à un degré donné du développement de leurs forces productives matérielles. L'ensemble de ces rapports forme la structure économique de la société, la fondation réelle sur laquelle s'élève un édifice juridique et politique, et à quoi répondent des formes déterminées de la conscience sociale. Le mode de production de la vie matérielle domine en général le développement de la vie sociale, politique et intellectuelle. Ce n'est pas la conscience des hommes qui

30. Comme le suggère Jérôme Denis en conclusion de son article de 2006 cité *supra*.

31. Michel CALLON, postface à Franck COCHOY (dir.), *Du lien marchand*, *op. cit.*, p. 351.

détermine leur existence, c'est au contraire leur existence sociale qui détermine leur conscience.[32] »

Par idéologie, on entend un discours qui, tout en prétendant décrire un état de fait, vient en fait après coup masquer, dissimuler et déformer tel ou tel domaine de la réalité sociale pour les acteurs qui la vivent – à commencer par l'exercice d'une domination de classe[33]. Depuis lors au moins, il est établi que le discours économique n'est pas seulement descriptif (quand bien même il pourrait avoir des effets de distorsion de la réalité et produirait une illusion), mais aussi normatif et parfois prescriptif. Il est une force qui informe et transforme les pratiques et les représentations sociales, et tend à façonner la réalité comme « le modèle le veut » ou à évaluer cette réalité à l'aune de ce modèle qui lui fixe ce qu'elle a désormais à être. Le devoir-être n'est donc pas un simple habillage de l'apparence pour la légitimer et reproduire un état de chose ; il entend reconfigurer l'être social en profondeur. Cette dimension « constructiviste » que les travaux actuels sur la « performativité du discours économique » entendent mettre au jour était-elle complètement absente du concept « classique » d'idéologie ? Réciproquement, la notion de performativité ici déployée rend-t-elle compte de tout ce dont envisageait de rendre compte la notion d'idéologie ? Ne fonctionne-t-elle pas comme une sorte d'euphémisme destiné à adoucir la portée en termes de critique sociale que l'on trouve dans les termes d'idéologie, de fétichisme, d'économisme ou de réification — concepts qui n'ont probablement pas dit leur dernier mot ?[34]

On peut alors se demander en quoi l'usage d'une acception élargie du concept de performativité est plus heuristique qu'un autre concept, celui de « pouvoir symbolique » élaboré par Pierre Bourdieu, qui lui-même reprenait à son compte les découvertes austiniennes sur l'efficacité du langage. Il désignait par là, résumé au plus simple, une forme de pouvoir méconnue comme telle et qui fonctionne ainsi d'autant plus facilement et efficacement. Or, il l'utilisait précisément pour rendre compte de phénomènes plus larges que la simple performativité linguistique, tout en l'in-

---

32. Karl MARX, « La critique de l'économie politique », in *Œuvres - Économie*, 1, Gallimard, « La Pléiade », 1963, p. 272-273.

33. Pour plus de développement, voir Richard SOBEL, « Idéologie, sujet, subjectivité en théorie marxiste. Marx et Althusser », *Revue de philosophie économique*, 14 (2) - 2013, p. 151-192

34. Pour une reprise collective récente de ce dernier concept, voir Vincent CHANSON, Alexis CUKIER et Frédéric MONFERRAND (dir.), *La réification. Histoire et actualité d'un concept critique*, Paris, La Dispute, 2014.

cluant[35]. Pour lui, en appeler à l'idée d'une force illocutoire autonome était elle-même illusoire et typique d'un mouvement de pensée essentialiste et idéaliste, niant la détermination sociale de l'efficacité symbolique :

> « Le pouvoir symbolique, pouvoir de constituer le donné en l'énonçant, d'agir sur le monde en agissant sur la représentation du monde, ne réside pas dans les "systèmes symboliques" sous la forme d'une "force illocutionnaire". Il s'accomplit dans et par une relation définie qui crée la croyance dans la légitimité des mots et des personnes qui les prononcent et il n'opère que dans la mesure où ceux qui le subissent reconnaissent ceux qui l'exercent.[36] »

En développant ainsi une véritable analyse de l'efficacité symbolique, Bourdieu proposait bien plutôt une explication de la force illocutoire qui la reconduisait à ses déterminants sociaux et évitait d'en faire la composante mythique d'un pouvoir inexpliqué.

> « Si, comme le remarque Austin, il est des énonciations qui n'ont pas seulement pour rôle de "décrire un état de choses ou d'affirmer un fait quelconque", mais aussi d'"exécuter une action", c'est que le pouvoir des mots réside dans le fait qu'ils ne sont pas prononcés à titre personnel par celui qui n'en est que le "porteur" : le porte-parole autorisé ne peut agir par les mots sur d'autres agents [...] que parce que sa parole concentre le capital symbolique accumulé par le groupe qui l'a mandaté et dont il est le fondé de pouvoir. [...] Un énoncé performatif est voué à l'échec toutes les fois qu'il n'est pas prononcé par une personne ayant le "pouvoir" de le prononcer ou, plus généralement, toutes les fois que "les personnes ou circonstances particulières" ne sont pas "celles qui conviennent pour qu'on puisse invoquer la procédure en question", bref toutes les fois que le locuteur n'a pas d'autorité pour émettre les mots qu'il énonce.[37] »

C'est dans cette perspective, probablement plus fidèle à la compréhension austinienne de l'efficacité performative dont elle propose un autre usage[38], que s'inscrit la contribution de Frédéric Lebaron dans ce dossier, intitulée « Discours d'institution et pouvoir symbolique : le cas des banques centrales », à partir d'une analyse du discours de la Banque centrale européenne.

Par ailleurs, le rapprochement entre les analyses en termes de « performativité/performation » et celles antérieures de Michel Foucault (et Gilles Deleuze) a été effectué *via* des développements autour de l'im-

---

35. Voir Pierre BOURDIEU, *Langage et pouvoir symbolique*, Paris, Seuil, 2001.

36. Pierre BOURDIEU, *Raisons pratiques*, Paris, Seuil, 1994, p. 188.

37. Pierre BOURDIEU, *Langage et pouvoir symbolique*, *op. cit.*, p. 60.

38. Voir Bruno AMBROISE, « Une conception non scolastique de l'efficacité linguistique : Bourdieu lecteur d'Austin », in Marie-Anne LESCOURRET (dir.), *Pierre Bourdieu, un philosophe en sociologie*, Paris, PUF, 2009, p. 65-88.

portation des notions d'agencement et de dispositif[39]. À cet égard, il convient de rappeler qu'on peut trouver chez l'auteur de *Surveiller et punir* des développements précisément consacrés à la façon dont idées et discours façonnent le réel, médiations techniques incluses — par exemple la prison, dispositif par excellence, qui articule du discursif et du non discursif. Mais l'on peut aussi penser, dans un autre genre, à l'analyse de l'ordolibéralisme (la branche allemande du néolibéralisme) qu'il proposait à la fin des années 1970[40]. On y trouve bien, en effet, une analyse de la façon dont une doctrine, personnifiée par un certain nombre de théoriciens et notamment d'économistes, fonde non seulement les principes de fonctionnement d'une configuration du capitalisme appelée « économie sociale de marché », mais encore comment celle-ci est elle-même fondatrice d'une nouvelle souveraineté politique qui ne pouvait procéder directement de l'État, vu le discrédit jeté sur cette figure après le désastre nazi. Plus largement, on est même tenté de se demander si le concept de gouvernementalité, comme art de conduire les conduites par des moyens aussi bien discursifs que matériels, n'englobe pas, d'une certaine manière, ce que l'on cherche à saisir avec celui de performativité (ou de performation).

Il est certain en tout cas que la rationalité néolibérale qui régit les sociétés capitalistes avancées commande une analyse serrée des conditions intellectuelles et institutionnelles ainsi que des canaux multiples (le cas échéant prosaïquement matériels, en apparence du moins) à travers lesquels l'« économie » tend à régler, symboliquement comme matériellement, de multiples domaines de la vie sociale. C'est, entre autres, le cas de la santé, étudié par Philippe Batifoulier dans sa contribution à ce dossier (« Performativité et théorie conventionnelle : une application à l'assurance santé »), secteur dont il montre qu'il est typique de la « fabrication sociale de la réalité conforme au raisonnement économique ». Il en va de même de celui desdits « services à la personne », dont rend compte Florence Jany-Catrice (« La légitimation académique d'un projet politique : la création des "services à la personne" ») en pointant les effets d'une combinaison de dogmatisme et de pragmatisme. Au-delà des cas d'étude, c'est sans doute parce que ce qui reconfigure le plus profondément le

39. Voir par exemple Hervé DUMEZ et Alain JEUNEMAITRE, « Quand l'économie échoue à être performative », in Madeleine AKRICH *et al.* (dir.), *Débordements*, *op. cit.*, p. 129-141.

40. Michel FOUCAULT, *Naissance de la biopolitique. Cours au Collège de France 1978-1979*, Paris, Gallimard/Seuil/EHESS, 2004.

mode de subjectivation aujourd'hui est le discours néolibéral et sa promotion-diffusion-extension de l'homme économique que la question de la « performativité de l'économie » occupe une place centrale. C'est à une réflexion de ce type, épistémologique autant que politique, qu'invite François Flahault dans son article « Quand la science contribue à créer l'ordre du monde ». À ce niveau, la démarche constructiviste est radicale et fait fond sur une réflexion anthropologique concernant le modèle de l'*homo œconomicus* ou de l'homme performant, réflexion en quelque sorte appelée par l'état de « crise » permanent qui sert de cadre discursif à l'époque présente.

Cette « crise » qui, on l'a dit en introduction, a suscité une masse inhabituelle de réflexions consacrées à la contribution des errements de la science économique dominante, met à l'épreuve, à sa manière, les apports de la sociologie économique issue de la théorie de l'acteur-réseau. Or, de ce point de vue, la déception l'emporte. C'est en quelque sorte au moment où l'on aurait le plus besoin des analyses qu'elle est susceptible de fournir que cette approche semble se dérober, du moins dans l'espace intellectuel public. L'enjeu a certes été soulevé[41] mais, en dépit de quelques textes d'intervention de Donald MacKenzie notamment, la moisson semble fort maigre, comme si les tenants de cette approche ne se sentaient pas requis par la situation présente. Quand ce dernier analyse, en 2011, la crise du crédit en tant que problème pour la sociologie de la connaissance, où la notion de performativité et ses dérivés pourraient *a priori* trouver leur place, il n'y recourt pas[42]. De son côté, Fabian Muniesa, dans son livre de 2014 déjà cité, *The Provoked Economy*, dont Bruno Ambroise propose ici une lecture critique, fait l'impasse sur le sujet. Qu'il s'agisse là de textes académiques n'est pas anodin et témoigne du fait que si le succès de l'approche ici considérée ne fait aucun doute, il reste pour l'essentiel cantonné à la sphère universitaire. À l'inverse, des contributions non seulement spécialisées mais destinées à un public élargi ont afflué du côté de l'hétérodoxie économique et de la théorie sociale, aussi bien de la part de l'école de la régulation que de diverses sensibilités marxistes en passant par les post-keynésiens et des héritiers de Bourdieu ; parfois avec une force incisive salutaire, comme c'est le cas du livre de Philip Mirowski *Never Let a Serious Crisis Go to*

---

41. Franck COCHOY, Martin GIRAUDEAU et Liz MCFALL, « Performativity, Economics And Politics », art. cit., p. 139-146.

42. Donald MACKENZIE, « The Credit Crisis as a Problem in the Sociology of Knowledge », *American Journal of Sociology*, vol. 116, n° 6, 2011, p. 1778-1841.

Waste présenté ici par Grégory Salle. Sans forcément parler d'une faillite de la sociologie de la traduction en la matière, force est de constater que nous avons encore fort besoin des traditions critiques qu'elle tend à écarter.

Bruno Ambroise (CNRS, CURAPP-ESS)
Grégory Salle (CNRS, CLERSÉ)
Richard Sobel (Université Lille 1, CLERSÉ)

* * *

Comment (et pourquoi) repenser la performativité des énoncés théoriques ?

Nicolas BRISSET

Introduction

> L'économie politique occupe le premier rang parmi les sciences sociales : seule elle repose sur une base indestructible et positive, et ses lois sont immuables, quelles que soient les variations de l'opinion. (Leroy-Beaulieu)
>
> Oui, l'*homo oeconomicus* existe, mais il n'est pas une réalité anhistorique ; il ne décrit pas la nature cachée de l'homme. Il est le résultat d'un processus de configuration [...] Bien sûr, cela requiert des investissements matériels et métrologiques [...], mais nous devrions ne pas oublier la contribution essentielle de l'économie-discipline à la performation de l'économie-activité. (Michel Callon)

Depuis les années 1990, certains travaux sociologiques ont pris le parti d'utiliser la notion de performativité afin d'aborder la participation des théories économiques à la construction du monde social [1]. Principalement développée à partir des travaux de Michel Callon, cette idée se fonde sur un système théorique aujourd'hui relativement saisissable, directement hérité de la sociologie de l'acteur réseau (ANT, pour *Actor-Network Theory*), initiée dans les années 1970 par Bruno Latour et ce même Michel Callon. La diffusion croissante des idées calloniennes ne doit pourtant pas faire oublier que le concept de performativité émane directement de la philosophie du langage de John Austin. Une filiation souvent éclipsée. Or, il

1. Le présent article est le fruit de mon travail de thèse, réalisé dans le cadre d'une cotutelle entre le Centre Walras-Pareto (université de Lausanne) et le Centre d'Économie de la Sorbonne (université de Paris 1). Je tiens à en remercier chaleureusement les membres. Il a également profité des conseils avisés de Bruno Ambroise, à qui j'adresse également mes remerciements.

semble bien que certains des problèmes les plus fondamentaux de la sociologie performativiste émanent directement d'un éloignement substantiel vis-à-vis de la conception austinienne du performatif, à savoir de ne plus définir le performatif par ses échecs et ses conditions. Alors qu'Austin définit les énoncés performatifs comme des énoncés dont la marque de l'échec est l'incapacité à faire quelque chose, et non à constater un état du monde (peu importe la forme épistémologique de ce constat), Callon envisage uniquement les modalités techniques de la traduction du langage économique dans le monde social. Ce parti pris semble faire perdre à la théorie de la performativité des théories économiques la force heuristique de son intuition première, en fermant la porte à l'idée d'échec performatif. D'où une perspective extrêmement relativiste [2].

Une fois ce constat dressé, le présent travail entend proposer un moyen de revenir à une perspective austinienne de la performativité dans le cadre des études du monde social en remettant au centre l'idée de conditions de félicité. L'établissement de ces conditions ne pourra cependant se faire dans le strict cadre austinien, et c'est bien plus les travaux de David Lewis qui nous serviront de cadre théorique.

Du langage à la technique : de la disparition des conditions d'échec

Nous commencerons donc par revenir sur la diversité d'utilisation de la notion de performativité respectivement chez Austin et chez les performativistes (plus particulièrement Michel Callon).

Austin : le performatif par son échec

John Austin, dans son *Quand dire c'est faire* [3], prend acte de l'idée selon laquelle parler est avant tout suivre des règles, des rituels langagiers socialement acquis. À ce titre, un énoncé n'est pas seulement en proie à la fausseté sémantique, mais également à l'échec, au raté : on échoue à respecter une procédure langagière. En soulignant la sous-détermination sémantique du langage, Austin opère une révolution pragmatique : en ce qu'il est aussi un acte, les conditions de réalisation du langage dépassent les seules conditions sémantiques.

Dans un style maïeuticien qui lui est propre, Austin commence par accepter l'approche constatative du langage, tout en observant que bon nombre d'énoncés ne peuvent être classés parmi les constatatifs, étant en

---

2. Nicolas BRISSET, « Performer par le dispositif ? Un retour critique sur la théorie de la performativité », *L'année sociologique*, 2014, vol. 64, n° 1, p. 217-246.

3. JOHN L. AUSTIN, *Quand dire c'est faire*, Paris, Seuil, 1970.

eux-mêmes des actions. Les exemples de ce type d'énoncés, dits « performatifs », sont aujourd'hui bien connus : « 'je baptise ce bateau le Queen Elizabeth' [...], 'Je vous parie six pence qu'il pleuvra demain' [4] ». Ils ont pour caractéristique première d'influencer directement l'état du monde : une embarcation anonyme devient aux yeux de tous le *Queen Elizabeth* ; je m'engage à respecter les termes d'un contrat en fonction des conditions météorologiques à venir. Le vrai ou le faux, au sens d'une correspondance entre le mot et la chose qu'il décrit (que cette chose soit un noumène, une représentation mentale ou le sens dans son acception frégéenne), ne sont plus ici des critères pertinents, ceci au profit d'une concrétisation de l'acte appelé par la parole : une énonciation performative est heureuse ou malheureuse. Un caractère reposant sur les conditions de félicité, c'est-à-dire « qui parle ? » et « dans quelles circonstances ? » : l'efficacité de l'énoncé performatif dépend toujours d'une certaine ritualisation sociale.

Austin s'engage ensuite dans la recherche d'un critère de distinction stable entre les deux types d'énonciation. Quête qui débouche finalement sur une impasse : « Nous avons échoué à trouver un critère grammatical pour les performatifs [5] ». Cette conclusion est motivée par l'idée selon laquelle dire c'est toujours faire quelque chose. Il ne s'agit donc plus de définir les frontières entre deux mondes, celui du performatif et celui du constatatif, mais de considérer d'un point de vue plus général la question : « en quel sens dire une chose est-ce la faire ? » Aux conditions syntaxiques constitutives de l'énonciation en tant que telle, s'ajoutent des conditions pragmatiques, à savoir les conditions sociales d'énonciation. On considérera donc par la suite que le caractère performatif générique de tout énoncé dépend toujours des conditions de félicité qui l'accompagnent, la force performative ne dépendant pas tant de la sphère linguistique que de la sphère conventionnelle. La théorie des performatifs laisse place à la théorie des actes de parole :

> « Dans l'accomplissement d'un acte de [parole] [6], le locuteur a l'intention de produire un certain effet en obtenant que l'interlocuteur reconnaisse son intention de produire cet effet. Qui plus est, s'il utilise les mots dans leur sens littéral, il a l'intention que cette reconnaissance soit accomplie en vertu du fait que les règles

4. *Ibidem*, p. 41.

5. *Ibid.*, p. 108.

6. On prend ici le parti de suivre Bruno AMBROISE (*Qu'est-ce qu'un acte de parole ?*, Paris, Vrin, 2008) dans sa traduction de *speech act* par « acte de parole », et non par « acte de langage », comme c'est le plus souvent le cas. Les citations d'Austin seront modifiées en ce sens.

d'utilisation des expressions qu'il prononce les associent à la production de cet effet.[7] »

C'est maintenant l'épaisseur performative du discours qui dépend des conditions d'énonciation. Cette épaisseur se répartit chez Austin sur trois dimensions : celle du vrai et du faux, constitutive de l'acte locutoire (qui signifie), celle du bonheur et du malheur, constitutive de l'acte illocutoire (qui possède une force), et celle de l'effet de l'acte locutoire ne dépendant d'aucune procédure interne, constitutive de l'acte perlocutoire. Une manière efficace de rendre compte de ces trois dimensions est de caractériser les échecs auxquels elles sont liées[8]. Considérons l'énoncé suivant : « Fédor apprécie le thé noir ». On peut, dans un premier temps, échouer à dire que « Fédor apprécie le thé noir », c'est-à-dire à faire référence à Fédor, au thé noir, etc. C'est ici l'acte locutoire qui échoue. On peut ensuite échouer à affirmer que « Fédor apprécie le thé noir », à créer une nouvelle assertion s'insérant dans une pratique socialement codifiée et qui ne peut se réduire à l'acte locutoire. C'est l'acte illocutoire :

> « Un acte illocutoire n'aura pas été effectué avec bonheur, ou avec succès, si un certain effet n'a pas été produit. [...] on ne peut dire que j'ai averti un auditoire s'il n'a pas entendu mes paroles ou ne les a pas prises en un certain sens [...]. L'exécution d'un acte illocutoire inclut donc l'assurance d'avoir été compris.[9] »

Ainsi, la compréhension même dépend du contexte d'allocution, le jeu de langage de Wittgenstein. Ce n'est que dans certaines situations que l'assertion « Fédor apprécie le thé noir » sera prise comme une vérité. Questionnant les conditions nécessaires à l'accomplissement de l'acte locutoire derrière l'affirmation « vous n'êtes pas barbouillé », Austin pointe du doigt l'importance de l'autorité épistémique du locuteur[10]. En effet, à part moi, seul un médecin peut socialement se permettre de se prononcer sur mon état physique. En tant que meilleur ami de Fédor, qui de mieux placé que moi pourrait affirmer qu'il aime ou pas le thé noir ? Enfin, on peut échouer à rassurer l'auditeur qui a acheté une boîte de Lapsang Souchong à Fédor par le fait d'affirmer que « Fédor apprécie le thé noir ». L'acte perlocutoire renvoie aux conséquences non nécessaires de l'acte illocutoire heureux : je dis, j'affirme, je suis compris et cru, mais ne rassure pas mon interlocuteur.

---

7. JOHN L. AUSTIN, « Les énoncés performatifs », in Bruno AMBROISE et Sandra LAUGIER (dir.), *Philosophie du langage. Sens, usage et contexte*, Paris, 1956, p. 236-259.
8. Bruno AMBROISE, *Qu'est-ce qu'un acte de parole ?*, Paris, Vrin, 2008.
9. John L. AUSTIN, *Quand dire c'est faire*, *op. cit.*, p. 124.
10. John L. AUSTIN, « Les énoncés performatifs », *op. cit.*, p. 256.

Le concept de performativité glisse donc petit à petit de considérations purement linguistiques vers la discussion et l'étude des conditions d'énonciation, que celles-ci soient épistémiques où institutionnelles. Delphes participe autant que la Pythie à la crédibilité des énoncés prophétiques. Les travaux bourdieusiens sont exemplaires de cette démarche. Dans une perspective qui lui est propre, Bourdieu considère que tout acte d'élocution prend place dans un champ social *via* l'agent qui en est l'émetteur : l'efficacité des mots ne devient effective que lorsque le récepteur reconnaît celui qui les produits comme doté d'un certain statut, ce statut lui étant conféré par l'institution « au sens actif d'acte tendant à instituer quelqu'un ou quelque chose en tant que doté de tel ou tel statut et de telle ou telle propriété [11] ».

Une histoire de dispositif : l'approche sociologique de la performativité

Dans son application de l'idée de performativité aux énoncés scientifiques, et à ceux de la science économique en particulier, Michel Callon scelle définitivement la mise à l'écart du langage comme unique média performatif et se dirige vers une réflexion relative aux équipements sociotechniques assistant les agents dans leurs prises de décision : le discours économique « performe » la réalité économique par l'intermédiaire des dispositifs de marché dont il renseigne l'élaboration, des normes comptables, des logiciels de cotation, etc. L'éloignement vis-à-vis de la conception austinienne de la performativité prend ses racines dans les fondements théoriques de la sociologie performativiste : la théorie de l'acteur-réseau (ANT), principalement initiée par Bruno Latour. Issu d'une rupture vis-à-vis de la sociologie des sciences dominantes à la fin des années 1970 (le *Strong Programme*), ce corpus analytique est extrêmement dense. À ce titre, on ne s'attardera que sur certains de ses traits les plus saillants. Le premier d'entre eux est de principalement se concentrer sur la construction et la production des faits scientifiques. Cette idée est un classique de l'histoire des sciences. On lui associe souvent, en France, le nom de Gaston Bachelard :

> « Il suffit que nous parlions d'un objet pour nous croire objectif. Mais lors de notre premier choix, l'objet nous désigne plus que nous ne le désignons et ce que nous croyons nos pensées fondamentales sur le monde sont souvent des confidences sur la jeunesse de notre esprit. Parfois nous nous émerveillons devant l'objet élu ; nous accumulons des hypothèses et les rêveries ; nous formons ainsi des convictions qui ont l'apparence d'un savoir. Mais la source initiale est impure :

---

11. Pierre BOURDIEU, *Ce que parler veut dire. L'économie des échanges linguistiques*, Paris, Fayard, 1982, p. 132.

l'évidence première n'est pas une vérité fondamentale. En fait, l'objectivité scientifique n'est possible que si l'on a d'abord rompu avec l'objet immédiat [...], si l'on a arrêté et contredit les pensées qui naissent de la première observation.[12] »

C'est avant tout sur le plan méthodologique que Latour se distingue de ses prédécesseurs français, à son goût trop rationalistes et attachés à une perspective excessivement cumulative de la science[13]. Rien d'étonnant lorsque l'on lit sous la plume du même Bachelard :

> « [L]'histoire des sciences méditée dans les valeurs de progrès et dans les résistances des obstacles épistémologiques nous livre vraiment l'homme intégral. Si cette histoire a une actualité manifeste c'est précisément parce qu'on sent bien qu'elle représente des traits profonds du destin de l'homme.[14] »

Pour Latour[15], la validité d'un fait scientifique, loin de se rapporter à une réalité extérieure ou à un régime de vérité socialement construit et partagé au sein d'une communauté (point de vue lié au *Strong Programme*), dépend de la solidité des liens unissant les différentes composantes d'un réseau d'actants, humains et non-humains[16], dont il est le centre. Le fait est au centre d'un réseau de technologies d'observation, d'articles universitaires, de rapports d'expériences, de pratiques de recherche, dont il n'est en définitive que le résumé. Ni transcendance sociale, ni transcendance naturaliste, uniquement des réseaux d'actants constitutifs de faits scientifiques se restructurant en permanence :

> « Pour déterminer l'objectivité ou la subjectivité d'un énoncé, l'efficacité ou l'inefficacité d'un procédé, nous ne chercherons pas ses qualités intrinsèques mais nous reconstituerons l'ensemble des transformations qu'il subit plus tard entre les mains des autres[17] »

L'œuvre de Latour accorde donc une place centrale à la fabrique de l'objectivité. Ainsi peut-on également lire dans un récent ouvrage :

> « Nous voulions comprendre par quels instruments, quelle machinerie, quelles conditions matérielles, historiques, anthropologiques, il était possible de produire

---

12. Gaston BACHELARD, *La psychanalyse du feu*, Paris, Gallimard, 1949, p. 9.

13. Bruno LATOUR, *La science en action*, Paris, La Découverte, 1989, p. 12.

14. Gaston BACHELARD, *Actualité de l'histoire des sciences*, in Jean-François BRAUNSTEIN (éd.), *L'histoire des sciences*, 1971, Vrin, Paris, 1971, p. 173-174.

15. Bruno LATOUR, *Nous n'avons jamais été modernes : Essai d'anthropologie symétrique*, Paris, La Découverte, 1991.

16. La notion d'actant (ou d'agence), par opposition à celle d'acteur, ne réduit pas le social aux seuls humains, mais l'ouvre à tout ce qui a la faculté d'agir sur le monde (en anglais, *agency* renvoie à l'idée générale de « puissance d'agir »). Dans la lignée des travaux de Gabriel Tarde, Latour rejette donc le sujet conscient comme l'unique déterminant de la marche de l'évolution scientifique.

17. Bruno LATOUR, *La science en action*, *op. cit.*, p. 627.

de l'objectivité. Et, bien sûr, sans faire appel à quelque certitude transcendante qui aurait, d'un coup et sans discussion, dressé la Science — avec un grand S — contre l'opinion. À nos yeux l'objectivité scientifique avait une valeur trop importante pour être laissée à la seule défense de ce qu'on appelle, d'un terme fourre-tout, le 'rationalisme', et dont l'usage consiste trop souvent à interrompre toute discussion par l'accusation d'irrationalité portée contre des adversaires trop insistants.[18] »

Lorsqu'il se consacre à l'étude des sciences, Latour adopte les points de vue suivants :

- Insister sur l'importance du rôle des non-humains ;
- Considérer que ni la vérité, ni le monde social ne sont les socles stables qui précèdent l'analyse ;
- Étudier les faits scientifiques en construction.

À la suite de ses travaux relatifs à la sociologie des sciences, Latour étend ses concepts à l'étude du monde social en général : au-delà des faits scientifiques, il applique la notion de construction au social[19]. Dans cette perspective, Latour étend aux non-humains le privilège de déborder les activités humaines, de leur *faire faire* des choses. C'est exactement la définition donnée à la notion de dispositif par Giorgio Agamben :

> « J'appelle dispositif tout ce qui a, d'une manière ou d'une autre, la capacité de capturer, d'orienter, de déterminer, d'intercepter, de modeler, de contrôler et d'assurer les gestes, les conduites, les opinions et les discours des êtres vivants.[20] »

La notion de dispositif (*device*) est empruntée à Deleuze, ce dernier la trouvant lui-même chez Foucault. Selon Deleuze, un dispositif « est composé de lignes de natures différentes. Et ces lignes dans le dispositif ne cernent ou n'entourent pas des systèmes dont chacun serait homogène pour son compte, l'objet, le sujet, le langage, etc., mais suivent des directions, tracent des processus toujours en déséquilibre, et tantôt se rapprochent, tantôt s'éloignent les unes des autres. Chaque ligne est brisée, soumise à des *variations de direction*, bifurcante et fourchue, soumises à des dérivations[21] ». De manière plus précise, le dispositif sert essentiellement à nuancer l'influence du « macro-pouvoir » dans la création et diffusion des

18. Bruno LATOUR, *Enquête sur les modes d'existence*, Paris, La Découverte, 2012, p. 17-18.

19. Bruno LATOUR, *Changer de société, refaire de la sociologie*, Paris, La Découverte, 2006.

20. Giorgio AGAMBEN, *Qu'est-ce qu'un dispositif ?*, Paris, Payot et Rivages, 2007, p. 31.

21. Gilles DELEUZE, « Qu'est-ce qu'un dispositif ? », in A. p. l. C. Michel FOUCAULT (dir.), *Michel Foucault philosophe. Rencontre internationale Paris 9, 10, 11 janvier 1988*, Paris, Seuil, 1989, p. 185.

normes sociales, ceci au profit d'ensembles de « micro-pouvoirs » contenus dans des dispositifs sociotechniques plus localisés. L'objectif de l'ANT est dès lors de comprendre l'élaboration du social, des groupes, des institutions, comme des assemblages dynamiques d'actants hétérogènes intégrant à la fois les humains et les non-humains. Il s'agit de se soustraire à l'hypostase du social, position que Latour attribue souvent à Durkheim (grand ennemi théorique de Tarde) et à Bourdieu.

En se focalisant sur les dispositifs techniques, l'ANT théorise un lien particulier entre ces derniers et les humains : le dispositif technique est constitutif du comportement, et bien plus encore de l'être même de son utilisateur. Il participe à la construction des subjectivités [22].

On pourrait se demander si l'ANT ne fournirait pas, *in fine*, qu'une étude métaphorique du social [23], social abordé sous les traits d'un laboratoire. Ce dernier point est cohérent avec le rejet latourien de la transcendance du social vis-à-vis des actions individuelles : de la même manière qu'aucun arrière-plan social ou aucune idéologie ne suffit à comprendre la trajectoire des conflits théoriques, nul élément du même type ne permet de saisir l'évolution du monde des actants [24]. L'extension thématique de l'ANT permet de généraliser, sans justification explicite, les trois points de vue précédemment soulignés, en les appliquant directement au monde social [25] :

- Insister sur le rôle des non-humains ;
- Considérer que le social n'est jamais le socle stable qui précède l'analyse ;
- Étudier le social dans sa construction, et non le considérer comme une donnée.

Latour rejette à la fois l'idée de sujet conscient (l'acteur) et de monde commun. Le monde social n'est pas un pré-donné que les acteurs conscients actualisent, mais un assemblage d'actants humains et non-humains

---

22. Chez Foucault, l'idée de dispositif de calcul renvoie d'ailleurs à l'émergence d'un nouveau mode de gouvernementalité : les individus sont contrôlés à distance *via* des dispositifs de calcul impliquant des canons comportementaux.

23. Michel DUBOIS, « L'action scientifique : modèles interprétatifs et explicatifs en sociologie des sciences », *L'année sociologique*, 2005, 55(1), p. 103-125.

24. De la même manière qu'il réduit le social au technique, Latour envisage le technique comme le modèle pertinent pour comprendre l'ensemble des objets physiques, incluant les faits intuitivement qualifiés de naturels (astres, matières, arbres, etc.). Sur ce point, cf. Razmig KEUCHEYAN, *Le constructivisme : des origines à nos jours*, Paris, Hermann, 2007.

25. Bruno LATOUR, *Changer de société, refaire de la sociologie*, Paris, La Découverte, 2006, p. 20-22.

pris dans la dynamique d'un réseau en permanente reconstitution. À ce titre, il n'y a tout simplement pas de monde commun[26], il n'y a qu'un ensemble d'objets hétérogènes pris dans leurs relations réciproques. Tel est son mot d'ordre : expliquer la constitution du monde social en se focalisant sur des réseaux de dispositifs techniques faisant faire des choses aux individus qui les utilisent.

La filiation à l'ANT est le fondement de l'émancipation de la sociologie de la performativité vis-à-vis de la vision langagière du performatif. Elle préfère s'inscrire dans une démarche identifiant les lieux et les technologies faisant se rencontrer les théories et les pratiques. Si les diverses traditions sociologiques s'accordent généralement sur l'aspect socialement construit des marchés et sur le rôle des économistes au sein de ce processus, la sociologie performativiste prend à bras le corps l'étude de la mise en place des marchés comme dispositifs sociotechniques. Elle rejette elle aussi le partage entre l'humain et le non-humain, elle refuse la focalisation sur les faits sociaux dépassant les actants, et considère la science comme un élément actif de la construction du monde social. L'hypothèse fondamentale est de « considérer que la société ne constitue pas un cadre à l'intérieur duquel évoluent les acteurs. La société est le résultat toujours provisoire des actions en cours. La SAR (Sociologie de l'acteur réseau) se distingue des autres approches constructivistes par le rôle actif qu'elle fait jouer par les sciences et les techniques dans l'explication de la société en train de se faire[27] ».

La théorie économique performe donc le monde social en s'inscrivant au sein de dispositifs de marchés considérés comme des faits objectifs par des agents se construisant vis-à-vis d'eux. Tel est le lien intime entre ANT et sociologie performativiste. Cette dernière s'éloigne substantiellement de l'opposition classique entre économie et sociologie en tant qu'elle refuse à la fois de considérer le choix individuel comme le fruit d'une délibération interne, et le rôle de la société dans la formation de ces mêmes comportements[28]. On touche ici le lien intime entre la théorie de la performativité et la pensée de Michel Foucault, que ce soit au niveau de la redéfinition du pouvoir comme ensemble de micropouvoirs disséminés dans l'ensemble d'un réseau d'actants, ou au niveau des techniques (productions) de soi. Une opération marchande consiste en effet en l'attachement

---

26. Bruno LATOUR, « Il n'y a pas de monde commun : il faut le composer », *Multitudes*, 2011, vol. 45, n° 2, p. 38-41.

27. Michel CALLON, « Sociologie de l'acteur réseau », in Madeleine AKRICH, Michel CALLON et Bruno LATOUR (dir.), *Sociologie de la traduction : Textes fondateurs*, Paris, 2006, p. 267.

28. L'encastrement Polanyien.

d'un bien à un actant, de telle sorte qu'il enrichisse et fasse perdurer l'identité de ce dernier. C'est dans la relation de vente que réside l'activité de construction du consommateur comme du vendeur. L'*homœconomomicus* et l'acte marchand ne font qu'un, ils se définissent l'un par rapport à l'autre. Ce dernier point entre en résonance avec le terme même d'ANT : « ils [les agents] n'ont pas besoin de s'ouvrir au monde car ils contiennent leurs mondes. Les agents sont des acteur-mondes [29] ».

C'est parce que la théorie économique participe à l'élaboration de ces lieux de construction de soi (en tant qu'*homœconomicus*) qu'elle influence le monde social : elle nourrit le cadre interprétatif des agents et permet l'ajustement des calculs individuels sur une norme spécifique, celle de la théorie économique. Elle participe à la construction d'un réseau de dispositifs ayant comme caractéristique de *faire faire* aux différents actants, d'imposer des comportements en les insérant dans certaines dispositions à agir. Le dispositif, souvent invisible à son utilisateur, lui transmet les compétences techniques requises pour l'atteinte d'un certain but. Comme dans le cas d'une automobile dont les utilisateurs n'ont pas besoin de connaître les théories physiques qu'elle intègre pour l'utiliser, la théorie économique impose des comportements aux actants sans que ceux-ci soient conscients de cette théorie qu'ils mobilisent. L'Homme devient un Homme économique en ce qu'il est appareillé comme tel, un appareillage qui conditionne son identité et son agir.

Ce que l'approche performativiste laisse derrière elle

Réduire la récupération de la notion de performativité par Callon à une substitution du technique au langage serait passer largement à côté d'une transformation plus importante encore. Une des caractéristiques saillantes de l'approche austinienne est d'aborder la performativité par ses échecs : un énoncé est performatif dans la mesure où il peut échouer à faire des choses. À ce titre, les conditions de félicité font partie intégrante de la définition même du performatif. Ainsi, pour Austin, l'efficacité d'un énoncé sera conditionnée par le respect d'une procédure conventionnelle socialement reconnue et acceptée. Tel n'est pas le cas dans la définition de la performativité convoquée par Michel Callon. En effet, chez Austin, en plus de conditions formelles de caractère secondaire, l'acte de langage est avant tout un acte social. Dans la lignée de la philosophie du langage ordinaire, parler, c'est suivre des règles socialement établies. Or là est

---

29. Michel CALLON, « The embeddedness of economic markets in economics », in Michel CALLON (dir.), *The Laws of the Markets*, Oxford, Plon, 1998, p. 8.

précisément le point de rupture entre Austin et Callon, ce dernier refusant d'aborder le social comme un monde commun dans lequel naissent, vivent et parlent les êtres humains. L'analyse à la fois réticulaire et techniciste dont il est porteur laisse donc entrevoir un monde social extrêmement plastique : un grand dispositif sociotechnique ne différant du moteur à explosion que du point de vue de l'échelle. C'est d'ailleurs la question de la malléabilité extrême du monde social qui cristallise la plupart des critiques de ce corpus[30]. On lui reproche principalement son manque de regard critique vis-à-vis de l'approche du social que représentent les théories économiques (dans la mesure où l'objectif est justement de penser ces dernières comme à l'origine des agencements sociaux), son regard asocial sur le monde (qui se réduit à un ensemble de dispositifs techniques), et de mal considérer les cas d'échecs performatifs. Ces points sont intimement liés : le monde social, envisagé du point de vue technique, est considéré comme performable à souhait, rien ne sert donc de se positionner en critique de la science économique, dans la mesure où elle est destinée à forger ce même monde à son image.

Le problème relève bien de l'éloignement vis-à-vis de l'approche austinienne, qui permettait d'identifier les conditions d'échec de la performativité. Un reproche régulièrement fait aux utilisations trop lâches de la notion de performativité, telle celle que Bruno Ambroise[31] trouve dans les études « genre » portées par Judith Butler. Ignorant elle aussi les conditions de félicité propres à la définition austinienne de la performativité, Butler tomberait, selon Ambroise, dans un hyper-constructivisme. Tel est également le cas chez Callon. Dire que les économistes façonnent le monde social est une chose, considérer une malléabilité quasi parfaite de ce dernier en est une autre. Cette posture donne lieu à de violentes critiques de la part à la fois de bon nombre de sociologues — la sociologie s'étant en grande partie construite en tant qu'alternative à la vision étriquée de l'économiste — et d'économistes hétérodoxes. Dans les deux cas, la perspective hyper-constructiviste sape en grande partie les possibilités de la critique positive, en ce que tout discours économique est porteur de la capacité à façonner le monde. Une critique classique des postures poststructuralistes[32] que l'on retrouve avec beaucoup de vivacité dans le

30. Nicolas BRISSET, « Les limites de la performativité des énoncés en économie : les apports de John Searle », *Œconomia*, 2011, 1(4), p. 557-588 ; Nicolas BRISSET, « Performer par le dispositif ? Un retour critique sur la théorie de la performativité », *L'année sociologique*, 2014, vol. 64, n° 1, p. 217-246.

31. Bruno AMBROISE, « Peut-on penser une construction performative du genre », *Agone*, 2010, vol. 10, p. 143-167.

32. Paul BOGHOSSIAN, *La peur du savoir. Sur le relativisme et le constructivisme de la*

féminisme, où la question de la compatibilité entre *gender studies* et radicalisme fait débat[33]. Il est néanmoins légitime de penser que sur l'idée de constructivisme performatif, la sociologie performativiste est, dans un certain sens, plus extrémiste que les études de « genre ». Butler engage, en effet, une définition de la performativité permettant au moins d'en penser (c'est du moins ce qu'elle défend) certains échecs. C'est d'ailleurs sur ce point précis qu'elle critique l'approche callonienne de la performativité[34].

Une approche conventionnaliste de la performativité

Notre contribution ne s'arrête pas au constat de la relative faiblesse théorique de l'approche sociologique de la performativité. Parce que l'intérêt de la thèse callonienne n'est pas à remettre en cause, il serait trop facile d'adopter une pure position de *lector*, telle que l'a décrite Bourdieu[35] :

> « La lecture de *lector* s'applique à trouver des sources, toujours partielles, souvent imaginaires [...] cela dans l'intention, si typique de l'*academica mediocritas*, de ramener l'inconnu au déjà connu, variante académique du « rien de nouveau sous le soleil » [...]. [L]a lecture de *lector* est à elle-même sa fin, [...] elle s'intéresse aux textes, et aux théories, méthodes ou concepts qu'ils véhiculent, non pour en faire quelque chose, c'est-à-dire pour les faire entrer, comme des instruments utiles et perfectibles, dans un usage pratique, mais pour les gloser, en les rapportant à d'autres textes.[36] »

Au contraire, le constat d'un glissement problématique de la définition de la performativité d'Austin à Callon doit être l'occasion d'un réajustement théorique. Dans la lignée d'Austin, on entendra ici donner les conditions de félicité de la performation du monde social. Il convient avant tout de souligner que la problématique d'Austin est orientée vers un objet extrêmement différent de celui de Callon. La force du langage d'un côté, l'efficacité créatrice des théories sociales de l'autre. Il est de ce fait nécessaire de mobiliser d'autres outils théoriques, plus propres à appréhender la construction du monde social. Ces outils, on les empruntera à David Lewis. C'est en effet la notion de convention qui sera le cœur de notre

---

connaissance, Marseille, Agone, 2009 ; Hartmut ROSA, *Aliénation et accélération*, Paris, La Découverte, 2012.

33. Sabina LOVIBOND, « Feminism and Postmodernism », *New Left Review*, 1989, vol. 178, p. 5-28 ; Barbara EPSTEIN, « Pourquoi le poststructuralisme est une impasse pour le féminisme », *Agone*, 2010, vol. 43, p. 85-105.

34. Judith BUTLER, « Performing Agency », *Journal of Cultural Economy*, 2010, vol. 3, n° 2, p. 147-161.

35. Pierre BOURDIEU, *Méditations pascaliennes*, Paris, Seuil, 1997, p. 91-92.

36. *Ibidem*.

nouvelle définition de la performativité : une théorie performe le monde à partir du moment où elle devient une convention au sein d'une population. Une fois dit cela, la définition fournie par Lewis permettra d'établir une liste de trois conditions nécessaires pour qu'une théorie prenne la place d'une convention sociale.

D'Austin à Lewis, du langage au social

L'ouvrage de Lewis, *Convention*, issu d'une thèse de doctorat dirigée par Willard Van Orman Quine, est écrit précisément en vue de répondre à l'affirmation de ce dernier, ainsi que de Morton White, selon laquelle nous ne possédons pas de définition de la convention justifiant le lieu commun que le langage est une convention. La réponse de Lewis reposera sur deux arguments. Le premier consiste à défendre la possibilité d'accords ne nécessitant aucun langage, ceux-ci étant tacites et donc infra-verbaux. Le second argument repose sur la dissociation entre convention et accord : la convention précède l'accord et non l'inverse. Le point final de l'ouvrage lie donc les définitions de la convention et du langage :

> « The language [someone] is using depends on the conventions he is party to. And these conventions are regularities in behavior, sustained by an interest in coordination and an expectation that others will do their.[37] »

Comme le laisse transparaître cette citation, la définition de la convention de Lewis se construit en utilisant la théorie des jeux comme échafaudage. Plus particulièrement les jeux de pure coordination étudiés par Thomas Schelling[38], domaine alors largement délaissé par l'approche standard développée par von Neumann et Morgenstern[39]. Cette définition aspire donc à une généralité au-delà du langage, ainsi que des outils utilisés pour son élaboration. Ce dernier point explique peut-être sa large postérité dans de multiples domaines telles la théorie de la décision, la philosophie politique ou la théorie économique :

> « What I call convention is an important phenomenon under any name. Language is only one among many activities governed by conventions that we did not create by agreeing and that we cannot describe.[40] »

37. David LEWIS, *Convention*, Oxford, Blackwell, 1969, p. 208.

38. Thomas C. SCHELLING, *The Strategy of Conflict*, Cambridge, Harvard University Press, 1960.

39. John VON NEUMANN and Oskar MORGENSTERN, *Theory of Games and Economic Behavior*, Princeton, Princeton University Press, 1944.

40. David LEWIS, *Convention*, *op. cit.*, p. 3.

Au-delà de Schelling, c'est d'ailleurs à Hume que Lewis fait référence lorsqu'il fournit une première définition intuitive de la convention comme « un sens général de l'intérêt commun, sens que les membres de la société s'expriment les uns aux autres, et qui les conduit à régler leur comportement selon certaines règles. J'observe qu'il sera de mon intérêt [par exemple] de laisser autrui en possession de ses biens, pourvu qu'il agisse de même avec moi. Il a conscience d'avoir un intérêt semblable à régler sa conduite. Quand ce sens commun de l'intérêt est mutuellement exprimé et qu'il est connu des deux, il produit une résolution et un comportement qui lui correspondent. Et cela, on peut l'appeler, avec assez d'à-propos, une convention ou un accord entre nous, bien que fasse défaut la médiation d'une promesse, puisque les actions de chacun d'entre nous font référence à celles de l'autre et sont accomplies en supposant que de l'autre côté, on doit aussi accomplir quelque chose [41] ». Lewis part donc d'une définition intuitive de la convention comme une régularité de comportement prenant sa source dans l'attente qu'*autrui* s'y conformera en raison d'un intérêt commun à ce suivi. Il utilise cette notion dans le cadre des jeux de coordination. Soit le jeu suivant :

		Joueur 2	
		A	B
	A	1 ; 1	0 ; 0
Joueur 1	B	0 ; 0	1 ; 1

Dans une telle situation, caractérisée par une multiplicité d'équilibres, un élément doit venir s'adjoindre à la présence d'un intérêt évident à la coordination : un système d'attentes mutuelles, ce que Lewis nomme une convention. Pour Lewis, une régularité *R* dans le comportement des membres d'une population *P* agissant dans une situation récurrente *S* est une convention si et seulement si il est vrai, et il est connaissance commune dans *P* que, dans presque toutes les occurrences de *S* parmi les membres de *P*,

41. David HUME, *Traité de la nature humaine : La morale*, Paris, Flammarion, 1993, p. 90.

1) Chacun ou presque se conforme à *R* ;
2) Chacun ou presque s'attend à ce que chacun ou presque se conforme à *R* ;
3) Chacun ou presque possède approximativement les mêmes préférences en ce qui concerne toutes les combinaisons possibles d'actions ;
4) Chacun ou presque préfère que le plus grand nombre d'agents possible se conforme à *R*, à condition que chacun ou presque se conforme à *R* ;
5) Chacun ou presque préférerait que le plus grand nombre d'agents possible se conforme à *R'*, à condition que chacun ou presque se conforme à *R'*.

R' désignant une régularité possible dans le comportement des membres de *P* placés dans *S*, telle que, en presque chaque occurrence de *S* parmi les membres de *P*, presque personne ne pourrait se conformer à la fois à *R'* et à *R*[42].

Pour qu'une croyance individuelle devienne connaissance commune, il faut au préalable que le mode de raisonnement des agents, *i.e.* la manière dont ils seront amenés à choisir une règle d'action plutôt qu'une autre selon un ensemble de préférences, soit elle-même connaissance commune. En d'autres termes, il faut avoir connaissance du raisonnement ayant conduit *autrui* au respect de la règle. On parle ici de connaissance commune du mode de raisonnement (et non de la rationalité). Lewis[43] définit la connaissance commune comme suit : dans une population *P*, *x* est connaissance commune dans une situation A si et seulement si,

a. Chaque membre de *P* a des raisons de croire que *A* ;
b. *A* indique à chaque membre de *P* que chaque membre de *P* à des raisons de croire que *A* ;
c. *A* indique à chaque membre de *P* que *x*.

La connaissance commune du mode de raisonnement est ici contenue dans la condition c : chacun sait que *A* indique *x* dans la population *P*. Cette définition de base présuppose deux éléments primordiaux : d'une part, que les agents partagent les mêmes normes inductives faisant que *A* indique *x* à chacun, d'autre part, que les agents partagent un même stock d'informations minimal. Ce dernier point, mis en avant par Lewis, a été approfondi par Aumann[44]. Si la convention est connaissance commune,

---

42. David LEWIS, *Convention*, *op. cit.*, p. 78.
43. *Ibidem*, p. 56.
44. Robert J. AUMANN, « Agreeing to disagree », *The Annals of Statistics*, 1976, vol.

et que l'on considère la connaissance commune du mode de raisonnement, la conclusion logique est que les agents ont construit cette connaissance commune vis-à-vis de la convention sur le même stock d'informations : des croyances *a priori* communes. Pour reprendre le raisonnement d'Aumann, s'il y a désaccord sur le point de coordination, alors même qu'il y a connaissance commune du mode de raisonnement, cela ne peut provenir que d'un stock d'informations différent. La coordination nécessite donc, pour être pensée, des croyances *a priori* communes relatives à l'état du monde *A*, ce qui présuppose un alignement des croyances. Ainsi, la convention est un dispositif social partagé comprenant la reconnaissance d'un état du monde. De plus, si la connaissance commune se rapporte aux modes de raisonnement de chaque joueur (par exemple dans le fait d'inférer le respect de *R* d'un arrangement social contenant le respect, lui aussi conventionnel, de la promesse), elle concerne également les règles du jeu social au sein duquel se déroule l'action : il faut en effet que les agents aient une même représentation du monde concernant les stratégies possibles. Notons néanmoins que Lewis exclut ce dernier point, au moins en ce qui concerne la définition de son ouvrage de 1969. Répondant à la critique de Quine, pour qui poser une convention suppose qu'on utilise d'autres conventions, Lewis écrit :

> « [A]n agreement sufficient to create a convention need not be a transaction involving language or any other conventional activity.[45] »

Néanmoins, Lewis complète sa propre définition quelques années plus tard en substituant à la clause n° 3 :

> 3') Le fait de croire que les autres se conforment à *R* donne à chacun une bonne et décisive raison de se conformer à *R* [46].

Une substitution qui marque, pour Olivier Favereau [47], le passage d'une définition individualiste (et comportementale) de la convention (finalement proche de celle de Hume), à une définition intégrant un monde épistémique nécessairement commun : je respecte *R*, non parce que je sais qu'*autrui* pense que je pense qu'il pense... que je préfère *R*, mais parce

---

4, n° 6, p. 1236-1239. La thèse du lien analytique entre Lewis et Aumann a été soutenue par Cyril HÉDOIN, « Linking institutions to economic performance : the role of macro-structures in micro-explanations », *Journal of Institutional Economics*, avril 2012, p. 1-23.

45. David LEWIS, *Convention*, *op. cit.*, p. 87.

46. David LEWIS, « Languages and Language » [1975], in Keith GUNDERSON (dir.), *Minnesota Studies in the Philosophy of Science*, 1993, p. 3-35.

47. Olivier FAVEREAU, « The Unconventional, but Conventionalist, Legacy of Lewis's "Convention" », *Topoi*, 2008, vol. 27, n° 1-2, p. 115-126.

qu'il a de bonnes raisons de croire que j'ai de bonnes raisons de croire que… je vais choisir *R*. Ces raisons nous sont communes, ne se résument pas à des préférences individuelles, et s'inscrivent dans l'appartenance à une communauté épistémique contenant une représentation du monde, un sens de l'intérêt commun et une représentation commune des modes de raisonnement de tous. Ce changement, suggéré à Lewis par Jonathan Bennett en 1971, permet de considérer le cas où non seulement les agents ont des raisons d'agir, mais également de croire en la conformité générale à *R*[48]. Que ce changement soit aussi profond que ce que Favereau le défend n'est pas ici le débat, néanmoins, il semble que la clause de la connaissance commune des modes de raisonnement contenait déjà un élément fort permettant de contester la paternité de Lewis vis-à-vis du concept de *common knowledge* (hypothèse centrale et discutée de la théorie des jeux contemporaine). Alors que le *common knowledge* se fonde sur la similarité des individus vis-à-vis d'une rationalité purement procédurale, la connaissance commune des modes de raisonnement à la Lewis repose sur la capacité d'inférer un comportement commun d'un état du monde particulier. Elle suppose donc un ensemble de conventions déjà formées (croyances *a priori* communes). Lewis écrit par exemple :

> « In agreeing face to face to conform to R, each of us is manifesting his (pre-existing or newly formed) propensity to confirm to R ; and he is doing so under circumstances in which it is common knowledge among us that all of us are watching him.[49] »

Ici, c'est le respect d'une promesse qui scelle le respect de la convention. Ce respect fonctionne uniquement dans un contexte partagé où il est considéré comme une convention sur la base de laquelle s'est mis en place un système de dissuasion : nul ne peut, de manière inconséquente, rompre un accord en raison de convention sociale entraînant une pression sur les contractants.

Quelques ajustements théoriques

Il s'agit maintenant d'expliciter la manière dont on peut concevoir un mouvement performatif comme un mouvement conventionnel. Faire du mouvement performatif la mise en place d'une nouvelle convention dans une population permet de réintroduire le social dans la définition de la performativité : la performativité devient l'instauration d'une représentation

---

48. Éléonore Le Jallé, « La convention : ce que Lewis doit (ou non) à Hume », *Klesis*, 2012, vol. 24, p. 239-271.

49. David Lewis, *Convention*, *op. cit.*, p. 83.

du monde ainsi que d'une croyance partagée sur les comportements à adopter. Cette perspective appelle une définition de la performativité permettant à la fois de réintégrer les caractéristiques saillantes de la théorie callonienne ainsi que des éléments théoriques heuristiquement intéressants. La perspective performativiste conçoit l'influence sociale des théories économiques par le biais de la notion de dispositif technique : les théories y sont intégrées en vue de faire faire des choses aux agents, ce « faire faire » amenant la réalité sociale à se comporter à la manière des théories des économistes. L'idée du « faire faire » doit demeurer le cœur de la notion de performativité. Encore reste-t-il à définir précisément ce dont il s'agit : que dit-on quand on affirme qu'une théorie influence le monde social en faisant faire des choses aux gens ? Que la théorie et le dispositif sur lesquels elle s'appuie changent le comportement des agents en créant de nouvelles habitudes d'action. Dans un cadre conventionnaliste, insuffler de nouvelles pratiques revient à insuffler de nouvelles conventions, c'est-à-dire de nouveaux repères. Suivant la définition de Lewis, on tire trois caractéristiques fondamentales de la convention : elle est une classification, elle est une croyance relative au fonctionnement du monde, elle est collective. Nous porterons ici notre attention sur les deux premiers points.

Une convention est une classification en ce qu'elle est une représentation commune du jeu joué par les agents, permettant de reconnaître des situations analogues à une situation originelle (*S*) dans laquelle la convention fonctionne :

> « [I]nstances of *S* do not have to be exactly alike. They merely have to be analogous, to fall under some common description that is natural enough to allow common knowledge of a propensity to extrapolate from some instances of *S* to others.[50] »

Cette donnée épistémique essentielle fait que la convention intègre un cadre rendant la situation intelligible à l'acteur. À ce titre, la performativité comme convention ne peut être assimilée à une simple influence informationnelle (on dévoile de l'information à laquelle les agents n'avaient pas accès) ou une simple application de politique économique (par exemple, une baisse des taux directeurs) : elle est l'imposition d'un nouveau cadre cognitif impliquant de nouvelles habitudes d'action. On peut donc considérer que « faire faire », c'est avant tout créer de nouvelles classifications. La théorie performe en ce qu'elle crée de nouvelles classifications du monde, de nouveaux cadres interprétatifs, de nouvelles stratégies. La convention est donc en même temps une solution et une

50. David LEWIS, *Convention*, *op. cit.*, p. 71.

nouvelle définition du problème de coordination au sens de Lewis :

> « [Coordination problems] are situations in which, relative to some classification of actions, the agents have a common interest in all doing the same one of several alternative actions.[51] »

> « [C]oordination may be rationally achived with the aid of a system of concordant mutual expectations [...] about the agents' actions, preferences, and rationality.[52] »

On prend ici le parti, suivant dans une certaine mesure Favereau[53], que l'on peut trouver dans la définition lewissienne de la convention à la fois l'idée de convention régulative (qui indique une stratégie particulière) et de convention constitutive (qui définit le jeu). Ce dernier concept est emprunté au philosophe du droit Andrei Marmor qui définit (suivant Searle) comme constitutive une convention dont la fonction est de définir le cadre du jeu :

> « Their function is to define what counts as winning and losing a game, what are permissible and impermissible moves in the game, and so on. [54] »

Lewis accorde beaucoup d'importance à l'idée que la convention suppose également une capacité à reconnaître par analogie le problème de coordination auquel on applique la solution conventionnelle. Il est d'ailleurs intéressant de noter qu'il interroge l'ambiguïté fondamentale de toute analogie permettant d'identifier un problème de coordination :

> « There might be alternative analogies. If so, there is room for ambiguity about what would be following precedent and doing what did before.[55] »

Ce point est particulièrement intéressant en ce que la reconnaissance du problème de coordination suppose une convention de sélection de l'analogie, ce qui confirme notre interprétation et justifie notre usage de la convention à la Lewis : utiliser une convention régulative oblige que soit posée une convention constitutive définissant les alternatives possibles, soit la reconnaissance d'un état du monde particulier. Quand on dit qu'une théorie performe le monde social, on dit qu'elle crée de nouvelles classifications, un nouveau cadre interprétatif permettant de nouvelles modalités d'action ; de nouveaux choix.

---

51. *Ibidem*, p. 24.
52. *Ibid.*, p. 33.
53. Olivier FAVEREAU, « The Unconventional, but Conventionalist, Legacy of Lewis's "Convention" », *op. cit.*, p. 115-126.
54. Andrei MARMOR, *Social Conventions : From Language to Law*, Princeton et Oxford, Princeton University Press, 2009, p. 36.
55. DAVID LEWIS, *Convention*, *op. cit.*, p. 37.

En plus de la nécessité d'une classification épistémique, qui permet l'élaboration même des stratégies conventionnelles, la notion de convention suppose une certaine croyance vis-à-vis du fonctionnement du système. Cet impératif est intégré dans la condition 3' : la croyance que les autres se conforment à *x* donne à chacun une bonne raison pour se conformer à *x*. Si le cadre d'un jeu de pure coordination rend la chose évidente, des situations sociales plus complexes révèlent la nécessité de l'autoréalisation des prophéties : je choisis une convention car je sais que le fait que je la choisisse avec les autres entraînera le résultat attendu. De cette manière, la convention est également la reconnaissance (au moins par son utilisation) que les mécanismes décrits par la théorie amèneront un résultat attendu. Il s'agit dès lors de passer de l'acte illocutoire, ce que l'on fait avec la théorie, à l'acte perlocutoire, c'est-à-dire la conséquence des théories [56]. Le mouvement performatif est dès lors considéré comme le fait de faire faire en insufflant de nouvelles représentations ainsi que de nouvelles croyances relatives au fonctionnement du monde social, à savoir l'existence d'un mécanisme d'autoréalisation [57].

Qu'est-ce qu'une théorie ?

Performer c'est donc faire faire par le truchement d'une convention issue de la théorie économique. Reste à définir ce que l'on entend par « théorie ». La littérature performativiste reste relativement vague sur le sujet, ne serait-ce que parce qu'elle refuse de confiner son analyse aux lieux de la recherche. La notion de convention sera encore une fois éclairante en ce qu'on s'intéresse aux théories économiques en tant qu'elles peuvent donner naissance à de nouvelles conventions sociales. Notre définition sera donc orientée vers cet objectif : souligner un homomorphisme entre convention sociale et théorie, de sorte qu'il soit possible de penser que la seconde puisse prendre la forme de la première. La problématique callonienne étant centrée sur les théories économiques, c'est principalement sur elles que nous avons construit notre discours.

On entendra, dans ce travail, par théorie, la réunion de deux éléments intimement imbriqués, à savoir un modèle et un discours. D'un côté donc le modèle. Il consiste en un monde abstrait dont les objets sont classés, dotés de caractéristiques et liés entre eux par des relations permettant

---

56. Distinction sur laquelle insiste beaucoup Judith BUTLER in *Le pouvoir des mots*, Paris, Éditions Amsterdam, 2004.

57. Nicolas BRISSET, « Economics is Not Always Performative : Some Limits for Performativity », *Journal of Economic Methodology*, à paraître.

d'effectuer des déductions selon la logique des prédicats [58]. Ces relations peuvent prendre des formes différentes (relation d'ensemble, d'équivalence, etc.), dont la plus usuelle est la relation fonctionnelle. La science est donc avant tout une entreprise de catégorisation, d'assignation de relations et de déduction. Telle est l'essence de la méthode hypothético-déductive, qui n'engage en rien la teneur ou l'usage de ce qui est déduit : expliquer ce qui est connu (d'un point de vue réaliste ou instrumentaliste) ou ce qui est caché (rétroduction), prédire, décrire un état souhaitable potentiel ou réfuter les conditions de départ (par exemple *via* un raisonnement par l'absurde), beaucoup de choses sont possibles. Ainsi, la pragmatique d'un modèle est sous-déterminée par sa syntaxe.

Dans un article devenu standard dans le domaine de l'épistémologie économique, Robert Sugden [59] fait référence, pour parler des modèles, à des « mondes crédibles ». Laissons pour l'instant de côté la crédibilité, et regardons de plus près cette idée de modèle comme monde. Sugden utilise l'exemple du travail de Georges Akerlof sur le marché des véhicules d'occasion, un modèle emblématique de la théorie économique [60]. Ce dernier tend à illustrer le problème des asymétries d'information, qui peuvent amener à la disparition pure et simple des marchés. Dans ce modèle, Akerlof commence par définir les contours d'un monde contenant :

- n automobiles dont la qualité q (estimée en monnaie) est une variable aléatoire comprise dans l'intervalle [0 ; 1] et d'espérance mathématique $^1/_2$;
- Des acheteurs dont le prix de réserve est ($^3/_2$) q ;
- Des vendeurs dont le prix de réserve est q.

Ces différents objets entretiennent les relations suivantes :

- Les vendeurs et les acheteurs sont réunis dans deux groupes différents, chacun cherchant à maximiser une fonction d'utilité agrégée ;
- La qualité des automobiles n'est pas observable par les acheteurs ;
- Elle l'est par les vendeurs ;
- Les acheteurs sont neutres vis-à-vis du risque.

58. Ce qui concerne également les modèles de simulation ou les représentations graphiques. On est ici proche de l'idée selon laquelle une théorie est à la fois un outil de représentation et un outil d'inférence, idée défendue par Marion VORMS in *Qu'est-ce qu'une théorie scientifique ?*, Paris, Vuibert, 2011.

59. Robert SUGDEN, « Credible Worlds, Capacities and Mechanisms », *Erkenntnis*, 2009, vol. 70, p. 3-27.

60. George AKERLOF, « The market for "lemons" : Quality uncertainty and the market mechanism », *Quarterly Journal of Economics*, 1970, vol. 84, p. 488-500.

De ces relations, Akerlof déduit un nouveau monde ayant les caractéristiques suivantes :

- m automobiles dont la qualité q (estimée en monnaie) est une variable aléatoire comprise dans l'intervalle [0 ; $^3/_4$] et d'espé rance mathématique $^3/_8$;
- Tous les acheteurs sont prêts à payer au maximum de $^3/_2$; $^3/_8$ = $^9/_{16}$.

Il en déduit que l'ensemble des vendeurs de véhicules de qualité supérieure a quitté le marché. Ce mécanisme mène *in fine* (par itération) à la réduction de la qualité des véhicules à 0, se vendant à prix nul. Que montre ce modèle ? En soit, absolument rien. Il décrit seulement un monde dans lequel des conditions posées sont corrélées à des caractéristiques en définitive contenues dans ces mêmes conditions de départ. La philosophe des sciences Nancy Cartwright[61] évoque à ce titre une surcontrainte de la modélisation : le modèle contient son environnement, les résultats auxquels il parvient sont inscrits dans ses hypothèses initiales. Cartwright considère qu'un modèle, comme expérience de pensée, a pour objectif d'isoler les capacités causales, à savoir des pouvoirs qu'ont des éléments d'un système de produire des résultats spécifiques. Elle parle à ce titre du modèle comme d'une machine nomologique[62], c'est-à-dire un dispositif composé de facteurs ayant des capacités propres, de telle sorte que, placés dans un environnement stable, ils donnent lieu à des régularités de comportement. La difficulté majeure dans l'isolation des capacités est qu'un modèle n'est pas une expérience empirique, il n'est pas placé dans un environnement stable, il contient son environnement. Si cela ne semble pas poser de problème en physique (selon Cartwright), où les hypothèses structurelles des modèles (les lois de la physique) sont considérées comme ayant une portée très générale, il en est tout autrement pour la modélisation économique.

Au fond, l'argument de Cartwright revient à souligner la nécessité de classer les liens fonctionnels d'un modèle : considérons un modèle composé d'un ensemble de variables liées entre elles par un ensemble de relations. L'ensemble de variables est partagé en deux : certaines doivent expliquer, d'autres être expliquées. Ainsi, on considère certaines variables et relations fonctionnelles comme des données, on fait varier une variable

61. Nancy Cartwright, « If No Capacities Than No Credible Worlds. But Can Models Reveal Capacities », *Erkenntnis*, 2009, vol. 70, p. 45-58.

62. Sur ce point, cf. Cyril Hedoin, « Models in Economics Are Not (Always) Nomological Machines : A Pragmatic Approach to Economists' Modeling Practices », *Philosophy of the Social Sciences*, 2012, vol. 20, n° 10, p. 1-36.

explicative et on impute les changements du système à cette variable précise. C'est le fonctionnement standard de la clause *ceteris paribus*, nécessaire au mode hypothético-déductif. Or, cette clause n'est crédible que dans la mesure où ce qui est tenu égal par ailleurs prend le statut crédible de lois (suffisamment stables, voire immuables). Si cela peut sembler ne pas poser de problème quand on met dans cette clause la théorie de la relativité, elle semble plus discutable pour le modèle d'Akerlof, dans lequel ce sont les comportements maximisateurs et la neutralité face au risque qui prennent ce statut particulier. Le modèle se trouve *in fine* incapable d'assumer son rôle de machine nomologique, c'est-à-dire de dégager une capacité causale particulière. À ce titre, tenir un discours causal à partir d'un modèle nécessite de l'englober au sein d'un discours susceptible de rendre « crédible » les liens que l'on désire mettre en exergue. Ce qui revient à justifier de manière externe au modèle la hiérarchisation des variables entre les expliquées et les explicatives. La crédibilité de cette hiérarchisation, et de l'explication causale qu'elle permet, reposera également sur la crédibilité de deux mondes possibles : celui où il y a intervention sur la variable explicative et celui où il n'y en a pas. Ces deux mondes doivent être suffisamment crédibles pour que l'on puisse juger de l'effet de l'intervention. En l'occurrence, Akerlof raconte une histoire dans laquelle un système de marché intégrant des asymétries d'informations conduit à la disparition du marché en en détruisant les principaux supposés bienfaits (prix d'équilibre, efficience). Cette histoire, indépendante du modèle, n'a de sens que dans la mesure où les deux mondes possibles et les mécanismes faisant passer de l'un à l'autre sont identifiables (un monde marchand, optimal, avec équilibre de marché et un monde sous-optimal, sans marché, un principe de rationalité) et considérés comme crédibles par l'interlocuteur : il juge que le modèle, bien qu'il constitue une caricature évacuant certains caractères du réel[63], trouve sa valeur de vérité (de manière factuelle ou contrefactuelle) dans son rapport représentationnel vis-à-vis du monde extérieur. On a déjà évoqué la syntaxe ainsi que la pragmatique du modèle, la notion de discours causal entre des entités renvoie ici à sa sémantique. Il s'agit d'établir des règles de correspondances entre les éléments (ainsi que leurs capacités causales) d'un système de référence et un modèle sémantiquement sous-déterminé[64] afin d'assurer

---

63. ALLAN GIBBARD et Hal R. VARIAN, « Economic Modes », *The Journal of Philosophy*, 1978, vol. 75, n° 11, p. 664-677.

64. Un même modèle formel est applicable à plusieurs objets d'étude, il peut donc être interprété (tant du point de vue de la référence que du sens) de multiples manières.

une signification cognitive à ce dernier[65]. Tel est le rôle du discours théorique : justifier une correspondance entre un marché théorique composé de symboles mathématiques et un marché des automobiles d'occasion d'une ville des États-Unis.

La question de la crédibilité, à savoir du discours légitimant le modèle formel[66], renvoie directement aux conditions de félicité des actes de langage scientifiques. Certaines procédures et contextes sont socialement acceptés comme indiquant la pertinence des théories : le raffinement et la robustesse de la modélisation, le falsificationnisme, l'acceptation de la procédure de test, la place du locuteur dans le champ scientifique, autant d'éléments directement impliqués dans la crédibilité immédiate d'une théorie. Ainsi, une théorie n'est pas réductible à son contenu formel, elle n'est pas un système clos, elle est nécessairement ouverte sur un contexte social lui conférant sa puissance explicative.

En définitive, une théorie se compose :

---

65. Le statut des règles de correspondance reste obligatoirement ambigu. D'une part, le système de symboles mathématiques et le plan ontologique sont nécessairement séparés ; d'autre part, le langage entretient avec le plan phénoménal un rapport des plus complexes. Le modèle est donc une représentation d'une représentation (l'ordre phénoménal) du monde exprimé dans un langage sémantiquement sous-déterminé. Ainsi, si la signification cognitive semble ouvrir la porte au test d'une théorie, la mise en place de ce dernier s'avère délicate. Évoquons par exemple la fameuse thèse du holisme sémantique de Quine, considérant qu'il est impossible de saisir la signification d'une proposition théorique en la mettant à l'écart de l'ensemble de propositions dans lequel elle s'insère (l'ensemble des théories et du langage). Autre élément important, Duhem défend, quant à lui, un holisme méthodologique : la vérité ou la fausseté d'une affirmation empirique dépend de la réalisation de l'ensemble des conditions de l'expérience (réglage des instruments, absence de perturbations externes, que les grandeurs théoriques correspondent aux grandeurs empiriques, etc.) constituant autant d'hypothèses auxiliaires. Si les deux thèses peuvent être liées, elles n'en restent pas moins différentes.

66. Depuis les travaux de McCloskey, on sait que la rhétorique joue un rôle primordial dans la crédibilité du modèle. « Rhetoric does no deal with truth directly ; it deals with conversation. It is, crudely put, a literary way of examining conversation, the conversation of economists and mathematicians as much as of poets and novelists », Deirdre MCCLOSKEY, *The Rhetoric of Economics*, Madison, The University of Wisconsin Press, 1998, p. 28. Au-delà de la question purement rhétorique, c'est le statut de légitimité du discours qui est en jeu. « Une science qui n'a pas trouvé sa légitimité n'est pas une science véritable », Jean-François LYOTARD, *La condition postmoderne : rapport sur le savoir*, Paris, Éditions de Minuit, 1979, p. 64. Ainsi, les grands récits légitimants, dont le deuil marque, selon Lyotard, la fin de la modernité et l'entrée dans la postmodernité, se dissolvent inévitablement (il s'agit d'une nécessité épistémologique due aux limites de l'induction et de la causalité) au sein de territoires plus restreints : les disciplines particulières, voire les théories particulières. Ces récits répondent, bien entendu, à des règles constitutives de jeux pragmatiques : il y a de bonnes et de mauvaises façons de raconter, de jouer.

i. D'une classification (*ex ante*) d'objets ;
ii. De liens unissant ces objets ;
iii. D'un discours justifiant que ces liens soient assimilés à des relations causales ;
iv. D'une classification (*ex post*) de mondes crédibles (un monde avec asymétrie, un monde sans).

On retrouve ici les caractéristiques formelles de la convention à la Lewis. Ce que l'on montrera dans la prochaine section. Cet homomorphisme permettra d'envisager qu'une théorie scientifique puisse devenir une convention sociale.

Homomorphisme entre convention et théorie

La manière dont on a défini convention et théorie laisse entrevoir un homomorphisme entre les deux concepts. Premièrement, théorie et convention s'appuient nécessairement sur une classification des objets. D'un côté, ces objets sont les composantes d'un monde abstrait, de l'autre, un ensemble de stratégies potentielles. Deuxièmement, ces objets entretiennent dans les deux cas des relations. Dans le cadre de la théorie, la classification *ex ante* est animée par un ensemble de relations formelles, de telle sorte que le tout constitue un monde crédible (ou non). Le mécanisme conventionnel fonctionne de la même manière. En effet, à une classification de départ s'ajoute un mécanisme contenu dans la troisième condition : « Cette croyance que les autres se conforment à *R* donne à chacun une bonne raison pour se conformer à *R* ». Autrement dit, il existe ici un phénomène d'autoréalisation : si tout le monde se conforme à *R* en espérant atteindre un résultat particulier, alors ce résultat est atteint. Le lien entre le contexte *A* et la croyance en *R* aura également son importance. *A* cause une polarisation des croyances sur le suivi du comportement *R*, ce qui, étant donné le mécanisme d'autoréalisation, entraîne le résultat attendu par l'agent qui suit la convention. Ce contexte n'est rien d'autre qu'un élément rendant crédible aux yeux des agents la réalisation d'un monde où tous suivent la convention *R* et où le résultat de la conformité à *R* entraîne un résultat attendu et souhaité.

En définitive, si un acteur *k* considère par analogie que la classification *ex ante* d'une théorie *T* correspond à un contexte *A*, il a de bonnes raisons de croire que le mécanisme causal décrit dans *T* se produira dans *A* dans la mesure où les acteurs composant *A* se comportent également comme les agents du modèle (précisément parce qu'ils ont la même croyance que *k*). Ainsi, la théorie *T* est autoréalisatrice. Elle joue dès lors le rôle de ce que Lewis nomme un « précédent fictif » :

> « A fictive precedent would be as effective as an actual one in suggesting a course of action for us, and therefore as good a source of concordant mutual expectations enabling us to meet.[67] »

La théorie prend la forme d'un monde crédible utilisé comme précédent : on juge ce monde suffisamment proche du nôtre pour qu'il puisse servir de fondement à notre action[68].

Une définition de l'échec performatif

Notre utilisation du concept de convention va maintenant permettre, sur un ton austinien, de délimiter certaines conditions à la performativité d'une théorie. Il convient néanmoins d'ajouter une remarque préliminaire : nous ne questionnerons pas ici la place du locuteur, c'est-à-dire du théoricien. Les travaux performativistes soulignent le rôle primordial des économistes dans la construction du monde social, nous partirons ici de ce principe, sans questionner la domination symbolique de ce champ théorique particulier. Cette question est abordée dans de nombreux autres travaux[69].

Condition d'empiricité

La condition (5) de la définition lewisienne est primordiale en ce qu'elle est la raison d'existence d'une convention : un individu, devant un grand nombre de choix de stratégies de coordination équivalentes, doit nécessairement s'en remettre à une convention sociale. Pour être opérante, une telle convention doit permettre d'envisager l'existence même des différents comportements possibles (*R* et *R'*) à travers un cadre (dimension constitutive de la convention). Sans cela, non seulement elle ne sera d'aucune utilité à l'acteur, mais ce dernier ne sera pas même en mesure de la comprendre[70]. On parlera ici, en utilisant le vocabulaire poppérien, de condition d'empiricité : comme dans le cas des théories empiriques, une convention doit permettre l'identification d'au moins deux classes de phé-

---

67. David LEWIS, *Convention*, *op. cit.*, p. 39.

68. Un point important est que le monde décrit par la théorie (classification *ex post*) doit être considéré comme désirable. Les agents doivent avoir une préférence pour une généralisation de la convention. *T* servira de convention au sein d'une population dans la mesure où ses membres pensent que *T* permet d'identifier un monde désirable.

69. Marion FOURCADE, *Economists and Societies*, Princeton, Princeton University Press, 2009.

70. Sur le statut épistémologique et ontologique des conventions, cf. Nicolas BRISSET (*à paraître*), « Les institutions comme objets émergents : une perspective ontologique », *Revue économique*.

nomènes non équivalents[71]. Préférer quelque chose, c'est le préférer à quelque chose d'autre[72]. Pour performer le monde social, une théorie doit donc permettre de différencier plusieurs comportements possibles. À cette seule condition, un concept scientifique (issu d'une classification théorique) peut agir comme une norme de représentation. La notion de « concept » renvoie ici à un élément de la théorie permettant la formulation de prédicats, permettant à la théorie en question de jouer son rôle de précédent fictif au sens de Lewis : on identifie les objets classés de la théorie (les concepts) à des phénomènes (au sens phénoménologique du terme) du monde. Le philosophe Bernard Williams[73], et à sa suite Hilary Putnam[74], nous fournissent une première piste de réflexion en définissant une classe de concepts, dits « concepts épais » (*thick concepts*), mêlant considérations positives et normatives :

> « The way these notions are applied is determined by what the world is like (for instance, by how someone has behave), and yet, at the same time, their applications usually involves a certain valuation of the situation, of persons or actions.[75] »

Les exemples les plus fréquemment cités dans la littérature sont les notions de brutalité, de cruauté ou encore de courage. Un concept épais est une passerelle entre la sphère théorique et la sphère sociale. La normativité pourrait dès lors être considérée comme le cœur de la notion de performativité en ce qu'elle est une modalité importante d'intervention de la théorie économique sur le monde social. Finalement, la thèse de la performativité n'est-elle pas simplement dérivée du constat qu'il existe des théories économiques normatives ? Si, suivant John Searle[76], on définit la normativité relativement aux engagements (telle la promesse) et à leurs conditions institutionnelles (définition de la promesse), alors, dès qu'un agent se dit « je dois » sur la base d'un énoncé économique, nous sommes dans un cadre normatif. Néanmoins, si la thèse de la performativité est

---

71. Chez Popper, une théorie est empirique si elle est réfutable, c'est-à-dire qu'elle permet d'identifier empiriquement au moins deux classes de phénomènes : une classe venant corroborer la théorie, une classe venant la réfuter.

72. David LEWIS, *Convention*, *op. cit.*, p. 90.

73. Bernard WILLIAMS, *Ethics and the Limits of Philosophy*, Londres and New York, Routledge, 1985.

74. Hilary PUTNAM, *The Collapse of the Fact/Value Dichotomy*, Cambridge et Londres, Harvard University Press, 2002.

75. Bernard WILLIAMS, *Ethics an the Limits of Philosophy*, *op. cit.*, p. 44.

76. John R. SEARLE, *Les actes de langage. Essai de philosophie du langage*, Paris, Hermann, 1972.

comprise comme la participation de la théorie économique à la construction du monde social, alors, les deux termes renvoient à des réalités différentes. En effet, ce qui nous intéresse ici est justement la construction même des conditions institutionnelles d'engagement : comment un agent est-il amené à agir en mimant une théorie économique. À ce titre, l'important est de comprendre comment un objet théorique peut être utilisé à des fins normatives dans la construction du monde social ? Comment devient-il une norme conventionnelle à l'aune de laquelle on juge (normativement) le monde réel ? Pour être performative, une théorie doit revêtir une forme lui permettant d'être utilisée aussi bien comme un objet descriptif que comme un guide pour l'action. Cette forme, elle ne peut l'acquérir qu'en devenant empirique. Elle doit pouvoir servir la production de propositions relatives au monde extérieur, propositions à partir desquelles on peut identifier une classe de phénomènes non conformes à l'énoncé en question. En d'autres termes, un concept scientifique peut servir de guide pour l'action au sein du monde social s'il donne naissance à une classification du social compréhensible par les acteurs (que ces derniers soient directement ceux qui prennent les décisions ou ceux qui construisent les dispositifs techniques dont ils vont se servir). Prenons l'exemple de la catégorie « rationnel », largement utilisée en économie. Pour qu'un individu se considère lui-même comme rationnel, le concept de rationalité doit être défini de manière à ce qu'il puisse servir à la production de prédicats empiriques de type « x est rationnel ». Or, cela passe par une capacité individuelle à marquer une distinction entre le « rationnel » et l'« irrationnel». Dire que « x est rationnel », revient ainsi à dire, dans le cadre d'une classification simple en deux sous-groupes, que « x n'est pas irrationnel ». Il est évident que ce raisonnement repose sur l'hypothèse selon laquelle le théoricien définissant le rationnel et les acteurs sociaux qui utilisent le concept, partagent la même interprétation des énoncés servant la définition de la rationalité. Cette hypothèse amène deux remarques. Premièrement, la notion de convention présuppose (comme toute théorie du social) l'existence d'une communauté épistémique contenant le langage ordinaire comme arrière-plan nécessaire. Secondement, cette hypothèse est moins forte qu'il n'y paraît si l'on considère qu'une catégorisation (être catégorisé comme « rationnel ») n'a d'effet sur notre comportement que dans la mesure où la catégorie est intégrée dans des dispositifs (des conventions et les dispositifs techniques qui les cristallisent) s'imposant un sens commun.

Ainsi, le raisonnement développé ici amène à s'interroger sur le statut épistémologique des concepts performés : pour devenir une convention sociale, un concept scientifique doit concerner un élément théorique empirique. On peut, par exemple, montrer que le concept de rationalité n'a eu une influence sur le monde social qu'à partir du moment où il a pris une forme permettant de classer les comportements selon la taxinomie rationnel/irrationnel. Ce que n'a pas toujours permis la théorie de la rationalité pour des raisons purement épistémologiques : dans certaines configurations théoriques, il était simplement inutile de faire prendre au concept de rationalité une forme permettant l'articulation de propositions empiriques [77].

Condition d'autoréalisation

La condition (3) désigne la convention comme une croyance autoréalisatrice : les acteurs la respectent parce qu'ils obtiennent le résultat escompté. Si la condition d'empiricité permet de penser la possibilité d'un choix en créant la possibilité d'un contenu propositionnel (je fais *R* ou *R'*), encore faut-il de bonnes raisons de susciter l'intentionnalité (la volition) d'un choix de *R* ou *R'*. Un facteur primordial de la réussite comme de l'échec de performativité doit bien être son efficacité dans le sens d'une rencontre entre les buts des agents et les résultats de leurs actions. Rappelons que Merton définit une prophétie autoréalisatrice comme suit :

> « La prophétie autoréalisatrice consiste en une définition fausse de la situation, suscitant un comportement nouveau qui rend vraie la conception fausse à l'origine. [78] »

La définition de Merton n'est pas sans poser problème, particulièrement en ce qu'elle ne comporte aucun critère véritable et stable de jugement du vrai et du faux. Pour remédier à cela, Isabelle This en donne une nouvelle version :

> « Nous dirons qu'une croyance ou une anticipation est autoréalisatrice, si elle engendre, parce qu'elle a été adoptée par les individus, une situation dans laquelle elle est, sinon 'vraie', du moins 'non infirmée', et dans les deux cas considérée comme 'confirmée' par les individus. [79] »

Insister sur l'autoréalisation comme le cœur de la notion de convention, et *a fortiori* comme le cœur de notre théorie de la performativité, permet de dégager la performativité du seul cadre de la coordination entre

77. Sur ce point, cf. Nicolas Brisset « D'une convention à l'autre : quand la rationalité performe le réel », *Revue de philosophie économique*, 2014, vol. 15, n° 2, p. 69-108.

78. Robert K. Merton, « The Self-fulfilling Prophecy », *Antioch Review*, 1948, vol. 8, n° 2, p. 195.

79. Isabelle This, « La construction d'un concept. Des prophéties autoréalisatrices de R. K. Merton », *Économie et Société*, *Série PE*, 1994, vol. 19, n° 4, p. 185.

les agents : la conformité à une convention *R* repose non sur le fait d'une situation de pure coordination (ce à quoi pourrait nous confiner Lewis), mais d'une autoréalisation de *R* (*R* étant inspiré d'une théorie économique particulière). *Le fait que tout le monde se conforme à* R *ne vient pas remettre en cause* R. Il s'agit certes d'une coordination sur une même stratégie, mais le mécanisme sous-jacent de l'autoréalisation n'est pas uniquement dû au contexte de coordination comme dans les jeux de Lewis. On peut, par exemple, évoquer le rôle de l'autoréalisation dans l'aménagement de l'espace urbain[80]. Le fait de catégoriser certaines zones géographiques comme économiquement et socialement sinistrées désincite investisseurs et habitants potentiels de telle sorte que la réalité décrite prend petit à petit la forme de cette description. On est bien ici dans le cas d'une convention en ce que :

1 - chacun s'y conforme ;

2 - chacun s'attend à ce que chacun ou presque s'y conforme, (c'est la définition même d'une zone sinistrée) ;

3 - le fait de croire que les autres se conforment donne de bonnes raisons au fait de s'y conformer ;

4' - chacun préfère que le plus grand nombre s'y conforme : cette clause est essentiellement formulée chez Lewis parce qu'il s'inscrit dans un cadre de coordination. On pourrait la reformuler ainsi : *il est conforme aux représentations de chacun que le plus grand nombre s'y conforme* ;

5' - chacun ou presque préférerait que le plus grand nombre d'agents possible se conforme à une autre convention, à condition que chacun ou presque s'y conforme : la même réflexion s'appli que à cette clause. On peut la reformuler ainsi : *si le plus grand nombre adoptait une autre convention (par exemple que la zone urbaine en question est prospère), alors on aurait de bonnes rai sons de se conformer à cette nouvelle convention. Ceci en raison d'un mécanisme d'autoréalisation.*

Ainsi, bien que Lewis défende l'idée que sa définition de la convention puisse s'émanciper des outils qui ont servi à son élaboration, force est de constater que ce n'est pas exactement le cas : les clauses (4) et (5) sont en effet orientées vers les jeux de coordination. Il a donc été nécessaire de

80. Larry S. BOURNE, « Self-Fulfilling Prophecies ? Decentralization, Inner City Decline, and the Quality of Urban Life », *Journal of the American Planning Association*, 1992, vol. 58, p. 509-513 ; Jean-François STASZAK, « Prophéties autoréalisatrices et géographie », *Espace géographique*, 2000, vol. 29, n° 2, p. 105-119.

les reformuler afin de pouvoir parler de convention dans des cas d'auto-réalisation ne dépendant pas uniquement de la coordination des agents, mais également de mécanismes d'agrégation des comportements.

Une théorie ne conservera son statut de convention que si elle permet aux individus de réaliser les objectifs qu'ils se sont fixés, où du moins qu'ils le croient. Bertrand Russel affirmait à ce sujet :

> « Donnez-moi une armée digne de ce nom, donnez-moi les moyens de lui offrir un salaire plus généreux et une nourriture plus abondante que la moyenne, et je vous garantis qu'en l'espace de trente ans je me débrouillerai pour faire croire à la majorité de la population que deux et deux font trois, que l'eau gèle à 100 degrés et qu'elle entre en ébullition au-dessous de zéro, ou n'importe quelle autre fadaise susceptible de servir les intérêts de l'État.[81] »

Certes, mais d'une part, cela ne peut se produire que dans le cadre d'une connaissance immédiatement non pratique (à ce titre, les exemples de Russel sont plus que douteux) ; d'autre part, si cela peut effectivement être le cas dans le cadre de phénomènes non observables ou à long terme, ce constat nécessite que l'on admette qu'une théorie pose un problème de validité externe. Problème masqué par une idéologie sous-jacente à l'origine de la dissonance cognitive du type de celle observée par Festinger, Riecken et Schachter[82], lorsque des chasseurs d'ovnis, devant l'échec d'une prophétie eschatologique, s'arc-boutent d'autant plus dans leur croyance initiale. Le présupposé de cette analyse est l'existence d'une dissonance entre des faits observés et une croyance. Cette confirmation proviendra, dans le cadre de la théorie de la performativité, de l'existence d'un processus autoréalisateur : en devenant un point de repère au sein d'une population, une théorie en arrive à être confirmée[83].

Une condition externe

Aux conditions de forme s'ajoute une condition externe : les agents doivent avoir de bonnes raisons de penser que le monde théorique coïncide au monde réel. S'il y a incompatibilité entre les deux mondes, la convention scientifique ne peut s'établir comme convention sociale. Brisset[84] évoque par exemple la tentative de mise en place d'un système de marché

81. Bertrand RUSSEL, *De la fumisterie intellectuelle*, Paris, L'Herne, 2013, p. 69.

82. Léon FESTINGER, Hank RIECKEN et Stanley SCHACHTER, *L'échec d'une prophétie*, Paris, Presses universitaires de France, 1993.

83 Nicolas BRISSET, « Performativité et autoréalisation : le cas de la finance », *Revue européenne des sciences sociales*, à paraître.

84. Nicolas BRISSET, « Performer par le dispositif ? Un retour critique sur la théorie de la performativité », *L'année sociologique*, 2014, vol. 64, n° 1, p. 217-246 ; Philippe STEINER, *La transplantation d'organes*, Paris, Gallimard, 2010.

destiné aux transactions d'organes. Une proposition portée, par exemple, par les économistes Gary Becker et Julio Elìas[85]. Dans le monde théorique de Becker et Elìas, l'organe est une marchandise. Telle n'est pas une caractéristique du monde commun, de telle sorte que le contexte social ne peut indiquer le suivi de la convention marchande comme une réponse à un acte de coordination. Or, la perception du contexte est une caractéristique inhérente à la convention, une condition nécessaire à son suivi. Lewis[86] pose le cas suivant : supposons *R* une convention, et *R** une conséquence de *R*, « conséquence » étant entendue comme le fait que *non-R** serait une conséquence d'une alternative à *R*, soit *R'*. *R** constitue également une convention. Supposons que nous devions nous rencontrer alternativement dans les villes *T1* et *T2*. Chaque ville comprend trois endroits où il est possible de se retrouver, *P11, P12, P13* pour *T1* et *P21, P22, P23* pour *T2*. La convention *R* est la suivante : lorsque nous nous rencontrons en *T1* nous nous rencontrerons en *P11*, en *T2* nous nous rencontrons en *P21*. Lewis de conclure qu'une conséquence *R** de *R* est qu'en *T1* nous nous rencontrons en *P11*. La conclusion de Lewis semble triviale en ce que *R** est une partie de *R*. Mais supposons le cas suivant : soit *R* une convention consistant à se coordonner *via* un mécanisme de marché dans le cadre d'un commerce de reins. Soit *R** : « en tant que marchandise, un rein peut-être gagé contre un crédit ». *R** est une conséquence de *R* et *non-R** peut être une conséquence de *R'* (par exemple : « se coordonner par un mécanisme de don »). Ici, la convention marchande implique une classification (ou elle la présuppose) impliquant d'autres mécanismes conventionnels (ceux du crédit). L'anthropologue Lawrence Cohen[87] montre en effet que la généralisation du marché des reins dans un pays pauvre où la population est fortement endettée limite la liberté de choix en transformant le rein en collatéral généralisé au crédit. En dernier ressort, son corps est la dernière possession de l'être humain. Il existe ainsi une externalité négative forte au commerce des reins : soit il force les individus à gager un rein pour accéder au crédit, soit il fait monter les taux d'intérêt pour les personnes n'étant pas disposées au gage. Ces considérations constituent de véritables limites à la logique de marché : si la performation du marché comme mécanisme de coordination permet théoriquement de réduire les listes d'attente, la solu-

85. Gary S. BECKER and Julio Jorge ELÌAS, « Introducing Incentives in the Market for Live and Cadaveric Organ Donations », *Journal of Economic Perspectives*, 2007, vol. 21, n° 3, p. 3-24.

86. David LEWIS, *Convention*, *op. cit.*, p. 80.

87. Lawrence COHEN, « Where it Hurts : Indian Material for an Ethics of Organ Transplantation », *Zyogon*, 2003, 38(3), p. 663-688.

tion marchande est systématiquement rejetée en ce qu'elle implique d'autres comportements socialement rejetés au profit d'une logique de don [88]. Les représentations pèsent de tout leur poids sur la performativité.

Conclusion

La récupération et la transformation de la notion de performativité au sein de la sociologie issue des travaux de Michel Callon ont marqué les études sociales de ces quinze dernières années. Malheureusement, en oubliant trop rapidement la conception originelle de la notion d'énoncé performatif, les sociologues ont eu tendance à tomber dans un hyper constructivisme nocif pour l'efficacité heuristique de ce mode de pensée. On a ici tenté à la fois de souligner le problème et de le résoudre en opérant un retour à une conception plus conforme aux idées d'Austin — c'est-à-dire en définissant la performativité par ses limites — tout en mobilisant les travaux du logicien David Lewis. Voici les trois conditions que l'on a identifiées :

Deux conditions de forme, *i.e.* deux conditions se référant aux caractéristiques de la théorie.

> *1. 1. Pour performer le monde social, une théorie doit pouvoir servir à la formulation de propositions empiriques.*
>
> *1. 2. Pour performer, une théorie doit être autoréalisatrice.*
>
> Une condition externe :
>
> 2. *Pour performer, une théorie doit être compatible avec l'ensemble conventionnel au sein duquel elle s'insère.*

On s'est néanmoins cantonné à de pures considérations théoriques et épistémologiques, qui demanderaient d'être étayées par des travaux de terrain approfondis. De plus, notre travail a uniquement porté sur la performativité des théories économiques, et appelle donc à une réflexion relative à son extension aux autres disciplines.

GREDEG
Université de Nice Sophia Antipolis

*　　*　　*

88. Debra SATZ, « The Moral Limits of Markets : The Case of Human Kidneys », *Proceeding of the Aristotelian Society*, 2008, 108(3), p. 269-288.

Annales
Histoire, Sciences Sociales

n° 1 **janvier-mars 2015**

Sommaire

Lire *Le capital* de Thomas Piketty

Jean-Yves Grenier
Dynamique du capitalisme et inégalités

Peter H. Lindert
Faire fructifier *Le capital au XXIe siècle*

Éric Monnet
Monnaie et capital. Contributions du *Capital au XXIe siècle* à l'histoire et à la théorie monétaires

Nicolas Delalande
Vers une histoire politique du capital ?

Alexis Spire
Capital, reproduction sociale et fabrique des inégalités

Laurent Thévenot
Vous avez dit « capital » ?
Extension de la notion et mise en question d'inégalités et de pouvoirs de domination

Giacomo Todeschini
Servitude et travail à la fin du Moyen Âge. La dévalorisation des salariés et les pauvres « peu méritants »

Katia Béguin
Du présent au passé : les dynamiques historiques de la richesse à l'époque moderne

Alessandro Stanziani
Les échelles des inégalités : nation, région, empire

Nicolas Barreyre
Thomas Piketty en Amérique

Thomas Piketty
Vers une économie politique et historique. Réflexions sur le capital au XXIe siècle

Recherche historique et enseignement secondaire

Économie et société (comptes rendus)

Rédaction

190-198 avenue de France • 75244 Paris cedex 13 • Tél. : 01 49 54 24 67 • annales@ehess.fr

Abonnement

Armand Colin abonnements • 5 rue Laromiguière • 75240 Paris Cedex 05 • infos@armand-colin.fr

Vente au numéro

Prix d'un numéro simple : 20 € • http://annales.ehess.fr
Vente en librairie et en ligne : Dif'Pop diffusion • Tél. : 33 (0)1 43 62 08 07 • www.difpop.com
Vente sur place et par correspondance : Éditions de l'Ehess • 131 boulevard Saint-Michel • 75005 Paris • Tél. : 33 (0)1 53 10 53 56 • Fax : 33 (0)1 44 07 08 89 • editions-vente@ehess.fr

Discours d'institution et pouvoir symbolique
Le cas des banques centrales

Frédéric LEBARON

Introduction

« *When Greenspan speaks people listen* », peut-on lire sur la quatrième de couverture d'un recueil de citations du président Greenspan, très librement inspiré du petit livre rouge du président Mao et publié aux États-Unis en 2000 [1].

Être écouté par « tout le monde » et voir ses meilleures phrases regroupées dans un recueil de citations, voilà bien deux aspects, liés entre eux, du *pouvoir symbolique* : cette autorité particulière conférée aux auteurs de certains *discours* qui peuvent être caractérisés, simultanément, par l'exercice d'une *forme de pouvoir*. Ces *discours* ont pour propriété d'être universellement ou quasi-universellement efficaces, en tout cas apparemment.

Dans le cas des banques centrales, cette autorité particulière a même fait l'objet de tentatives de mesures, au sens proprement statistique : certains énoncés d'Alan Greenspan (mais l'on peut en dire tout autant de J.-C. Trichet ou M. Draghi) engendrent des effets quantifiables sur le cours des actions, ainsi que des économètres l'ont montré dans un livre intitulé *The Greenspan effect* [2]. On y apprend par exemple que l'usage de la locution « *irrational exuberance* » (« exubérance irrationnelle ») a plongé un temps les marchés dans un accès de faiblesse. Mais le plus souvent, les paroles de Greenspan ont plutôt contribué à entretenir l'optimisme. La

1. Larry KAHANER, *The Quotations of Chairman Greenspan. Words from the Man who can shake the World*, Adams Media Corporation, 2000.

2. David B. SICILIA and Jeffrey L. CRUIKSHANK, *The Greenspan Effect : Words That Move the World's Markets*, McGraw-Hill Publishing Co., 1999.

puissance du *charisme* de Greenspan n'est peut-être pas à chercher beaucoup plus loin.

Quelles sont au fond les sources de l'autorité du discours du « banquier central » (l'homme particulier qu'est le gouverneur : J.-C. Trichet, A. Greenspan, M. Draghi, B. Bernanke, Z. Xiaoshuan, mais aussi l'institution « banque centrale » en tant que telle, notamment à travers son « conseil de politique monétaire » : *Federal Open Market Committee*, Conseil des Gouverneurs, etc.) ; à quelles conditions cette autorité peut-elle être mise en cause et par qui ?

Nous nous appuierons, pour répondre à cette question, sur des travaux empiriques menés depuis plusieurs années sur les caractéristiques sociales des dirigeants de banque centrale au niveau mondial[3], ainsi que sur l'étude de deux corpus de textes : un corpus de discours de J.-C. Trichet jusqu'à la fin 2010, une brève analyse des *Bulletins mensuels de la BCE* durant la crise de 2008 à 2011.

Le cas de la Banque centrale européenne sera retenu ici, ce qui se justifie par le fait qu'elle est souvent décrite comme un exemple extrême de banque centrale indépendante (ce qui correspond à une réalité juridique et, dans une large mesure, « opérationnelle »). La période 2008-2011 sur laquelle porte le présent article correspond à la fin du mandat de Jean-Claude Trichet à la présidence de la BCE. C'est pourquoi on s'est concentré ici sur des discours du président français, figure majeure du monde des « *central bankers* » des années 2000[4], héraut de la politique monétaire « orthodoxe » rendue en partie obsolète par la crise mondiale.

Dans un premier temps, nous évoquerons quelques caractéristiques de l'autorité particulière de la banque centrale liées à sa fonction en matière de stabilité monétaire et financière : le discours de la banque centrale est d'abord un *discours d'ordre*, qui a pour fonction d'assurer le maintien de l'ordre symbolique sur les marchés, ce qui constitue une fonction politico-institutionnelle fondamentale dans une économie de marché « régulée », où l'État et le droit sont omniprésents[5]. Cela conduit à essayer ensuite, dans la perspective de « régressions » successives analogues à

3. Pour une première synthèse cf. Frédéric LEBARON, « Central Bankers in the contemporary global field of power : a 'social space' approach », *The Sociological Review*, 2008, 56, Monograph 1, p.121-144.

4. Des travaux parallèles sont actuellement menés sur Mario Draghi. Cf. par exemple Frédéric LEBARON, « Banquiers centraux », in Élisabeth LAMBERT ABDELGAWAD et Hélène MICHEL (dir.), *Dictionnaire des acteurs de l'Europe*, Bruxelles, Larcier, 2014.

5. Cf. Neil FLIGSTEIN, *The Architecture of Markets. An Economic Sociology of Twenty-First Century Capitalist Societies*, 2002.

celles qu'opère Pierre Bourdieu dans son cours du Collège de France sur l'État[6], de déterminer quel est le fondement ultime de cette autorité : on retrouve l'État, bien sûr, mais aussi la science (économique). Le discours de la banque centrale fait partie de ces discours reposant sur une « science d'État », avec ses deux formes, une plus « ouverte » et « pragmatique », une plus « doctrinale » et « juridique ». Cette science est très difficilement réductible, pour cette raison-même, à une « théorie » au sens académique du terme.

Nous examinerons, dans ce cadre, la pertinence de la notion de « performativité » appliquée au discours du banquier central. Enfin, à partir de l'exemple de la crise européenne de 2010-(...), nous montrerons que le pouvoir symbolique du banquier central peut être quasiment sans limites lorsqu'il n'est pas contrebalancé par celui de l'autorité proprement politique : ainsi, ce sont les banquiers centraux européens qui ont été les moteurs de la *mise sur l'agenda* de la réduction rapide des déficits publics (au sortir de la crise financière mondiale aiguë de 2008 et des « plans de relance » de 2009), de l'accélération du processus de constitutionnalisation des politiques économiques et, dans une certaine mesure, des politiques de réformes structurelles en cours.

1 - Un discours d'ordre

Bien qu'elle soit en général beaucoup moins connue et reconnue que la monnaie qui lui est associée, la banque centrale est au fondement de l'ordre monétaire[7]. La présence du nom de la banque centrale sur les billets de banque est une manifestation évidente et banale, largement « invisible » pourtant pour les agents économiques ordinaires, de cette omniprésence symbolique, « en arrière-plan » de la monnaie. Les expressions « autorités monétaires » ou « gardiens monétaires », fréquemment utilisées par les commentateurs, illustrent d'ailleurs la charge symbolique associée au contrôle de l'émission monétaire et à la « centralité » — autre métaphore figée[8] la banque centrale est « au centre » du système) — de l'institution dans le système bancaire et financier. La crise de 2008 a rendu « visible » à beaucoup ce qui existait déjà en temps ordinaire, mais qui

6. Pierre BOURDIEU, *Sur l'État*, Paris, Seuil, 2012.

7. Cf. Michel AGLIETTA et André ORLEAN, *La monnaie entre violence et confiance*, Paris, Odile Jacob, 2002.

8. Cf. Alice KRIEG-PLANCK, *La notion de formule en analyse du discours. Cadre théorique et méthodologique*, Besançon, Presses universitaires de Franche-Comté, 2009.

était invisible car « routinisé » : le refinancement des banques par la banque centrale, son rôle au moins potentiel de prêteur en dernier ressort.

De façon plus concrète, les textes qui « accompagnent » les décisions de la banque centrale, notamment en matière de taux d'intérêt ou de « politique non conventionnelle » (le « *Quantitative Easing* » de la Fed, le *Securities Market Program* de la BCE, etc.) sont partie intégrante de la décision elle-même ; comme plusieurs commentateurs l'ont noté à propos de Greenspan, le commentaire est tout aussi important que l'annonce officielle d'un mouvement de taux [9].

Les textes du *Bulletin mensuel de la BCE* illustrent cette fonction de mise en ordre symbolique : s'ils se présentent d'abord comme des textes d'analyse de conjoncture portant sur l'état de l'économie européenne et mondiale, les tendances en matière d'inflation et de masse monétaire, les dynamiques financières, ils ont aussi pour fonction de « motiver » les décisions du Conseil des gouverneurs en restituant la « démarche intellectuelle » ayant présidé à l'élaboration collective. Dès lors, ils fonctionnent comme des *discours d'institution* qui réaffirment un certain ordre monétaire et financier. Ils font « exister » l'institution — comme sujet collectif — en s'exprimant en son nom.

Une analyse qualitative exploratoire de quelques-uns de ces textes fait apparaître certains de leurs traits : comme toutes les analyses conjoncturelles reproduites mois après mois, ils se caractérisent par une grande redondance (les déplacements sont graduels, sauf lors des « points de retournement », les « copier-coller » nombreux, tant les formules figées abondent), par une tendance généralisée à l'euphémisation, une forme de « prudence » qui conduit à multiplier les nuances et les conditions avant toute affirmation trop claire et réfutable.

On comprend que cette relation étroite entre la décision et le texte interprétatif ait engendré chez les commentateurs des analyses linguistiques un peu grossières, associant à une locution (« grande vigilance ») une tendance clairement annonciatrice des futurs mouvements de taux (une hausse si la « vigilance » devient plus « forte »). C'est là un des effets que la banque centrale induit sur « les marchés » (*i.e.* les professionnels de la finance de marché), dont on voit à quel point il présuppose son pouvoir symbolique, garant de l'autorité particulière du discours qu'elle produit et de l'action qu'elle mène.

---

9. Voir notamment Douglas R. HOLMES, *Economy of words. Communicative imperatives in central banks*, Chicago and London, The University of Chicago Press, 2014.

Les taux d'intérêt directeurs et les discours de la banque centrale sont une composante structurelle du fonctionnement des marchés et ils contribuent eux-aussi aux *processus de croyance* qui sont au fondement des dynamiques — notamment, pour commencer, des prix — de marché. Autre façon de le dire : les banques centrales ont été un élément actif du processus de financiarisation du capitalisme, et particulièrement du point de vue des anticipations des acteurs financiers.

Encadré 1

Janvier 1999

En ce qui concerne les indicateurs de l'activité réelle dans la zone euro, de nombreuses incertitudes entachent les perspectives de l'économie mondiale au début de la phase III. Ces incertitudes ont tendance à exercer une incidence négative sur la confiance des chefs d'entreprise et ont contribué à une appréciation moins optimiste des perspectives de croissance dans la zone euro. Plus récemment, on a également observé une baisse des carnets de commandes et, dans une moindre mesure, du taux d'utilisation des capacités de production. En outre, selon une première estimation publiée par Eurostat, la croissance en glissement annuel du PIB a été de 2,4 % en termes réels au troisième trimestre 1998, contre 3 % environ au premier semestre de l'année dernière. Tous ces facteurs ont accentué les anticipations d'un ralentissement de la croissance économique à court terme.

Décembre 2011

En ce qui concerne l'analyse économique, le PIB en volume de la zone euro a augmenté de 0,2 % en rythme trimestriel au troisième trimestre 2011, sans changement par rapport au trimestre précédent. Les données tirées d'enquêtes font état d'un ralentissement de l'activité économique au quatrième trimestre de l'année. Un certain nombre de facteurs semblent freiner la dynamique de fond de la croissance dans la zone euro. Parmi ceux-ci figurent une modération du rythme de croissance de la demande mondiale et les effets défavorables, pour les conditions de financement globales et pour la confiance, qui résultent des tensions actuellement observées sur les marchés de la dette souveraine de la zone euro ainsi que le processus d'ajustement des bilans des secteurs financier et non-financier. Cependant, le Conseil des gouverneurs table sur un redressement de l'activité économique de la zone euro, quoique très progressif, au cours de l'année à venir, soutenu par la fermeté de la demande mondiale, le niveau très bas des taux d'intérêt à court terme et l'ensemble des mesures adoptées pour consolider le fonctionnement du secteur financier.

En Europe, la BCE se caractérise par un « biais optimiste » systématique concernant la conjoncture, particulièrement visible en juillet 2008 et au premier semestre 2011, lorsqu'elle procède à des hausses de taux « à contretemps » fondées sur la volonté de lutter contre l'inflation mondiale. On se trouve devant le cas classique des « prophéties auto-réalisatrices [10] ». L'un des concepts-clés de la BCE est en effet la notion de « confiance » et, en se faisant le garant de la « confiance », la BCE se veut un vecteur rationnel de stabilité des anticipations, ce qui légitime des prévisions relativement favorables, sur la base bien sûr des données conjoncturelles. La banque centrale est à peu près aussi optimiste que les prévisions des gouvernements, plus optimistes elles-mêmes (en moyenne) que les prévisions du consensus.

2 - Une autorité scientifico-étatique au service du marché

Si le pouvoir symbolique de la banque centrale a un fondement juridique (« rationnel », selon l'expression de Max Weber [11]), il est aussi simultanément de nature « personnelle », en partie charismatique, comme dans toute institution : d'où l'enjeu de la nomination du « porte-parole », de celui qui « incarne » l'institution et, dès lors, *devient* l'institution elle-même. L'autorité de l'institution se transmet à la personne qui l'incarne, mais, réciproquement, la personne (dans sa singularité) fonde la légitimité de l'institution. De ce point de vue, le discours de la banque centrale est aussi un discours personnalisé, ajusté en fonction des contextes, en réalité très proche du discours politique voire journalistique, surtout d'un point de vue rhétorique et argumentatif : on retrouve dans les deux cas des procédés de naturalisation (pour décrire la survenue de la « crise » en 2008), ainsi que des procédés narratifs proches [12]. Une première étude quantitative des discours de J.-C. Trichet, résumée ici [13], fait apparaître un lexique relativement stable, avec des inflexions dans le contexte d'intensification de la « crise systémique ».

Le corpus analysé ici consiste en n = 31 textes de Jean-Claude Trichet en langue française, publiés sur le site de la BCE, entre novembre 2003 et décembre 2009 (soit une petite proportion de l'ensemble des textes de J.-

---

10. Due au sociologue Robert K. Merton, cette notion est particulièrement pertinente dans l'ordre monétaire et financier, où l'on sait que la communication peut engendrer une accélération des comportements de crise ou, au contraire, permettre un retour à « la normale ».

11. Nous nous référons ici au cadre théorique weberien, développé en particulier dans son ouvrage *Économie et société* (Max WEBER, Paris, Presses Pocket, 2003).

12. Thierry GUILBERT, *L'« évidence » du discours néolibéral. Analyse dans la presse écrite*, Croquant, coll. « Savoir/Agir », 2011

13. Frédéric LEBARON, *La crise de la croyance économique*, Bellecombe-en-Bauges, Croquant, 2010.

C. Trichet, dont beaucoup sont écrits en anglais). Il s'agissait là aussi de repérer l'existence d'un discours de crise spécifique à travers une analyse lexicométrique. On a effectué pour cela l'analyse des correspondances (AC) du tableau de contingence lexicale croisant les mots utilisés plus de 50 fois dans l'ensemble du corpus, qui compte 8063 formes. On obtient 5 axes, représentant 55.92 % de la variance totale du nuage[14]. Nous ne représentons ici que le premier plan principal.

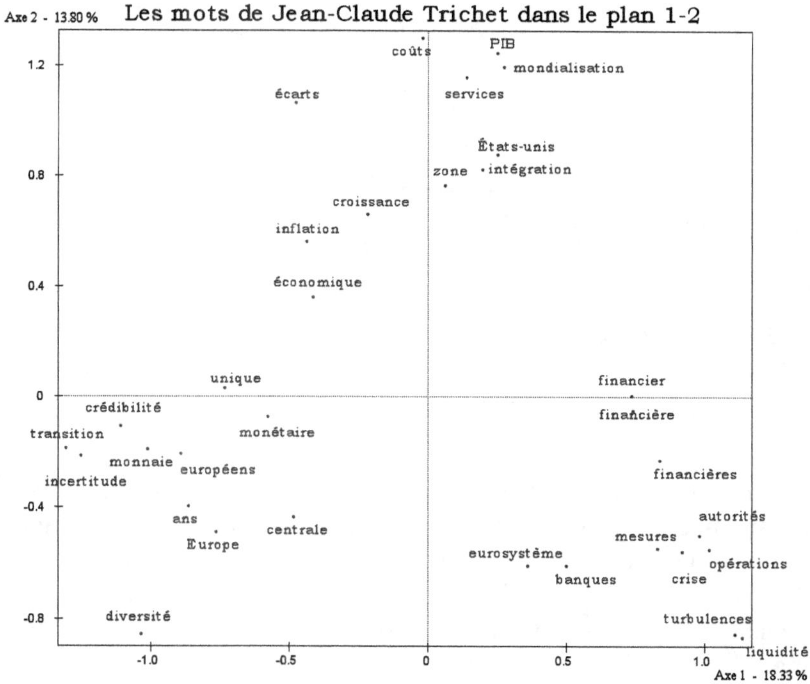

14. Nous n'en présentons pas ici l'interprétation détaillée. L'analyse des correspondances a été prolongée par une classification euclidienne (CAH), qui contribue à faire apparaître les différentes composantes du discours de crise. Les résultats obtenus à l'aide des logiciels de statistique textuelle Alceste et Tropes confortent ces premiers résultats. Philippe Bonnet a réalisé certaines de ces analyses statistiques.

Les mots de Jean-Claude Trichet: dates des discours dans le plan 1-2

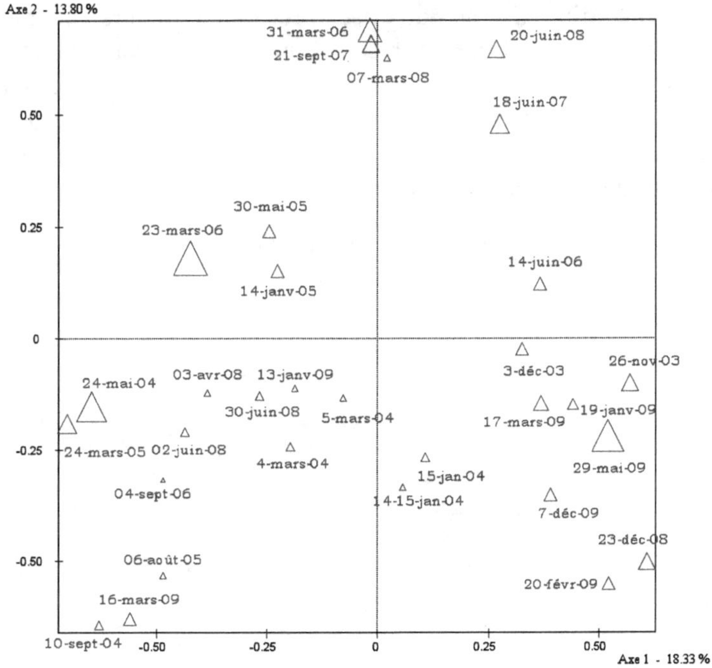

On observe, dans le premier plan principal des deux graphiques, le quadrant du discours de crise, avec des discours tenus à partir de fin 2008 et courant 2009, et les mots *turbulences*, *liquidité*, *crises*, *mesures*, *autorités*, *émergentes*, *crédit*... La classification réalisée fait bien apparaître une classe des « mots de la crise », distincte de celle que l'on peut décrire comme la classe de la « rhétorique de la mondialisation », qui est aussi celle de la comparaison néolibérale (*coûts*, *PIB*, *mondialisation*, *écarts*, etc.), ou encore celle des discours sur la culture européenne, ce que l'on pourrait appeler le supplément d'âme du banquier central.

C'est dans les caractéristiques des dirigeants de banque centrale que l'on voit apparaître les formes diversifiées de *capital symbolique* qui sont au fondement de leur autorité [15]. Elles sont de trois grands types : une légitimité académique ; une légitimité politico-bureaucratique (qui peut être interne ou externe à l'univers de la banque centrale) ; une légitimité économico-financière.

15. Frédéric LEBARON, « Central Bankers in the contemporary global field of power : a 'social space' approach », *op. cit.*, p. 121-144.

Si l'âge a pu être un élément de légitimation, en particulier pour la BCE — ne parle-t-on pas d'ailleurs souvent des « sages » de la banque centrale ? —, il est beaucoup moins efficient que les ressources accumulées par le passage dans le champ de la science économique académique de type nord-américain ou, plus largement, anglo-saxon. Derrière l'autorité du banquier central se cache bien sûr l'autorité de la science économique. Mais il s'agit d'une science économique à la fois technique et appliquée, qui n'exclut pas une approche « adaptative » et « pragmatique ». On observe ici deux pôles, selon le degré de proximité au foyer de la légitimité théorique, à savoir la macroéconomie monétaire des « nouveaux classiques » : un pôle « dogmatique », le plus attaché aux conceptions théoriques dites « monétaristes » et un pôle plus pragmatique, beaucoup plus susceptible de souplesse adaptative et empirique, parfois nourri d'influences « néo-keynésiennes ».

Cette opposition illustre la tension entre la théorie ou plutôt la *doctrine* et « le réel », que l'on retrouve dans toutes les sciences d'État. On retrouve ici l'opposition indigène entre « faucon » et « colombe ». En Europe, la légitimité doctrinale est renforcée par la référence au droit et, plus précisément, aux « traités » qui encadrent l'activité de la banque centrale. La dynamique de constitutionnalisation renforce encore cet ancrage de la science économique « officielle » dans le droit, ce qui lui donne « la force du droit ».

Est-il utile ici de parler de « performativité »[16] ? La science économique d'État de la banque centrale crée un cadre de référence pour l'action monétaire et procure des ressources de justification aux dirigeants. Elle « fabrique » en partie le droit ou, plus exactement, « informe » le contenu des traités. Ce faisant, elle agit — symboliquement — sur l'ordre économique. Mais on peut ici se passer de référence à la performativité pour décrire ce qu'il vaut sans doute mieux appeler « efficacité symbolique » ou pouvoir symbolique.

16. Michel CALLON et Fabian MUNIESA, « La performativité des sciences économiques », Document de travail CSI.

Tableau 1

Les gouverneurs de la zone euro et les autres gouverneurs européens

Gouverneurs entre 1999 et 2009	Gouverneurs des BCN de la zone euro (hors directoire, Noyer inclus) n = 30	Membres du directoire (Noyer exclu) n = 11	Autres gouverneurs européens n = 17
Nés après 1953	10	18,2	41,2
Femmes	0	18,2	5,9
Doctorat (PhD, JD)	60	81,8	52,9
Études juridiques	23,3	0	11,8
Sciences économiques	60	100	58,8
% Études à l'étranger	30	45,5	41,2
% Études aux États-Unis	10	36,4	35,3

Source : comptages personnels (2010)

Tableau 2

Dominante de la carrière

Gouverneurs entre 1999 et 2009	Gouverneurs des BCN de l'eurozone (hors directoire, Noyer inclus) n = 30	Membres du directoire n = 11	Autres gouverneurs européens n = 17
« Interne »	33,3	36,4	5,9
Université	20	27,3	29,4
Politique	3,3	9,1	17,6
Banque-finance	13,3	9,1	17,6
Privé autres	3,3	0	0
Administration économique et fin.	10	18,2	11,8
Autre admin.	13,3	0	11,8

Source : comptages personnels (2010)

3 - Un pouvoir symbolique potentiellement sans limites : le cas de la BCE

Le pouvoir symbolique implique un mélange de reconnaissance et de méconnaissance, en particulier de méconnaissance du pouvoir comme arbitraire [17]. Dans le cas des banques centrales, cet aspect est fondamental : la banque centrale doit se rendre invisible comme acteur politique et, au contraire, incontournable comme « gardien neutre d'un ordre naturel », aussi « évidente » que la monnaie à laquelle elle est adossée, qui circule dans les échanges quotidiens.

17. Pierre BOURDIEU, *Langage et pouvoir symbolique*, Paris, Seuil, 2002.

En Europe, cet exercice du pouvoir symbolique s'est appuyé sur l'invisibilisation de la BCE comme structure de pouvoir fédérale complexe derrière le « succès » du lancement de l'Euro [18]. Cette invisibilisation elle-même s'appuie sur la dépersonnalisation relative des décisions du conseil des gouverneurs (avec le refus, qui est aujourd'hui partiellement remis en cause, de la « transparence des minutes », c'est-à-dire des débats internes au conseil) et, surtout, sur la légitimité scientifico-étatique qui vient d'être décrite.

S'il est plus difficile aujourd'hui de décrire la BCE comme « invisible » (après des interventions massives dans plusieurs espaces politiques nationaux : la Grèce, l'Irlande, le Portugal, l'Espagne, l'Italie, Chypre [19]...), elle continue d'être largement méconnue comme acteur politique de premier plan. Or, elle est aujourd'hui, incontestablement, à l'origine, avec la Commission européenne, de la mise sur l'agenda des principales orientations des politiques économiques en Europe : désendettement public rapide, réformes structurelles. Elle a agi avec plus de force encore que les dirigeants politiques auxquels on attribue le basculement vers les politiques d'austérité : ceux-ci font partie des acteurs que la BCE est parvenue à enrôler dans son travail réussi de mise sur l'agenda.

> « Pour accompagner l'assainissement budgétaire, le Conseil des gouverneurs a appelé à maintes reprises à des **réformes structurelles** audacieuses et ambitieuses. Menés de pair, l'assainissement budgétaire et les réformes structurelles renforceraient la confiance, les perspectives de croissance et la création d'emplois. Des réformes fondamentales doivent être immédiatement mises en œuvre afin de permettre aux pays de la zone euro d'améliorer leur compétitivité, d'accroître la flexibilité de leurs économies et de rehausser leur croissance potentielle de long terme. Les réformes du marché du travail doivent s'attacher à éliminer les rigidités et à accentuer la flexibilité des salaires. Les réformes des marchés de produits doivent viser à l'ouverture complète de ces marchés à une concurrence accrue. » (J.-C. Trichet, décembre 2011, repris dans *Le bulletin mensuel de la BCE*).

Il faut, pour comprendre le processus, se replacer dans le contexte de 2009 et du retour à des politiques « keynésiennes » au niveau mondial. L'envolée de l'endettement public a fourni la fenêtre d'opportunité pour une radicalisation du discours de la BCE, illustrée par les positions de

---

18. Frédéric LEBARON, *Ordre monétaire ou chaos social. La BCE et la révolution néolibérale*, Bellecombe-en-Bauges, Croquant, 2006.

19. Sur les conséquences des politiques d'austérité, une vaste littérature se développe en ce moment. Cf. par exemple David STUCKLER et Sanjay Basu SANJAY, *Quand l'austérité tue. Épidémies, dépressions, suicides : l'économie inhumaine*, Paris, Autrement, 2014.

certains membres du Directoire, notamment l'Allemand Jürgen Stark (le 25 juin 2009, reproduites ici en langue anglaise) :

> « However, it is obvious that we cannot maintain the current degree of enhanced credit support indefinitely. Macroeconomic conditions will improve, and when they do, we will make sure that the measures adopted are unwound swiftly and the liquidity provided is absorbed, so as to maintain price stability over the medium term. As a result, it is also important that the financial sector does not become dependent on the ECB's long-term financing. The financial sector itself has an important role to play when it comes to restoring confidence among banks. [...] The adjustment process should start in principle in 2010 and in any case not later than the economic recovery. The efforts should be stepped up in 2011. (Speech by Jürgen Stark, Member of the Executive Board of the ECB, delivered at the German-British Chamber of Industry & Commerce, London, 25 June 2009, site web de la BCE).
>
> [Cependant, il est évident que nous ne pouvons pas maintenir le degré actuel de soutien par le crédit indéfiniment. Les conditions macroéconomiques vont s'améliorer, et quand ce sera le cas, nous nous assurerons que les mesures adoptées sont rapidement inversées et que la liquidité injectée est absorbée, afin de maintenir la stabilité des prix sur le long terme. Ainsi, il est aussi important que le secteur financier ne devienne pas dépendant du financement de long-terme de la BCE. Le secteur financier lui-même a un rôle important à jouer pour restaurer la confiance parmi les banques [...] Le processus d'ajustement devrait en principe commencer en 2010 et dans tous les cas pas après la reprise économique. Les efforts devraient être accélérés en 2011 (traduit par l'auteur).]

Tout se passe comme si, devant céder une partie de leur prérogative monétaire aux États et aux économistes arguant de la nécessité du stimulus fiscal et des politiques non conventionnelles, les « faucons » (les acteurs les plus dogmatiques) avaient négocié très fermement une contrepartie : souplesse à court-terme, mais rétablissement rapide des équilibres budgétaires. Cette contrepartie fonde la stratégie de la BCE face aux États.

En mai 2010, le *Securities Market Program* (SMP) engendre des tensions accrues dans l'équilibre interne à la banque centrale[20]. Après la « *voice* », les dissidents vont choisir l'« *exit* », ce qui va bien sûr affaiblir les positions « dogmatiques » attachées à la lettre des traités. Ces positions continuent cependant de peser dans le champ politique européen, en particulier allemand. La BCE passe alors de l'invisibilité à une certaine visibilité, et l'on peut se demander si cela n'a pas pour effet d'entraîner des rendements décroissants de l'efficacité symbolique de l'institution.

---

20. Clément FONTAN, « Transfert d'idées et de modèles politiques dans l'UE : l'autonomisation de la Banque centrale européenne par rapport à sa politique monétaire », thèse sous la direction de S. Saurruger, IEP de Grenoble, 2012.

La mise en cause repose sur la politisation de plus en plus visible de la banque centrale, qui indique aux États leur « feuille de route » dans la « sortie de crise ». Cela se traduit par une chute de la confiance dans la BCE au sein des récents eurobaromètres[21]. Des autorités scientifiques mobilisent leur capital symbolique contre les autorités étatico-scientifiques (comme le montrent, par exemple, depuis 2010 : l'appel « Euromemorandum », l'appel des « économistes atterrés » en France, les prises de position dissidentes de plusieurs « Nobel », derrière Krugman et Stiglitz, aux États-Unis...). Mais le pouvoir symbolique des économistes académiques est, finalement, d'assez peu de poids face au pouvoir symbolique juridico-étatico-scientifique des banquiers centraux et de leurs alliés. Comme le montre le basculement sans effet d'économistes prestigieux (le dernier en date est le Français Thomas Piketty) dans la critique de la politique européenne, celle-ci n'évolue que par vagues de changements internes qui ne sont jamais accompagnées de mouvements doctrinaux majeurs.

Dans ce processus, l'architecture institutionnelle qui a fait de la BCE l'une des banques centrales les plus « indépendantes » et, peut-être plus encore, les plus encastrées dans une conception orthodoxe de la politique monétaire (entre autres avec l'interdiction de prêter directement aux États, qui constitue un frein juridique à ses interventions possibles au service de politiques de relance) est évidemment un élément décisif. Derrière la croyance dans la banque centrale, c'est la croyance en l'« indépendance » et la « neutralité » d'acteurs politiques en fait directement engagées qui constitue peut-être l'opération de magie sociale la plus fondamentale.

On peut en tout cas difficilement comprendre l'efficacité propre de la banque centrale dans le champ économique, et notamment sur les « marchés » (monétaire, financier) sans prendre en compte de façon explicite le pouvoir symbolique qui la caractérise et qui en fait un « acteur » « à part », perçu très différemment des autres acteurs et dont la force propre d'intervention, y compris politique, dépend largement de l'autorité particulière qui est la sienne.

* * *

21. La perte de crédit de la BCE dans l'opinion européenne est un résultat très peu commenté des enquêtes Eurobaromètre depuis 2010 :
http://ec.europa.eu/public_opinion/index_fr.htm

Performativité et théorie conventionnelle. Une application à l'assurance santé

Philippe BATIFOULIER

Introduction

L'histoire de l'économie de la santé est instructive. Elle est à l'origine reliée directement aux organismes publics et se présente comme une « économie médicale » dont l'expertise est délivrée dans les espaces bureaucratiques. En s'affranchissant de la tutelle et de la commande publique, elle va se constituer en économie de la santé et va produire ses propres schèmes [1]. Dés lors, elle va elle fournir une caution scientifique plus crédible à la politique économique en matière de santé et à son orientation marchande, visant à développer les mécanismes concurrentiels et à promouvoir un comportement entrepreneurial du côté de l'offre (soignants) comme de la demande (patients). L'inscription de l'expertise médicale dans une économie de la santé, s'affichant en tant que science (économique) qui cherche à techniciser les problèmes de société pour mieux les naturaliser, illustre ainsi un processus de « force des liens faibles ». La distance prise avec l'administration est allée de pair avec l'insertion de l'économie de la santé dans un corpus théorique d'obédience néoclassique et particulièrement dans le modèle de l'agence [2] qui est devenu le « *gold standard* » de l'économie de la santé.

Ce modèle est un modèle générique, proposant une microéconomie de l'ensemble des relations bilatérales. L'apport de l'économie de la santé a été d'adapter ce métalangage aux spécificités de la santé. Le secteur de la santé n'a alors pas échappé à une conception essentiellement marchande

1. Daniel BENAMOUZIG, *La santé au miroir de l'économie*, Paris, PUF, 2005.

2. Ou principal - agent selon lequel, dans une relation de délégation, l'agent, parce qu'il dispose d'une asymétrie d'information en sa faveur, peut travestir le mandat qui lui est donné par le Principal pour satisfaire son intérêt personnel.

des interactions sociales qui se veut naturelle en se basant sur une anthropologie mettant en avant les comportements stratégiques (étalonnés en dividendes informationnels). Le mot d'ordre généralisé est de traquer les rentes abusives des acteurs pour qu'un euro dépensé soit efficace et non pas source de gaspillage. Cette représentation savante du système de santé ne s'est pas seulement imposée comme un cadre théorique de référence. Elle a aussi une grande influence sur la politique économique et s'est déployée aussi bien sur le terrain de la médecine libérale que sur l'hôpital en assumant sa fonction d'ingénierie de marché[3].

Ce texte est ciblé sur la politique de la demande en santé, celle qui concerne le patient. Cette politique constitue une illustration exemplaire d'une fabrication sociale de la réalité conforme au raisonnement économique. Celle-ci commence d'abord par identifier le problème qu'il faut résoudre et la force de la théorie est d'avoir réussi à en imposer sa propre définition. Ce problème est celui de l'assurance santé qui, du fait même de son existence, activerait les comportements opportunistes des patients et constitue une incitation perverse à la consommation. Le patient bien assuré serait structurellement porté sur le gaspillage. On peut alors mettre en rapport les problèmes de financement des systèmes de santé et l'extension de la couverture assurantielle : si la dépense est trop grande, c'est parce que la couverture est trop forte !

Le diagnostic appelle ensuite sa thérapeutique. Si l'assurance est un problème, la solution est dans la réduction de l'assurance. Il faut donc développer des mécanismes visant à faire payer le patient pour ses propres soins de santé. De tels mécanismes, appelés pudiquement « partage des coûts », cherchent à rendre le soin plus cher. Ces politiques sont davantage développées aujourd'hui qu'hier et constituent dorénavant l'alpha et l'oméga des stratégies de réduction des dépenses de santé. Il s'agit d'organiser délibérément le renoncement aux soins pour raison financière au prétexte qu'une couverture santé généreuse est source d'une surconsommation médicale.

On expose, dans une première partie, la façon dont s'est construite cette approche pour pénétrer les politiques publiques. On mobilise la notion de convention d'interprétation pour montrer que la théorie, sous couvert de prétention scientifique, s'est constituée à partir d'une interprétation par-

3. On peut trouver des illustrations dans : Jean-Paul DOMIN, « La nouvelle gouvernance de l'assurance maladie : la consécration d'une régulation marchande ? », *Économie et Institutions*, 2010, n° 15, p. 5-29 ; Marina SERRE, « La santé en comptes - La mise en forme statistique de la santé », *Politix*, 1999, n° 46, p. 49-70 ; Daniel BENAMOUZIG, « Professionnalisation académique et engagements partisans des économistes de la santé (1970-1990) », *Sociétés contemporaines*, 2009, vol. 73, n° 1, p. 73-95.

tielle et partiale d'une évidence empirique : l'assuré consomme effectivement davantage de soins que celui qui ne l'est pas. L'interprétation de l'économie standard de cette évidence, qui en fait un problème, est totalement arbitraire mais pas sans fondement. Elle s'est imposée en écartant les théories (ou interprétations) concurrentes et en niant les contestations empiriques, parce qu'elle mobilise des cadres cognitifs et des outils qui en font une théorie « normale » dans l'architecture néoclassique.

Cependant, pour que la théorie construise le monde à son image, il faut davantage que l'inscription dans les jeux de langage de la science économique. L'acte perlocutoire a besoin de circonstances qui le font advenir. L'interprétation néoclassique de l'assurance santé a obtenu une position dominante parce qu'elle est en phase avec la position des dominants. On développe, dans une seconde partie, la façon dont cette théorie économique est entrée en résonance avec les intérêts matériels des assureurs privés et des médecins libéraux, créant ainsi les conditions sociales de la performativité de ce discours économique.

Partie 1 - L'émergence et la consolidation d'une théorie conventionnelle de l'assurance santé

1. 1 - L'assurance santé est-elle un problème ?

Les patients bien assurés consomment davantage de soins que ceux qui ne le sont pas. Il existe une corrélation positive entre le niveau de couverture sociale et la consommation de biens et de services de santé. Chaque individu serait effectivement contraint de consommer moins de soins s'il n'existait pas d'assurance santé. La capacité pour chacun de financer les soins médicaux est largement liée à l'existence d'une assurance et au pouvoir couvrant de cette assurance. Cette évidence empirique relève du simple constat. Elle ne dit rien de la nature de la corrélation entre assurance et consommation de soins. Spontanément, on peut penser que cette corrélation est une bonne chose : l'assurance permet de consommer du soin qui serait inaccessible sans assurance. Elle est faite pour ça ! Le prix d'une journée d'hospitalisation est prohibitif pour la plupart des individus. Dans cette conception de l'assurance maladie, l'amélioration de la couverture santé est une bonne nouvelle en permettant l'accès aux soins et il convient de l'encourager.

À partir de la même évidence empirique, la théorie économique standard va diffuser une tout autre conception de l'assurance maladie : elle va en faire un problème plutôt qu'une solution et va diffuser très largement l'idée qu'il convient de la réduire. Le plaidoyer s'appuie sur la notion obscure d'aléa moral. Dans le cas du patient, cette notion [4] désigne la consommation de soins induite par l'assurance santé. L'aléa moral est *a priori* neutre. Il ne dit rien sur le caractère justifié ou non de cette consommation. La théorie économique standard va s'employer à convaincre que cet aléa moral est négatif car il conduit à une consommation de soins injustifiée. En d'autres termes, une couverture santé généreuse est source de gaspillage. L'argumentation est la suivante : un individu bien assuré est incité à aller au moindre effort en matière de prévention. Il n'a pas besoin de se vacciner s'il sait que sa maladie sera prise en charge financièrement. L'assurance santé augmente ainsi sa prise de risque et fait peser des coûts supplémentaires sur l'assureur et sur la collectivité. On parle dans ce cas d'aléa moral *ex ante*, soit avant la maladie. L'aléa moral *ex post* désigne celui qui survient quand la maladie s'est déclarée : le patient bien assuré va être peu regardant sur la quantité de soins (de médicaments par exemple). L'assurance conduit ainsi à une excitation artificielle de la consommation. Ce même patient, parce qu'il est assuré, n'est pas incité à chercher le meilleur prix ou les honoraires les plus faibles. Il ne va pas lésiner sur le progrès technique (examen de radiologie par exemple). Ainsi, l'assurance santé induit de la sur-quantité, du sur-prix et de la sur-qualité. Ce tableau peu glorieux de l'assuré a des incidences de politique économique considérable.

Parce qu'elle conduit à de la dépense de santé injustifiée, il convient de la réduire et de dé-assurer les individus. Cette conception s'est incarnée durablement dans la politique économique en matière de santé et s'est traduite par un mot d'ordre : faire payer le patient pour ses propres dépenses de santé.

Une telle stratégie se matérialise par des mécanismes de partage des coûts entre l'assureur (public ou privé) et le patient qui revêtent quatre formes génériques [5] :

---

4. Il n'est question dans ce texte que de l'aléa moral du patient. L'aléa moral est une notion qui s'applique à tous les domaines. Il y a aléa moral (ou risque moral) quand les individus peuvent utiliser l'information dont ils disposent pour en tirer avantage. Cette notion s'applique à une grande variété de situations. L'ouvrier peut « tirer au flanc » parce qu'il sait que son action est inobservable pour l'employeur et/ou réduire ses efforts pour trouver du travail quand il bénéficie de l'assurance chômage L'expert peut aller au moindre effort parce que le client est incapable de l'évaluer, la banque peut se laisser aller à prêter à des clients non solvables parce qu'elle sait qu'elle sera couverte en cas de faillite (par la banque centrale).

5. Sandrine CHAMBARETAUD et Laurence HARTMANN, « Participation financière des patients et mécanismes de protection en Europe », *Pratique et organisation des soins*, vol. 40, n° 1, janvier-mars 2009, p. 31-38.

1. Le ticket modérateur (ou coassurance), qui correspond à un pourcentage du coût des soins, est très développé pour les consultations de médecins généralistes ou spécialistes ainsi que pour les médicaments en France, Belgique ou Suisse. L'Allemagne ne les pratique que pour les médicaments. Aux États-Unis, le ticket modérateur est fréquent pour l'assurance privée et sur de nombreux services *Medicare* (plus de 65 ans).

2. Le co-paiement, qui est une contribution forfaitaire indépendante du coût, correspond à un coût fixe d'entrée. Ce mécanisme est quasiment systématique pour les soins hospitaliers. Il correspond à un forfait séjour ou à un forfait que doit acquitter le patient pour certains soins. Aux États-Unis, le co-paiement pour les visites chez le médecin, payé au travers des plans d'assurance santé d'entreprise, a doublé entre 2001 et 2006. Il s'ajoute aux 50 $ de forfait pour une visite aux urgences.

3. La franchise est un seuil annuel de déclenchement de la prise en charge qui est particulièrement développée en Suisse et aux Pays-Bas ou encore en Suède sur les médicaments remboursables. Elle a fait récemment son apparition en France en étant articulée à un mécanisme de co-paiement pour les médicaments et les transports sanitaires. Le remboursement intégral se déclenche au-delà d'un seuil de 50 euros annuels. Les franchises sont très étendues aux États-Unis pour l'assurance privée comme pour le programme public *Medicare*.

4. Le tarif de responsabilité est un prix limite de prise en charge publique. Le patient prend en charge la différence de prix entre le prix public et le prix réel. Cette stratégie est très développée pour le médicament en Europe.

En mobilisant ces quatre types de mécanismes de partage des coûts, la contribution financière des patients s'est accrue ces dernières années, avec des situations différenciées, selon les pays, tenant à la place de l'assurance privée. L'accentuation du reste à charge du patient peut être refinancée par une assurance privée ou être directement assumée par les ménages (« *out-of- pocket payments* »). L'étude comparative de Quesnel-Vallée *et al.*[6] montre que le poids de l'assurance privée et des paiements

6. Amélie QUESNEL-VALLÉE, Émilie RENAHY, Tania JENKINS et Helen CERIGO, « Assessing barriers to health insurance and threats to equity in comparative perspective :

directs des ménages (en % des dépenses totales de santé) s'est accrue partout de 1990 à 2010 sans que l'on puisse ordonner cet accroissement selon la typologie usuelle d'Esping Andersen ou celle de Roemer[7]. Ainsi, le poids de l'assurance privée est fort pour un pays comme les États-Unis mais faible pour le Royaume-Uni, tous deux considérés comme des pays « libéraux ». Il est également élevé pour un système corporatiste conservateur comme les Pays-Bas et, à un degré moindre, pour la France et l'Allemagne, rangées dans la même catégorie. La France a des paiements directs aux ménages plus faibles que l'Allemagne et surtout l'Italie, trois pays qui appartiennent pourtant au même régime d'État providence. Au sein des systèmes nationalisés selon la typologie de Roemer, on trouve un poids de l'assurance privée faible (Royaume-uni, Danemark, Italie) mais plus élevé en Finlande. Le poids des paiements directs des ménages est aussi très contrasté dans cette même catégorie avec une augmentation de l'ordre de 10 % au Royaume-Uni, de 15 % en Finlande et au Danemark et supérieur à 20 % en Italie de 1990 à 2010.

1.2 - De l'aléa moral à la théorie de l'aléa moral : une convention d'interprétation

La représentation théorique de l'assurance santé comme source de gaspillage s'est incarnée dans les dispositifs de politique économique. Faire payer le patient est la traduction institutionnelle de la conception de l'assurance maladie comme problème. Une telle conception ne va pas de soi. Elle repose sur un coup de force.

S'il existe bien un phénomène de consommation médicale induite par l'assurance, appelé aléa moral, rien ne dit que cet aléa moral soit négatif. Le soin consommé par un patient bien assuré peut être parfaitement justifié. Il peut concourir à améliorer son état de santé et, au-delà, son bien-être, en phase avec une conception de la protection sociale, comme facteur de mieux être de la population et distributrice de bienfaits. Dans ce cadre, la consommation induite par l'assurance est précisément l'objectif recherché dans une assurance. Il n'y a pas lieu de la craindre. Il faut au contraire l'espérer.

---

the health insurance access database », *BMC, health services research*, 2012, vol. 12, n° 107, p 1-12.

7. Esping Andersen distingue les systèmes de protection sociale de type libéral, corporatiste - conservateur ou social-démocrate. La grille d'analyse de Roemer distingue les systèmes de santé à partir de trois grands modèles : nationalisés, mandatés et entrepreneuriaux. Milton I. ROEMER, « National health systems throughout the World », *Annual Review of Public Health*, 1993, 14, p. 335-353.

Les conséquences de politique économique en auraient été diamétralement changées : s'il faut souhaiter un aléa moral et non le redouter, il ne faut pas réduire la quantité d'assurance santé mais au contraire la développer. Il ne faut pas baisser la couverture ou la désocialiser mais l'étoffer.

On est ici très loin de la conception développée en économie *mainstream* et de sa pénétration dans la politique de santé. À partir de la notion neutre d'aléa moral, la théorie économique standard va construire son propre récit du réel. Elle va développer une théorie négative de l'aléa moral, qui n'en est qu'une interprétation partielle et partiale.

Cette interprétation est de nature conventionnelle. En fournissant un cadre interprétatif arbitraire (au sens où un autre cadre aurait été possible), la théorie économique de l'aléa moral fonctionne comme une convention interprétative[8]. Elle est faite pour aller de soi et vise à naturaliser un phénomène qui n'a rien de naturel (le gaspillage du patient quand il est assuré). Cette théorie conventionnelle de l'aléa moral a mis en place une norme de représentation du malade assuré, à partir d'une définition toute particulière de la notion d'aléa moral et d'une assimilation de ce concept à sa théorie. La force de la convention est d'avoir convaincu que l'on ne peut pas penser l'aléa moral autrement que négativement. En détenant l'autorité symbolique la plus forte, elle parvient à faire l'opinion de la communauté scientifique.

La constitution d'un cadre commun d'interprétation n'est pas seulement une référence partagée par une communauté de chercheurs. Elle a beaucoup fait pour orienter la politique de la demande en santé vers des mécanismes de partage des coûts. En s'érigeant au statut de loi de l'économie, elle a borné le champ des possibles. En présentant l'aléa moral négatif comme un état de la nature, elle a cherché à masquer le statut de construction sociale et historique de la doctrine. C'est à partir du monde possible construit par la théorie conventionnelle de l'aléa moral que vont se développer les politiques de mise à contribution financière du patient. Cette production d'une vision de la couverture santé, parce qu'elle s'inscrit dans le registre conventionnel, est devenue une boussole pour les gouvernants. À partir d'un message simple sur le gaspillage de l'assuré, elle a véhiculé une vision commune de la vertu de la réduction de la quantité d'assurance.

---

8. Pour un lien entre performativité et convention interprétative, cf. Nicolas BRISSET, « Deux approches de l'influence du discours économique sur les phénomènes sociaux », *Revue de philosophie économique*, 2012, vol. 13, n° 2, p. 25-62.

La force de cette théorie conventionnelle de l'aléa moral ne réside pas seulement dans les idées qu'elle véhicule. Elle doit aussi beaucoup aux outils qu'elle manie. La théorie conventionnelle de l'aléa moral s'inscrit en effet pleinement dans le langage de la théorie du choix rationnel (TCR). Comme le souligne Sen, l'économie standard a réussi à présenter comme une théorie générale du choix rationnel, une « vision miniaturisée de la rationalité humaine qui la réduit exclusivement à la recherche de l'intérêt personnel [9] ». Le patient n'échappe pas à cette réduction. Comme les autres acteurs, il est suspecté de chercher à tirer la couverture à lui et est prêt à instrumentaliser sa maladie pour maximiser son utilité. Cette rationalité instrumentale est alimentée par l'assurance santé qui est une incitation perverse dont va s'emparer le patient s'il est rationnel.

C'est un économiste américain, Mark Pauly [10], qui a formalisé cette conception en interprétant l'aléa moral du patient en termes d'effet prix. Selon sa démonstration, l'assurance santé abaisse le prix des soins et rend le bien santé plus attractif pour un consommateur rationnel. Dans un marché où les biens et services sont achetés sans assurance, le consommateur arbitre entre différents biens en fonction de son budget et du rapport entre l'utilité du bien et son coût. L'assurance pervertit ce comportement optimal. À utilité égale, elle conduit à consommer davantage du bien car son coût a baissé artificiellement. Le calcul coût/avantage est alors biaisé et favorable à une consommation excédentaire. Or, le budget drainé par le soin de santé aurait pu servir à autre chose. L'aléa moral, en tant qu'effet prix, entraîne une perte de bien-être collectif. Tout l'aléa moral du patient (*i.e.* toute la consommation de soin induite par l'assurance) est donc inefficient.

Cet argumentaire repose sur le châssis intellectuel de la théorie néoclassique du marché qui met en avant le rôle du prix dans les plans des acteurs économiques. Selon cette loi, les individus achètent d'autant plus un bien que son prix est faible. L'assurance santé est interprétée comme une baisse du prix. Cette baisse est artificielle par rapport à un marché qui fonctionnerait sans assurance. Comme les individus achètent quand le prix baisse, ils vont acheter davantage de biens et services médicaux. L'interprétation de l'aléa moral en termes d'effet prix n'est alors rien d'autre que la conséquence de la loi de la rareté qui anime la théorie des marchés. L'aléa moral ainsi théorisé n'est qu'une distorsion par rapport au jeu du marché considéré comme l'idéal à atteindre.

---

9. Amartya SEN, *L'idée de justice*, Flammarion, 2009, p. 227.

10. Mark PAULY, « The economics of moral hazard. Comment », *American economic review*, 1968, n° 58, p. 531-537.

La démonstration est enserrée dans la théorie microéconomique du consommateur. Elle doit sa « pureté scholastique » à son formalisme mathématique (calcul du surplus du consommateur) et nourrit ainsi le statut de nomos universel auquel prétend la science économique. Une grande partie du succès de la théorie conventionnelle de l'aléa moral doit à son formalisme qui vise à évincer les alternatives théoriques potentiellement légitimes et à s'isoler de la critique [11].

1.3 - Contre vents et marées : la résistance de la théorie conventionnelle aux critiques

Cette habile interprétation de l'aléa moral du patient dans le sens d'un effet prix classique de la théorie du consommateur n'est pas la seule possible. Cette conception n'est d'ailleurs pas celle qui a fait le succès de la notion d'aléa moral en santé et que l'on doit à K. Arrow. C'est dans un article de 1963, considéré comme fondateur de l'économie de la santé qu'Arrow [12] installe la notion d'aléa moral et reconnaît que le fait même d'être assuré contre le risque maladie a des implications sur le comportement des patients. Cependant, pour Arrow, il n'y a pas lieu d'exagérer la crainte d'un aléa moral tant qu'il existe des « obligations sociales » ou des « institutions de la confiance » qui permettent de limiter l'opportunisme des acteurs. Si les patients peuvent instrumentaliser l'assurance santé à des fins personnelles, ils sont aussi enserrés dans des tissus de conventions sociales qui les éloignent d'un tel comportement. Il est douteux que les individus fument parce que leur futur cancer du poumon est bien remboursé. De même, on peut être réservé sur le plaisir qu'un individu prendrait à passer son dimanche aux urgences parce que c'est gratuit. Il existe des freins moraux ou éthiques à de tels comportements.

Le modèle conventionnel de l'aléa moral (celui de Pauly) oublie l'existence de contraintes que s'imposent les agents pour ne pas profiter de l'assurance.

---

11. John LATSIS and Constantinos REPAPIS, « A model intervenes : the many faces of moral hazard », *Cambridge Journal of Economics*, 2014.

12. Kenneth ARROW, « Uncertainty and the welfare economics of medical care », *American economic review*, 1963, n° 53, p. 941-973. K. Arrow, qui ne s'est jamais considéré comme un économiste de la santé, écrit cet article à l'invitation de la Fondation Ford désireuse de promouvoir les échanges entre économistes et les autres professions dans trois domaines : santé, éducation et bien-être. L'introduction du numéro spécial du *Journal of health politics, policy and law* (vol. 26, n° 5 de 2001) consacré à l'article d'Arrow souligne qu'il est l'un des plus cités, y compris dans d'autres disciplines que l'économie et beaucoup plus aujourd'hui qu'hier.

> « One of the characteristics of a successful economic system is that the relations of trust and confidence between principal and agent are sufficiently strong so that the agent will not cheat even though it may be 'rational economic behavior' to do so. [13] »

La théorie conventionnelle donne une importance exagérée au rôle du prix comme incitation marchande [14].

S'il est commun pour les économistes de l'assurance santé de se référer systématiquement à l'autorité d'Arrow, c'est en s'éloignant de sa perspective que s'est développée la conception négative de l'assurance santé. En effet, c'est en prenant explicitement position contre la position d'Arrow et en ignorant ses critiques [15] que Pauly va construire la théorie conventionnelle de l'aléa moral en santé. Pour lui, l'aléa moral n'est pas le résultat de la perfidie des agents en présence d'assurance mais résulte d'un comportement rationnel. Or, l'approche d'Arrow est un obstacle à la théorie du choix rationnel et au déploiement de la théorie standard du consommateur. Il faut donc la refuser.

Sans prendre la direction proposée par Arrow, l'économiste américain John Nyman a, quelques années plus tard, tenté lui aussi de proposer une théorie concurrente à celle de Pauly. Il a montré que l'aléa moral repose davantage sur un effet revenu que sur un effet prix, ce qui le rend efficient [16]. Sa démonstration prend appui sur le fait que l'assurance santé permet d'accéder au soin. Elle a alors un effet positif sur le bien-être social car elle permet à des individus d'acquérir du soin qu'ils ne pourraient financer seuls au regard de leur revenu. Quand le prix des soins se réduit, voire est nul du fait de l'assurance, ce ne sont pas tous les individus qui répondent à cette baisse mais uniquement les malades. Le bien portant n'a pas besoin de soins même si le prix est nul, ce qui est occulté par la théorie conventionnelle de l'aléa moral en santé. Contre la théorie con-

---

13. Kenneth J. ARROW, « The economics of moral hazard : further comment », *American Economic review*, 1968, 58, p. 537-539, p. 538.

14. Dans un texte récent, R. COASE (autre prix « Nobel »), présente le même genre d'arguments en déclarant « [...] the reduction of economics to price theory is troubling enough. It is suicidal for the field to slide into a hard science of choice, ignoring the influences of society, history, culture, and politics on the working of the economy. » http://hbr.org/2012/12/saving-economics-from-the-economists/ar/1

15. « Mr. Pauly's wording suggests that 'rational economic behavior' and 'moral perfidy' are mutually exclusive categories. No doubt Judas Iscariot turned a tidy profit from one of his transactions, but the usual judgment of his behavior is not necessarily wrong », in Kenneth J. ARROW, « The economics of moral hazard : further comment », *op. cit.*, p. 538.

16. John A. NYMAN, « The value of health insurance : the access motive », *Journal of health economics*, 1999, n° 18, p. 141-152.

ventionnelle, Nyman réhabilite le sens commun : ce n'est pas parce que la transplantation cardiaque est gratuite que tout le monde en veut une !

L'assurance santé opère alors un transfert de revenu des bien-portants (qui contribuent à l'assurance sans en avoir besoin) vers les malades. Elle évite le renoncement aux soins et permet un accès impossible sans assurance. Dans ces conditions, l'assurance santé n'est pas un problème mais une solution, et les conséquences de politique économique sont totalement opposées puisqu'il faut valoriser l'aléa moral (la consommation induite par l'assurance) et améliorer la couverture santé plutôt que de chercher à la réduire.

Si on prend en considération l'importance de cet effet revenu, la théorie conventionnelle de l'aléa moral se limite à des cas très particuliers où l'effet prix existe et où l'assurance peut encourager artificiellement le soin pour les bien-portants comme dans le cas des cures thermales ou de la chirurgie esthétique. La portée de la théorie conventionnelle est ainsi singulièrement réduite.

C'est d'autant plus le cas que cette théorie conventionnelle a aussi été contestée sur ses bases empiriques. La théorie conventionnelle de l'aléa moral se targue d'une expérience unique commanditée par le gouvernement fédéral américain en 1974 à la Rand Corporation. Cette étude — *Health Insurance Experiment* (HIE) — a mesuré l'effet d'une réduction organisée de la quantité d'assurance santé sur l'état de santé de nombreux patients. Elle a montré qu'une réduction d'assurance de l'ordre de 25 % est sans danger sur la santé [17]. Elle a ainsi sécurisé une politique de partage des coûts avec le patient et légitimé l'existence de tickets modérateurs, co-paiements ou franchises visant à réduire la quantité d'assurance santé. Cette enquête est la seule enquête d'envergure jamais réalisée et peu reproductible du fait de son coût très important (de l'ordre de 50 millions de dollars). Elle reste donc la référence. Avec le canevas théorique forgé par Pauly, elle constitue l'architecture intellectuelle de la théorie conventionnelle de l'aléa moral du patient.

---

17. Wilard G. MANNING, Joseph P. NEWHOUSE, Naihua DUAN, Emmet B. KEELER, Arleen LEIBOWITZ, Bernadette BENJAMIN, M. Susan MARQUIS, Jack ZWANZIGER, « Health insurance and the demand for medical care : evidence from randomized experiment », *American economic review*, 1987, n° 77, p. 251-277 ; Joseph P. NEWHOUSE, *Free for all ? Lessons from the Rand Health Insurance experiment*, Harvard University Press, 1993.

Cette enquête de référence est présentée comme un élément de preuve irréfutable de la pertinence de la théorie et de la nocivité d'une couverture santé importante. Pourtant, les résultats de cette enquête ont été très largement contestés sur deux plans. Le premier est celui des biais méthodologiques de l'HIE qui faussent les résultats : biais d'attrition (seuls les biens portants ont participé à l'étude), mauvaise mesure de l'état de santé, exclusion des plus de 65 ans de l'étude, etc. Une seconde gamme de critiques est fournie par des études empiriques récentes qui ont montré, à l'inverse de la HIE, que la réduction de couverture santé peut nuire gravement à la santé. Si on applique la théorie conventionnelle de l'aléa moral en développant les tickets modérateurs, franchises et autres forfaits, on observe un renoncement aux soins pour raison financière. Ce renoncement concerne aussi bien les soins qui affectent peu l'état de santé que les soins essentiels. Vouloir croire que faire payer le patient va uniquement supprimer le soin inutile relève de la chimère. C'est aussi une offensive contre les soins primordiaux. Au total, vouloir rendre le soin plus cher pour lutter contre un hypothétique effet prix de l'assurance santé détériore l'état de santé des patients qui ont le plus besoin de soins (les plus malades et les plus pauvres) et nuit ainsi au bien-être social [18].

L'application de la théorie conventionnelle de l'aléa moral produit beaucoup de dégâts et augmente les inégalités d'accès aux soins. Elle conduit aussi à augmenter les dépenses que l'on cherche pourtant à réduire. En effet, les barrières financières introduites volontairement à l'entrée du système de soins conduisent à des retards de soins et à un report vers l'hôpital, voire à des événements indésirables comme le recours aux urgences ou l'hospitalisation pour soins aigus, ce qui coûte beaucoup plus cher à la collectivité [19].

En conduisant à l'accroissement des inégalités en santé et à la hausse des dépenses, l'interprétation conventionnelle de la notion d'aléa moral peut être qualifiée de mauvaise convention. En ignorant le faisceau de preuves empiriques qui viennent contester la théorie conventionnelle, elle montre qu'elle ne se construit pas selon la méthode expérimentale et qu'elle la refuse même puisque qu'elle met à distance les éléments empiriques [20]. Sa force ne tient pas de sa pure scientificité.

---

18. Pour un argumentaire plus développé, cf. Philippe BATIFOULIER, « Faire payer le patient : une politique absurde », *Revue du MAUSS*, n° 41, 2013, p. 77-92 et « De l'aléa moral du patient aux inégalités d'accès aux soins », *Document de travail EconomiX, 2014-07*, <http://economix.fr/pdf/dt/2014/WP_EcoX_2014-07.pdf>.

19. *Ibidem*.

20. André Orléan approfondit ce point de vue à partir de la célèbre rencontre de Savage et d'Allais en 1952 qui a donné lieu au fameux « paradoxe d'Allais » montrant

1. 4 - La science économique comme institution

La théorie conventionnelle de l'aléa moral sert de fondement théorique aux politiques qui font payer le patient en durcissant les tickets modérateurs par exemple. Elle nourrit le développement de l'assurance privée que l'on constate en Europe ou la résistance à l'assurance publique que doit affronter l'*Obamacare* aux États-Unis. Faire payer le patient est d'une faible efficacité dans la réduction des dépenses publiques alors que leur responsabilité est avérée dans les renoncements, retards et reports de soins.

Il y aurait alors de quoi remettre en cause cette théorie et déstabiliser son statut de convention. Il en est rien. Elle reste un point d'appui important des politiques de la demande en santé et des projets de « réforme ». Les malades payent très concrètement la croyance selon laquelle une bonne couverture santé est source de gaspillage.

La capacité performative de la théorie conventionnelle tient d'abord à sa capacité à se présenter comme un énoncé type de la science économique mobilisant le langage formalisé de la théorie du choix rationnel et la référence à la loi de la rareté. Ce vocabulaire isole l'économie des autres sciences sociales. Il nourrit la prétention à la « supériorité » de l'énoncé économique et sa capacité à nourrir la réflexion des acteurs économiques et particulièrement des agences gouvernementales ou les organisations internationales[21]. Ainsi validé, l'énoncé économique n'a pas forcément besoin d'être connu (qui lit la théorie économique ?) ni compris par les acteurs qui l'utilisent.

Mais cette explication est insuffisante : tous les énoncés économiques n'ont pas le même succès. Il faut au préalable qu'ils soient reconnus et diffusés comme énoncés économiques validés par la profession. La capacité performative de la théorie conventionnelle tient non seulement à sa capacité à ignorer les critiques mais aussi et surtout à discréditer ces critiques comme ne relevant pas de l'énoncé scientifique. La théorie s'impose comme référent de la politique de la demande en santé en refusant le pluralisme des idées et des méthodes. Elle impose son hégémonie en

---

que les acteurs (et Savage lui-même !) ne jouent pas la théorie de Savage. Mis en difficulté par l'expérience d'Allais qui contredit sa théorie, Savage répondra que le paradoxe d'Allais n'existe pas si les acteurs croient au critère de Savage. La théorie se transforme ainsi en devoir être, même s'il faut pour cela assumer qu'une particule doit croire à la théorie newtonienne ! André ORLEAN, *L'empire de la valeur. Refonder l'économie*, Seuil, « La couleur des idées », 2011, p. 314.

21. Marion FOURCADE, Étienne OLLION and Yann ALGAN, « The Superiority of Economists », MaxPo Discussion Paper 14/3, Max Planck Sciences Po Center on Coping with Instability in Market Societies, November 2014.

niant l'existence d'une dispute entre économistes et en cherchant à cacher la controverse.

Ainsi, l'approche de Pauly a été acceptée comme un fait scientifique digne de nourrir la politique publique et non celle de Nyman ou même celle d'Arrow. La controverse entre Pauly et Arrow est en effet totalement ignorée (ou oubliée) par les économistes de l'assurance santé. Arrow est systématiquement cité, mais dans le sens contraire de sa position et/ou uniquement pour sa reconnaissance de l'existence d'un aléa moral, ce que personne ne conteste. Le débat porte sur son statut, positif ou négatif. Les travaux de Nyman ne sont pas restés confidentiels car ils ont fait l'objet de nombreuses publications, y compris dans des revues académiques en économie. Mais ils ont été ignorés par la communauté scientifique qui n'en a pas fait un objet de débat, en particulier, quand il s'agit d'en tirer des conséquences de politiques économiques. Ils ne font pas partie de la culture de base en économie de la santé et les manuels sont très rares à le mentionner alors que les ouvrages de synthèse destinés à un large public l'ignorent purement et simplement[22]. Par contre, l'approche de Pauly y est omniprésente.

Cette indifférence ne peut pas être uniquement expliquée par l'usage d'un certain langage formalisé, usuel en économie. Au contraire, c'est en dépit de ses efforts pour insérer sa théorie dans le langage de la théorie économique du consommateur et donc mobiliser le langage de l'économie[23] que l'approche de Nyman n'a pas réussi à déstabiliser la théorie dominante.

La version de la notion d'aléa moral donnée par Pauly est devenue un point focal parce qu'elle est en phase avec le noyau dur de la théorie économique dominante. Le patient est implacablement doté de la rationalité de l'homoéconomicus. Il calcule mais ne juge pas, pas plus qu'il ne peut être doté d'émotions. Dans le cas contraire, la théorie s'effondre. La mention systématique au prix dans la construction théorique (l'aléa moral relève d'un effet prix) renvoie à la référence au marché où la commu-

---

22. Ainsi en France, l'opus de Pierre-Yves GEOFFARD sur « La lancinante réforme de l'assurance maladie », CEPREMAP, 2006, n'en fait pas mention alors que la théorie conventionnelle de l'aléa moral est abondamment mobilisée. Pour un point de vue sur ce silence, cf. Sander KELMAN and Albert WOODWARD, « John Nyman and the economics of health care moral hazard. Some Recent Developments in Health Care Moral Hazard », *ISRN Economics*, 2012, http://www.hindawi.com/isrn/economics/aip/603973/

23. Si l'on considère que la demande de soins augmente avec l'assurance, c'est un déplacement de la droite de demande vers le haut qu'il faut envisager et non un déplacement le long de la même droite de demande comme le soutient l'analyse conventionnelle de l'aléa moral : John NYMAN, « The economics of moral hazard revisited », *Journal of health economics*, 1999, n° 18, p. 811-824.

nication entre individus transite par des prix, signaux d'information, et non par des mots ou des marques de confiance. La conception d'une consommation motivée par le revenu chez Nyman est d'esprit keynésien et ne résiste pas à la domination du référentiel néoclassique où la consommation est fonction du prix, ce qu'exprime la théorie conventionnelle de l'aléa moral. Celle-ci s'inscrit ainsi dans l'ordre symbolique fondé sur le marché[24]. La construction de ce fonds commun de pensée en économie de l'assurance santé est intimement reliée à cet autre monde commun préalable constitué par la référence au marché[25].

Notre argumentation peut être résumée en trois points : (i) L'énoncé économique a une force en soi auprès des décideurs. (ii) L'économie *mainstream* s'applique à verrouiller tous les énoncés qui pourraient organiser la concurrence des idées au sein de l'économie. (iii) C'est donc les énoncés *mainsteam* qui occupent une place centrale dans le débat public. C'est le cas aux États-Unis où M. Pauly, qui ne cache pas ses opinions conservatrices, est une ressource mobilisée par les républicains contre l'extension de l'assurance publique[26]. C'est le cas aussi en France où, par exemple, la conception de l'École d'économie de Toulouse a réussi à pénétrer le débat public et les rapports officiels. « Toulouse School of Economics », dont on sait qu'elle entretient de nombreux liens avec les forces politiques et financières[27], développe depuis de nombreuses années une approche fondée sur la théorie des incitations dans de nombreux domaines. En matière de santé, il s'agit de traiter l'assurance santé comme un mécanisme incitatif et non comme une source de bien-être.

Cette représentation cherche à identifier les dispositifs optimaux pour inciter l'assuré à réduire son recours aux soins. Elle a conduit l'un des fondateurs de cette école, Jean-Jacques Laffont, à affirmer :

---

24. Frédéric LEBARON, « La formation des économistes et l'ordre symbolique marchand », in Philippe STEINER et François VATIN (éds.), *Traité de sociologie économique*, PUF, « Quadrige », 2010, p. 249-288.

25. Nicolas Brisset développe une approche de la performativité comme reliant différents mondes communs : Nicolas BRISSET, « Performer par le dispositif ? Un retour critique sur la théorie de la performativité », *L'Année sociologique*, 2014/1, vol. 64, p. 217-246.

26. Par exemple :
http://voices.washingtonpost.com/ezra-klein/2011/02/an_interview_with_mark_pauly_t.html

27. Laurent MAUDUIT, « Les imposteurs de l'économie », Éditions Gawsewitch, 2012.

« Il est important d'empêcher les individus de souscrire une assurance complémentaire qui détruirait toutes incitations à l'effort. C'est pourtant ce que l'on laisse faire pour l'assurance maladie.[28] »

Plus récemment, l'autre fondateur, Jean Tirole, a développé cette stratégie de responsabilisation en proposant d'instaurer une franchise pour les soins de premier recours qui consisterait à dérembourser totalement la consultation médicale de 23 euros[29]. Cet intégrisme incitatif, qui ne voit dans la couverture santé qu'un problème d'incitation et ignore totalement le motif d'accès aux soins, est argumenté par Gilles Saint-Paul[30] qui propose l'instauration d'un système d'assurance unique en fonction des actes et donc le monopole du privé pour certains soins.

Ces propositions ne sont pas issues de textes académiques mais de notes et rapports du Conseil d'analyse économique (CAE) qui ont vocation à guider la politique publique et à éduquer le citoyen. Loin de promouvoir le débat économique, le CAE réalise une opération de dépolitisation par « l'évacuation progressive des idées contestataires », la confirmation des « positions hégémoniques au sein de la discipline, participant, par le même mouvement, à clôturer les bornes du débat économique légitime et les termes dans lesquels celui-ci peut être investi » comme le montre Thomas Angeletti[31].

Partie 2 : De la domination de la théorie à la théorie des dominants

2. 1 - La théorie économique rassure les assureurs

La capacité de la théorie conventionnelle de l'aléa moral à surmonter tous les obstacles et à écarter les approches concurrentes est aussi liée à sa rencontre avec des intérêts puissants. Considérer que l'assurance santé est un problème donne des arguments à ceux qui s'opposent à son extension, particulièrement aux États-Unis. La théorie conventionnelle de l'aléa moral est fréquemment convoquée dans le débat public et est instrumentalisée pour faire échec à toutes les tentatives d'extension de couverture aux millions d'Américains qui en sont dépourvus, du plan Truman de 1945

28. Jean-Jacques LAFFONT, « Le risque comme donnée économique », in François EWALD et Jean-Hervé LORENZI (éds.), *Encyclopédie de l'assurance*, Economica, 1998, p. 1492, cité in Claude LE PEN, « Patient ou personne malade ? Les nouvelles figures du consommateur de soins », *Revue économique*, 2009, 2, vol. 60, p. 257-271.

29. Brigitte DORMONT, Pierre-Yves GEOFFARD et Jean TIROLE, « Refonder l'assurance-maladie », Les notes du conseil d'analyse économique, n° 12, avril 2014.

30. Gilles SAINT-PAUL, *Réflexions sur l'organisation du système de santé*, Rapport pour le Conseil d'analyse économique, 2012, n° 103, La Documentation française.

31. Thomas ANGELETTI, « (Se) rendre conforme. Les limites de la critique au Conseil d'analyse économique », *Tracés. Revue de Sciences humaines* [En ligne], 2009, p. 17.

à la réforme Obama[32]. En Europe, comme l'assurance santé est essentiellement publique, la théorie conventionnelle de l'aléa moral nourrit le débat sur son retrait et sur l'augmentation corolaire de l'espace de libre prévoyance. Dans la théorie conventionnelle de l'aléa moral, une assurance santé publique uniforme doit être proscrite. Le développement d'un marché de l'assurance santé privée est présenté alors comme un moyen de faire des économies budgétaires en transférant de la charge du public vers le privé mais aussi en responsabilisant les assurés sociaux. L'assurance privée est réputée mieux à même d'internaliser le coût social du comportement de l'assuré en spécifiant les polices d'assurance en fonction du risque, c'est-à-dire en sélectionnant les risques au mépris du bien-être individuel et collectif. Cette stratégie rencontre les intérêts financiers des assureurs privés : les sommes d'argent gérées par une assurance santé publique échappent aux marchés financiers alors que le transfert de charge du public au privé donne du grain à moudre aux opérateurs privés. En recommandant la mise en place de politiques de partage des coûts, la théorie conventionnelle de l'aléa moral crée un appel d'air pour le marché de l'assurance privée volontaire.

Les assureurs privés sont motivés par le développement de leur marché. La théorie économique de l'aléa moral a alors été d'un grand renfort pour convaincre de la nocivité d'une couverture complète et publique et contribuer à la bonne marche des affaires. En rencontrant les intérêts des assureurs, elle s'est développée et a contribué en retour à développer le marché.

La notion d'aléa moral est une invention de l'industrie de l'assurance. L'aspect moraliste qu'elle présentait initialement a permis au marché de se constituer mais est devenu un obstacle à son développement. La version économiste a alors donné l'élan nécessaire au déploiement du marché de l'assurance santé privée. Nous étayons, dans les lignes qui suivent, ces deux moments historiques de construction d'une industrie lucrative de l'assurance à partir de la notion d'aléa moral.

Comme le montre Baker[33], la notion d'aléa moral est à l'origine totalement associée à une question de moralité. L'assurance est en effet considérée comme immorale parce qu'elle fait des paris sur l'avenir et assimile l'existence humaine à une loterie, ce qui déroge à la morale religieuse. La stratégie des assureurs pour convaincre de la moralité de leur

---

32. Malcolm GLADWELL, « The Moral-Hazard Myth », 2005, *The New Yorker*, August 29.

33. Tom BAKER, « On the Geneology of Moral Hazard », *Texas Law Review*, 1996, 75(2), p. 237-292.

activité et développer leur marché a été de promettre d'écarter de l'assurance tous ceux qui dérogeraient aux bonnes mœurs. La mise à distance du spectre de l'immoralité et des mauvais penchants des assurés vise à rendre l'assurance « morale ». La notion d'aléa moral désignait alors, dans ce registre, un véritable risque de moralité où l'on cherche à stigmatiser les mauvaises intentions et derrière elles certaines communautés[34].

Cette notion s'est développée parce qu'elle était utile au commerce des assureurs. Il s'agissait de créer le marché. Elle est devenue ensuite un obstacle au développement du marché. D'abord parce que les assureurs ont fait la preuve qu'ils étaient mal placés pour se poser en champion de la moralité, ensuite parce que l'accent mis sur l'immoralité peut s'avérer peu rentable. S'il y a des individus immoraux, il y a aussi des individus moraux ou dotés de dispositions morales comme l'avait fait remarquer Arrow (cf. *supra*). Mieux vaut, pour les affaires, ne pas limiter le marché à des individus « moraux ». L'amoralité est mieux en phase avec une logique purement capitaliste où le soin est une marchandise qui sert à faire de l'argent.

La théorie économique conventionnelle de l'aléa moral va alors fournir une alliée précieuse au service de cette ambition. En se présentant dans une assertion positive et non normative selon laquelle l'assurance change le comportement, elle est en communion avec la conception moderne de l'industrie de l'assurance qui se pose en victime de la rationalité opportuniste. Or, la représentation conventionnelle de l'aléa moral par la théorie économique est d'en faire une propriété de l'assurance et non des individus eux-mêmes qui ne font que réagir à cette incitation. Tous les individus rationnels agissent de même, peu importe leurs mœurs. Quand l'aléa moral est vu comme un problème d'assurance et non d'immoralité, c'est le fait même d'être assuré qui pénalise les assureurs en incitant les patients à prendre davantage de risques ou à surconsommer, ce qui diminue le profit potentiel des assureurs privés. Entre l'absence d'assurance et l'assurance totale, la représentation conventionnelle de l'aléa moral par la théorie économique va alimenter la conception selon laquelle la meilleure assurance est celle qui maximise le profit des assureurs.

---

34. Dans le vocabulaire initial de l'industrie de l'assurance, le terme « *moral hazard* » désigne les comportements immoraux alors que celui de « *morale hazard* » est convoqué pour prendre en compte l'incitation provoquée par l'assurance, sans connotation morale. La théorie économique conventionnelle de l'aléa moral est donc en fait fondée sur la notion de « *morale hazard* » même si l'usage a totalement éclipsé cette notion aujourd'hui. Cf. Allard DEMBE and Leslie I. BODEN « Moral Hazard : A Question of Morality ? », *New Solutions*, 2000, 10(3), p. 257-279.

2.2 - L'orthodoxie assurantielle et les intérêts du marché

Poser le problème en ces termes appelle sa gamme de solutions : le développement du marché, en encourageant la responsabilité individuelle et la libre prévoyance est à même de lutter contre les inconvénients d'un excès d'assurance. L'épisode de « *l'employee insurance tax subsidy* » illustre la convergence de représentation entre la conception des assureurs et celles des économistes. Aux États-Unis, l'assurance santé s'obtient principalement par l'intermédiaire de l'entreprise [35]. L'assurance santé d'entreprise est subventionnée par des réductions d'impôts qui allègent les contributions de l'employeur comme de l'employé. Dans la pure tradition de la théorie conventionnelle de l'aléa moral, cette subvention a été interprétée comme une réduction artificielle du prix de l'assurance. Rendre l'assurance santé moins chère accroît artificiellement la couverture et la demande de soins. Cette politique serait alors largement responsable de la dérive des dépenses de santé et de la « crise » du système de santé américain [36]. Une telle conception a fait l'objet d'une pétition de 372 économistes de la santé pour demander l'abrogation de cette subvention [37]. Si l'assurance santé d'entreprise est critiquée de la sorte, c'est parce qu'elle déroge à l'idée d'un marché concurrentiel. L'intervention de l'État par la politique fiscale nuit à la responsabilité individuelle et fausse le libre jeu du marché [38].

En Europe, la vision de l'assurance comme incitation a été d'un grand renfort pour convaincre de la nocivité d'une couverture publique et complète et contribuer à la bonne marche des affaires. Le marché se développe sous l'effet de l'accroissement de la prise en charge privée qui donne des droits de régulation aux opérateurs marchands comme c'est le cas en France. En finançant une bonne partie du soin, voire la majeure partie de certains soins, ils veulent être partie prenante de l'organisation

---

35. Les syndicats comme l'AFL-CIO ont été les promoteurs de cette forme d'assurance santé pour se poser comme acteurs des régimes de prévoyance.

36. Point de vue développé dans Martin FELDSTEIN and Bernard FRIEDMAN, « Tax subsidies, the rational demand for insurance and the health care crisis », *Journal of public economics*, 1977, vol. 7, n° 2, p. 155-178.

37. Nyman souligne que la force conventionnelle de la théorie était telle que lui-même a signé la pétition alors qu'il se posera comme l'un de ses principaux opposants quelques années plus tard. John A. NYMAN, « American health policy : cracks in the foundation », *Journal of health politics, Policy and Law*, 2007, vol. 32, n° 5, p. 759-783.

38. Mark Pauly a développé cet argument dans plusieurs textes. Par exemple : Mark PAULY, Patricia DANZON, Paul FELDSTEIN and John HOFF, « A plan for responsible national health insurance », *Health affairs*, 1991, vol. 10, n° 1, p. 5-25 ; Mark PAULY, John GOODMAN, « Tax credits for health insurance and medical savings account », *Health affairs*, 1995, vol. 14, n° 1, p. 125-139.

du système de santé. Les organismes complémentaires ont obtenu un droit de veto sur les accords conclus par l'assurance obligatoire dans tous les domaines où les assureurs privés sont assureurs majoritaires (optique, dentaire, etc.)[39]. Ils peuvent également conclure des conventions (qui reposent sur une logique de contractualisation) avec les opticiens, chirurgiens dentistes ou audioprothésistes ainsi que pour la partie hébergement de l'hospitalisation. Ce conventionnement privé cible les postes de soin où la participation de l'assureur privé est supérieure à celui de l'assureur public. La loi autorise les opérateurs privés à faire des différences sur les niveaux de prestation et leur remboursement quand l'assuré choisit un prestataire de soin ou un établissement avec lequel sa complémentaire a conclu une convention. L'assureur privé va ainsi pouvoir aiguiller le patient dans l'ensemble du système de soins et l'orienter vers des professionnels sous contrat.

La privatisation de l'assurance santé au nom de la responsabilisation du patient ne se traduit donc pas seulement par un transfert de charge de l'assurance publique vers l'assurance privée mais aussi par des droits de régulation accordés au capitalisme assurantiel[40]. Cette stratégie de privatisation de l'assurance santé participe à la volonté affichée par le patronat français d'abolir le monopole de la Sécurité sociale, explicitement exprimée par Claude Bébéar, président du directoire d'AXA en 1997. Elle repose sur l'articulation entre le monde de la recherche académique et les intérêts des assureurs comme l'a montré F. Pierru[41]. Les propositions patronales dans le champ de la santé se fondent pour une large part sur l'expertise économique dont témoigne la trajectoire de D. Kessler, président de l'influente Fédération française des Sociétés d'assurance au moment où le patronat se déplace du capitalisme industriel vers le capitalisme financier en changeant de nom (il devient MEDEF en 1998). D. Kessler est d'abord professeur d'économie, membre du laboratoire d'économie de l'assurance de l'université de Paris Nanterre avec d'autres universitaires dont F. Ewald et D. Strauss Kahn. En créant une revue académique « *Risques* », les deux premiers développent les bases d'une « so-

---

39. Didier TABUTEAU, *Démocratie sanitaire : les nouveaux défis de la politique de santé*, Odile Jacob, Paris, 2013.

40. Philippe BATIFOULIER, *Capital Santé. Quand le patient devient client*, La Découverte, 2014 ; Philippe BATIFOULIER et Maryse GADREAU, « La politique de la demande en santé. Des innovations théoriquement et stratégiquement situées », in Bruno LAMOTTE, Anne LE ROY, Cécile MASSIT et Émmanuelle PUISSANT, *Innovations sociales, Innovations économiques*, Presses universitaires de Louvain, 2014, p 131-144.

41. Frédéric PIERRU, *Hippocrate malade de ses réformes*, Paris, Éditions du Croquant, « Savoir/agir », 2007.

ciété du risque » où le risque est « tout à la fois une morale, une épistémologie, une idéologie, en fait une manière de définir la valeur des valeurs [42] » (p. 71). Il faut alors redéfinir les fondements de la protection santé à l'aune de cette société du risque et responsabiliser l'assuré social par un nouveau partage des rôles entre assurance maladie obligatoire et assurance maladie complémentaire. La théorie du risque suppose que l'individu porteur de risques sanitaires s'assure en fonction de ces derniers. La notion de prévoyance individuelle est donc indissociable du risque. Les intérêts du capitalisme assurantiel sont soutenus par les offensives des experts de l'assurance qui alimentent une culture de l'assurance favorable à la responsabilisation financière du patient et au retrait de l'État social.

La médecine libérale n'est pas en reste dans ce jeu des intérêts. Elle s'allie à l'assurance privée pour asseoir la légitimité du discours de cette dernière et le relayer auprès des patients. La lutte contre une assurance publique complète jugée liberticide par les médecins va de pair avec le combat des assureurs privés pour développer leur marché.

2.3 - L'assurance santé et la médecine libérale

La théorie conventionnelle de l'aléa moral n'est pas neutre pour les médecins. Elle se focalise sur la responsabilité de l'assurance du patient dans la croissance de la dépense. Elle occulte totalement le rôle des médecins. Or, pour consommer, il faut au minimum un médecin qui rédige une ordonnance. En théorisant une médecine sans médecin, la doctrine repose sur une fiction commode.

Cette fiction a en effet une fonction politique. Elle illustre le pouvoir politique des médecins qui ont l'oreille des pouvoirs publics. La profession arrive à s'exonérer des mesures les plus contraignantes d'économies budgétaires et à détourner ces contraintes vers les patients. Quand on ne peut pas contrôler les médecins, il est plus facile de faire payer les patients. Les médecins sont soumis à la réglementation publique mais elle n'est pas de même nature que celle des patients. Quand ces derniers doivent acquitter des malus (forfaits, franchises et tickets modérateurs), les médecins se voient proposer des bonus, pour prescrire des médicaments génériques, pour s'installer dans des zones désertifiées, pour prendre en charge des patients complexes, etc. Le pouvoir politique des médecins (ou du moins celui de certains d'entre eux) est sans commune mesure avec celui des patients.

---

42. François EWALD et Denis KESSLER, « Les noces du risque et de la politique », *Le Débat*, 2000, n° 109, p. 55-72.

La théorie conventionnelle de l'aléa moral est une ressource pour les médecins qui fait levier à leur pouvoir politique. Elle ne peut alors qu'être valorisée et relayée par la profession, ce qui assoit sa légitimité. Cependant, les médecins ne forment pas une armée uniforme et certains segments médicaux sont plus favorables à la doctrine que d'autres qui peuvent s'y opposer. Si l'argument de l'accès aux soins est dominant pour les tenants d'une médecine sociale, valorisant une culture de service public, celui de la responsabilité financière du patient est en résonance avec les valeurs de la médecine libérale qui mettent l'accent sur les libertés de toutes sortes (de prescription, d'installation, de prix, etc.) et valorisent la capacité de chacun à être un entrepreneur de lui-même.

C'est pourquoi la médecine libérale [43] fournit l'allié nécessaire à l'assurance privée pour asseoir la légitimité de son discours et le relayer auprès des patients. Cette connivence se retrouve autour de l'orientation technique de la médecine, notamment aux États-Unis, qui est profitable aux compagnies d'assurance et valorisée par les médecins qui orientent les patients vers les soins les plus coûteux (et non vers la prévention par exemple). De plus, les grandes fondations (Carnegie et Rockefeller) ont joué un rôle fondamental dans cette coalition. Avec l'aide de l'*American Medical Association* (AMA), elles ont soutenu financièrement la médecine de pointe pour apparaître comme des bienfaiteurs [44].

Cette convergence d'intérêts se traduit par l'opposition systématique de l'AMA à l'extension de couverture santé aux États-Unis [45]. En France, au nom des valeurs libérales de la médecine, les médecins se sont opposés au tarif administré et n'ont eu de cesse de réclamer et d'obtenir la liberté tarifaire (sous forme de dépassements d'honoraire) qui est l'un des éléments majeurs du retrait de l'assurance publique et du développement du marché de l'assurance complémentaire à but lucratif.

---

43. La médecine libérale se définit par ses valeurs et non par son lieu d'exercice. Elle est aussi bien développée en ville qu'à l'hôpital privé comme public.

44. Nicolas TANTI-HARDOUIN, *Aux origines de l'économie de la santé*, Ellipses, Paris, 2011.

45. Paul KRUGMAN, dans son ouvrage de 2008 (*L'Amérique que nous voulons*, Flammarion) affirme que l'AMA a consacré l'équivalent de 200 millions de dollars actuels pour faire échec au plan Truman et lutter contre le « vice d'une médecine socialisée. En outre, l'AMA aurait réclamé que l'on refuse les 'privilèges hospitaliers' aux médecins qui se déclaraient favorables au projet. Ces privilèges, octroyés par un hôpital à un médecin de famille permettent à ce dernier de continuer à suivre et à traiter ses patients à l'intérieur de l'établissement. Cité par Christian LEONARD, « La responsabilisation capacitante : un nouveau paradigme pour refonder l'État-providence ? Application au secteur des soins de santé », *Éthique et Économique - Ethics and Economics*, 2012, vol. 9, n° 2, p. 45-65 : http://ethique-economique.net

La théorie conventionnelle de l'aléa moral s'inscrit dans un rapport de force favorable aux acteurs libéraux mais elle alimente également ce rapport de force. Elle produit une manière de penser qui dédouane les médecins de toute responsabilité dans la croissance de la dépense de santé et qui, par conséquent, ne doivent pas être la cible des réformes. En effet, en cherchant à faire porter le chapeau à l'assuré social, la théorie conventionnelle de l'aléa moral néglige le rôle des médecins qui sont inexistants dans l'analyse.

Or, force est de constater que les médecins sont bien présents dans la prescription médicale. Ils ont de plus la capacité d'induire la demande et de persuader les patients de consommer plus qu'ils en ont besoin, comme l'affirme une série de travaux en économie de la santé regroupés sous l'appellation générique de « théorie de la demande induite ». Dans ce cadre, le médecin instrumentalise le différentiel d'information qu'il possède face au patient[46]. L'argument met ainsi en avant la responsabilité du médecin dans la surconsommation imputée au patient. Dans cette perspective, le médecin aurait intérêt à une couverture généreuse du patient car il peut solvabiliser l'exercice de son pouvoir discrétionnaire. Dans la théorie conventionnelle de l'aléa moral, l'assurance du patient peut induire de la « sur-quantité » des soins, du « sur-prix » ou de la « sur-qualité ». Or, dans chacun de ces registres, si on suit la théorie de la demande induite, le décideur reste le médecin : c'est lui qui décide de la consommation médicale et qui prescrit les actes médicaux. L'assurance rend le patient moins regardant sur le prix qui reste fixé par le médecin et qui peut l'être en fonction de l'assurance du patient. Enfin, les phénomènes de « surqualité » mettent l'accent sur une utilisation injustifiée du progrès technique auquel le patient n'a pas d'accès direct. Les politiques de partage des coûts sont sans effet sur ces dépenses et ne peuvent pas inciter le patient à réduire une consommation qui échappe à son autorité.

Les fondements de la théorie conventionnelle de l'aléa moral sont sapés par l'existence d'une demande induite et les deux approches sont contradictoires. La théorie de l'assurance santé ne doit plus uniquement s'opposer à la réalité de patients ordinaires. Elle doit aussi maintenant s'opposer à une autre théorie économique qui met aussi en avant le comportement parfaitement rationnel des acteurs, en l'occurrence du médecin. Si l'économisme de l'assurance n'a pas peur de s'opposer à la réalité, il est plus embarrassé face à une théorie qui a les mêmes bases. Cet embarras a des conséquences politiques importantes. Faire payer le patient plutôt que de

46. Lise ROCHAIX et Stéphane JACOBZONE, « L'hypothèse de demande induite : un bilan économique », *Économie et prévision*, 1997, n° 129-130, p. 25-36.

contrôler le médecin suppose que l'on puisse établir la supériorité de la théorie de l'aléa moral du patient sur la demande induite du médecin.

Pour lever cet obstacle, la voie privilégiée est de s'appuyer sur la capacité du patient à contrôler le médecin et *in fine* à être le véritable décideur de sa dépense de santé. Le médecin est alors considéré comme un simple conseiller technique et le patient reste responsable de sa dépense.

Cette ambition théorique est soutenue par une évolution socio-juridique du statut du patient. La contestation du paternalisme médical dans le cadre de la « démocratie sanitaire » a développé l'autonomisation du patient, considéré comme développant de véritables compétences et pouvant négocier avec le médecin. Cette démocratie sanitaire qui vise initialement à donner une capacité de « voice » au patient a été progressivement transformée en « exit » de la logique marchande[47]. Le nouveau patient, actif, émancipé par des procédures marchandes qui lui rendent un rôle de consommateur est dorénavant plus en phase avec le patient responsable de sa dépense de santé. Le patient considéré comme l'être infantile et irresponsable du paternalisme médical ancestral ne pouvait pas rendre des comptes. L'émancipation du patient au nom de valeurs d'autodétermination, de non-ingérence, de « gouvernement de soi » diffuse un climat favorable à la responsabilisation du patient et au durcissement des politiques de partage des coûts.

Le mouvement d'autonomisation marchande du patient s'inscrit dans la « société du risque » et la volonté de faire du patient un acteur de sa santé comme le souhaite le capitalisme assurantiel. Le plaidoyer pour le patient consommateur conteste le rôle moteur du médecin dans la consommation médicale et conduit dès lors à conforter la théorie de l'aléa moral malmenée par la thématique de la demande induite. Le patient payeur a besoin du patient consommateur. Il convient alors de faire advenir un monde de patients souverains et responsables. La performativité de la théorie de l'assurance santé passe dorénavant par une théorie performative du patient consommateur.

En prenant appui sur le cas exemplaire de la théorie économique de l'assurance santé, notre analyse a cherché à montrer qu'une conception largement contestée par l'arène scientifique s'est érigée en convention. De nombreux chercheurs l'adoptent et la perpétuent en l'adoptant. Si cette théorie conventionnelle de l'aléa moral a vu son espace de validité consi-

---

47. Pour un développement cf. Philippe BATIFOULIER, « Le marché de la santé et la reconstruction de l'interaction patient-médecin », *Revue française de socio-économie*, 2012, n° 2, p. 155-174.

dérablement réduit avec le temps, elle anime pourtant davantage les politiques économiques aujourd'hui qu'hier. Elle est aussi source de renoncements et de retards de soin et contribue à creuser les inégalités alors que son efficacité sur la réduction des dépenses est contestable.

Une telle situation est paradoxale. Elle tient à la constitution de la théorie économique standard en véritable orthodoxie qui dénie le statut d'énoncé scientifique à tout ce qui ne rentre pas dans le moule de l'approche néoclassique. La chasse à la concurrence des idées en économie rend l'approche standard d'autant plus audible qu'elle est en situation de monopole.

Sa performativité tient aussi à sa capacité à s'insérer dans un processus d'apprentissage du marché dont le capitalisme assurantiel tire profit. La représentation de la réalité véhiculée par la théorie standard est en résonance avec les intérêts matériels des acteurs dominants et en phase avec le processus de privatisation de la santé. La représentation théorique dominante de l'assurance santé s'inscrit dans un rapport de force favorable aux acteurs libéraux, tout en nourrissant également ce rapport de force.

Université Paris 13, CEPN UMR CNRS 7234
Philippe.Batifoulier@univ-paris13.fr

* * *

EDITIONS
EHESS

VIENT DE PARAITRE

Archives de sciences sociales des religions

N° 170

ISBN 978-2-7132-2469-0
320 pages
23 €

Acteurs religieux, dictatures, histoire et mémoire dans le Cône sud américain

Dossier coordonné par Claudia F. Touris

Claudia F. Touris – Présentation

María Angélica Cruz Contreras et Camilo Ramírez – Memorias Subalternas sobre la Dictadura Militar en Chile: el Caso de la Corriente Liberadora de la Iglesia Católica

Stephan Ruderer et Veit Straßner – Recordando tiempos difíciles: la *Vicaría de la Solidaridad* como lugar de memoria de la Iglesia y de la sociedad chilena

Barbara Rupflin – "Somos ovejas de su rebaño". El papel de la diócesis de Neuquén para las víctimas de la dictadura militar argentina (1976-1983)

Laura Schenquer – Representaciones en torno al *Conservative Judaism* en los tiempos de la dictadura militar en Argentina (1976-1983)

Claudia F. Touris – Iglesia católica, dictaduras y memorias en conflicto en Brasil y Argentina

Patricia A. Fogelman et Daniela Sosnowski – *La Basílica de San Francisco, a pesar del fuego.* Legado colonial de los franciscanos en Buenos Aires y los conflictos con el peronismo a mediados del siglo xx

Varia

Christine Pina – Diocèse 2000 comme processus de réaménagement paroissial dans le diocèse de Nice : procédés et institutionnalisation

Gérard Cholvy – Déracinement et vie religieuse : Italiens, Espagnols et Tsiganes dans le Midi de la France (1830-1980)

Alexis Fontbonne – Dévotion et institution. Pour une histoire cohérente des confréries en Europe occidentale (xiie-xviiie siècles)

Renaud Soler – Transmission et pratique de l'*adab* soufi dans la Ḥāfiẓiyya Ḫalwatiyya, confrérie soufie de Moyenne-Égypte (xixe-xxe siècles)

Alireza Khoddami – Nouvel espace rituel en Iran : le cas de la retraite des jeunes à Chiraz

Selami Varlik – Le sens objectif du Coran à l'épreuve de l'historicité

Aymon Kreil – Science de la psyché et autorité de l'islam : quelles conciliations ? Le cas d'une association de conseil psychologique au Caire

Christophe Pons – L'utopie sociale des christianismes indigènes. Un comparatisme Nord-Sud (Islande, Féroé, Cap-Vert)

Commandes :

En librairie, diffusion : CID (Tél. : 33 (0)1 53 10 53 95 – Fax : 33 (0)1 40 51 02 80 – cid@msh-paris.fr)
ou aux Éditions de l'EHESS (Tél. : 33 (0)1 53 10 53 56 – editions-vente@ehess.fr)

Éditions de l'École des hautes études en sciences sociales

131, boulevard Saint-Michel • 75005 Paris • Tél. : 01 53 10 53 55 • **www.editions.ehess.fr**

La légitimation académique d'un projet politique
Le cas de la création des « services à la personne »

Florence JANY-CATRICE

Introduction

1994. Le Conseil national du patronat français (CNPF) diffuse un rapport sur « les services à la personne » et crée, en avril de cette année-là, un groupement des professions et des entreprises de services à la personne qui « aura pour vocation d'être un lieu d'échanges sur le développement de ce secteur et d'assurer un rôle de lobby auprès des pouvoirs publics, des décideurs et de l'opinion publique » (*Les Échos*, 13 juillet 2004, n° 16686, p. 3). Depuis, un long chemin a été parcouru. La dynamique de soutien politique et fiscal des « services à la personne », qui s'est accentué au milieu des années 2000, s'est accompagnée de stratégies *visant à en substantifier l'existence*. Cela a été rendu possible par le truchement de plusieurs logiques concomitantes [1] qui en ont assuré la « réalité » : une logique explicative, à portée scientifique et une logique de légitimation, à portée politique.

Dans cet article, nous nous intéressons donc à cette construction d'un « nouveau » secteur, pensé par quelques catégories professionnelles, au premier rang desquelles le CNPF dans les années 1980, repris par des experts dans les années 1990, puis par le politique dans les années 2000 et concomitamment par la statistique publique. Cette dernière *consacre* d'ailleurs, en juillet 2013, l'existence des services à la personne en

1. Que l'on retrouve dans les travaux de Michel Messu sur la construction de la catégorie de la pauvreté : Michel MESSU, *La pauvreté cachée, une analyse bachelardienne du concept de pauvreté*, éd. de l'Aube, 2003.

publiant simultanément un même document intitulé « Les services à la personne. Davantage sollicités dans les zones rurales et âgées », d'une part dans un *Insee première* (n° 1461), d'autre part dans un *Dares Analyse* (n° 50). Le terme, fort, de consécration vise à insister sur le fait que, pendant toute la décennie 2000, la statistique publique a progressivement modifié son dispositif d'observation, tout en ajustant progressivement son vocabulaire, validant ainsi la réalité des « services à la personne » que le CNPF souhaitait tant faire advenir. La succession des titres des publications de la Dares [2] sur la décennie 2000 est le symptôme de cette consécration (voir tableau 1).

Privilégiant jusqu'à 2005 l'idée d'« emplois familiaux », la Dares lui substitue ensuite, suivant le mouvement des pouvoirs publics, le terme de « service à la personne ». Elle se soumet ainsi à la créativité du ministère de l'Emploi qui, sous l'impulsion d'un « Plan de développement des services à la personne », aussi appelé Plan Borloo, lancé en 2005, crée ce « secteur ». Endossant le rôle qui est d'ailleurs attendu d'elle, elle vient aussi en aide à la conduite des affaires publiques. Elle est soutenue dans ce rôle par l'Insee et le Centre national d'information statistique (Cnis) qui participent de ce mouvement de consécration. Ce phénomène de rétroaction associé à la statistique, renvoie à une question centrale en sociologie de la quantification et qu'énonce ainsi Alain Desrosières [3] : « Une mesure des affaires humaines peut-elle être complètement indépendante de ses usages ? », considérant que l'ethos de neutralité métrologique du statisticien est mal à l'aise avec cette question.

Cet article analyse les forces qui ont fait advenir un nouveau secteur. Nous nous intéressons non seulement au « contenu » (aux idées, aux arguments, aux images) de ce qui est véhiculé pendant cette période, mais aussi aux conditions sociales de légitimation de ce secteur, en nous intéressant à celles et ceux qui ont rendu ces contenus légitimes, et qui, ce faisant, on fait advenir une réalité. De ce point de vue, les discours auxquels nous nous intéressons ont une spécificité. Ce sont des discours économiques, qui, disent Callon et Muniesa [4], ne sont pas seulement descriptifs. Ils sont positifs (analysant les comportements réels) et normatifs,

---

2. « *Premières synthèses information* ».

3. Alain DESROSIERES, « *Est-il bon, est-il méchant ? Le rôle du nombre dans le gouvernement de la cité néolibérale* », Communication au séminaire *L'informazione prima dell'informazione. Conoscenza e scelte pubbliche*, Université de Milan Bicocca, 27 mai 2010, p. 15.

4. Michel CALLON et Fabian MUNIESA, « La performativité des sciences économiques », in *Traité de sociologie économique*, PUF, 2009, p. 289-324.

en ce qu'ils proposent, sur la base des constats qu'ils produisent, des décisions à prendre pour optimiser les comportements. Ce qui distingue la

Tableau 1. Évolution des intitulés des publications sur les services

Année de publication	Titre	Auteur	Organisme	Support de publication
2000	« Les emplois familiaux et les organismes de services aux personnes en 1999 et 2000 »	G. Denantes	DARES	Premières synthèses information
2002	« Les emplois familiaux et les organismes de services aux personnes en 2001 »	S. Adjerad	DARES	Premières synthèses information
2003	« Dynamisme du secteur des emplois familiaux en 2002 »		DARES	Premières informations et premières synthèses
2005	« Les secteurs des emplois familiaux en 2003 : la croissance de l'activité se poursuit »	S. Adjerad	DARES	Premières informations et premières synthèses
2006	« Les emplois famililiaux en 2004 : un secteur en forte croissance »	A. Chol	DARES	Premières informations et premières synthèses
2007	« Les services à la personne en 2005 : poussée des entreprises privées »	A. Chol	DARES	Premières informations et premières synthèses
2008	« Les services à la personne en 2006 : une croissance continue »	A. Chol	DARES	Premières informations et premières synthèses
2012	« Les services à la personne en 2010 : stabilité de l'activité globale après le ralentissement de 2008-2009 »	Ould Younes	DARES	Premières informations et premières synthèses
2013	« Les services à la personne en 2011 : une baisse globale de l'activité et de l'emploi »	Ould Younes	DARES	Premières informations et premières synthèses
2013	« Les services à la personne. Davantage sollicités dans les zones rurales et âgées »	Baillieul *et al.*	DARES/INSEE	Dares Analyse et Insee Première

science économique des autres sciences sociales vient en effet du statut particulier de l'économie-chose dans la société[5], et de ce que cela fait aux acteurs. Mais cela vient également du statut que l'économie-discipline s'est progressivement construit, revendiquant, comme le dit Bourdieu, « le monopole du point de vue total sur le tout[6] ». D'une certaine manière, cet article peut contribuer, par cet exemple très circonscrit, à une réflexion sur les dynamiques supposées de performativité en économie.

1 - Les présupposés de l'invention d'un nouveau secteur

Une généalogie de « l'invention » du secteur des services à la personne est heuristique pour explorer les questions abordées dans l'introduction. Cette intervention s'est accompagnée, pour en asseoir la réalité, sur une logique constatative, la statistique publique œuvrant en cela de manière ordinaire ; sur une logique explicative, le mode de développement de ce secteur étant sous l'autorité des scientifiques (économistes) ; et sur une logique de légitimation. Ce sont ces logiques imbriquées que nous étudions dans ce qui suit, et qui peuvent donner à voir des moments de performativité dans ce qui s'est passé durant les deux dernières décennies, et en mode accentué, accéléré et sans doute décomplexé, depuis 2005.

1. 1 - La préparation symbolique et mentale du « Plan Borloo »

On ne peut comprendre ce qui s'est passé lors de la mise en place du Plan Borloo de 2005, inspiré sans conteste du rapport du CNPF publié une décennie plus tôt et appuyé par une loi, sans s'en référer aux présupposés économiques sur lesquels il s'est appuyé, et qui en a légitimé les principes. Ces présupposés concernent la remise en cause de l'État social ; l'individualisation des dispositifs de soutien ; la doctrine du marché comme institution la plus efficace pour la coordination des acteurs.

a - La remise en cause de l'État social

La remise en cause du principe même de l'État social, visible dans des énoncés du type « maîtrise des dépenses publiques », a été très présente dans la construction du « secteur » des services à la personne. Celui-ci a pris des voies directes et indirectes. Directes dans le sens où il était attendu que le secteur des services à la personne « s'autofinance », permettant

---

5. L'importance de la richesse monétaire, du désir d'argent, de l'accaparement, etc.

6. Pierre BOURDIEU, *Le sens pratique*, Les éditions de minuit, coll. « Le sens commun », 1980, p. 48.

ainsi à l'État et autres collectivités territoriales de se désengager progressivement de leur rôle de financeur et de producteur. Il était aussi attendu que l'État soutienne, un temps, la marchandisation du secteur, en déployant les institutions la rendant possible. Dans un rapport sur lequel nous reviendrons plus tard, Michèle Debonneuil, inspiratrice du Plan Borlo précise :

> « On pense souvent que ces développements nouveaux devraient s'effectuer spontanément, sans intervention de l'État. Cette vision des choses est empiriquement contestable car l'émergence et le développement de nouvelles activités de masse nécessitent toujours de nouvelles institutions (écoles de formation, syndicat professionnel, etc.), de nouvelles règles du jeu entre des acteurs nouveaux, dans certains cas de nouveaux cadres juridiques.[7] »

La remise en cause de l'État social a pris aussi des voies plus indirectes dans le sens où il était attendu que les services et les emplois du secteur « des services à la personne » deviennent « productifs ». Comme souvent dans des sociétés gagnées par l'économicisme, c'est bien dans les présupposés mêmes de ce qui est productif (de richesse et de valeur), que tiennent les principales justifications de ce qui est digne d'être soutenu. Or, le caractère « productif » ou non d'une activité est lui-même très conventionnel, comme l'ont bien soutenu une grande diversité de travaux à l'instar de ceux de B. Friot[8] qui insiste sur le fait que le travail productif est la part de notre activité qu'une institution transforme et dont le caractère productif est donc conventionnel car dépendant des institutions qui le tiennent[9].

Michèle Debonneuil, à l'époque chef du service économique, financier et international, Commissariat général du Plan mais surtout, pour ce qui nous intéresse, véritable instigatrice du Plan Borloo (voir *infra*), renvoie, pour sa part, le caractère productif ou non du service à sa capacité à

---

7. Michèle DEBONNEUIL, « Les services : une opportunité pour créer des emplois productifs », in Pierre CAHUC et Michèle DEBONNEUIL, *Productivité et emploi dans le tertiaire*, Rapports Pierre CAHUC et Michèle DEBONNEUIL, éd. La Documentation française, 2004, p. 11-60, p. 42.

8. En particulier dans sa controverse avec Jean-Marie Harribey, cf. Bernard FRIOT, « Travailler, est-ce avoir un emploi ou une qualification personnelle ? L'activité des retraités est-elle " utile " ou est-ce " du travail " ?, Débat avec Jean-Marie Harribey », *Revue française de socio-économie* n° 2010/2, p. 157-166.

9. Cf. Yann LE LANN, « Les frontières comptables du social : la protection sociale et le salaire dans la comptabilité nationale (1944-2010) », Thèse Paris X Nanterre, 2013 ; Florence JANY-CATRICE et Dominique MEDA, « Femmes et Richesse : au-delà du PIB », *Travail, Genre et Sociétés*, 2011, n° 26. p. 147-171.

se soumettre aux nouvelles technologies de l'information et des communications (NTIC), et à sa capacité à s'industrialiser, ce qui constitue une définition pour le moins exotique de l'idée même d'emploi « productif ».

> « Au même moment, les États-Unis semblent bénéficier d'un des effets encore mal identifié des technologies de l'information et des communications (TIC) : les services sont désormais aussi « productifs » que les biens. Les TIC permettent en effet désormais d'industrialiser les services et de les rendre productifs. Certains d'entre eux, les services aux particuliers, sont actuellement sous-développés : ils correspondent à un besoin important non satisfait et peuvent désormais, grâce aux TIC, accéder au statut de service de masse, ce que la mécanisation n'avait pas permis de faire.[10] ». Insistant p. 13 : « En effet, les services étant une mise à disposition temporaire de savoirs et savoir-faire, l'organisation de leur accès par les nouvelles technologies de l'information et des télécommunications (TIC) est un élément décisif pour en industrialiser la production et ainsi les rendre productifs, ce que la mécanisation n'avait pas pu faire.[11] »

b - Individualisation des dispositifs de soutien des services à la personne

L'individualisation des dispositifs de soutien des services à la personne est un second présupposé sur lequel le Plan Borloo s'est appuyé. Cette tendance à l'individualisation prend sa source à la fois dans les représentations de responsabilisation des agents économiques, de leur rationalité économique nécessitant un libre choix du consommateur, et d'efficacité absolue de la coordination par la concurrence. Faisant reposer la légitimité des dispositifs sur la « liberté de choix » du consommateur, les auteurs qui ont dessiné, par leur projet scientifique, les principes du Plan, appuyaient aussi l'ouverture à la concurrence, mettant en avant la valeur de liberté du consommateur. L'ensemble des arbitrages a ainsi été *fonctionnalisé*[12], et la liberté du consommateur à laquelle il est fait référence a été en fait limitée à la capacité des individus à se « débrouiller » pour identifier, élaborer et organiser le service dont ils ont « besoin ». On retrouve ici des réflexes argumentatifs déjà mobilisés dans la marchandisation de la santé par exemple[13]. Daniel Vasseur, alors directeur de la

---

10. Michèle DEBONNEUIL, « Les services : une opportunité pour créer des emplois productifs », *op. cit.*, p. 11.

11. *Ibidem*, p. 13.

12. François-Xavier DEVETTER, Florence JANY-CATRICE et Thierry RIBAULT, *Les services à la personne*, La Découverte, coll. « Repères », 2015 [2009].

13. Philippe BATIFOULIER, Jean-Paul DOMIN et Maryse GADREAU, « Mutation du patient et construction d'un marché de la santé. L'expérience française », *Revue française de socio-économie*, 2008, n° 01, p. 27-46.

prévision et de l'analyse économique au ministère des Finances, est très franc sur cette question dans son apport au Rapport Cahuc-Debonneuil du Conseil d'analyse économique :

> « Au total, la réforme conduit à une augmentation de la qualité des services et du bien-être des consommateurs — ne serait-ce que parce qu'ils peuvent exercer leurs choix plus librement. » (Complément H) p. 215.

La concurrence est ainsi considérée comme la modalité la plus efficace de coordination des acteurs [14]. Le plan de développement des services incarne parfaitement la doctrine selon laquelle il faut créer des « emplois productifs », c'est-à-dire des emplois pouvant gagner en productivité, c'est-à-dire de « vrais » emplois... c'est-à-dire fournis sur un marché en libre concurrence.

Pour donner du crédit à ces doctrines, grand recours est fait, dans le rapport préparatoire, des courbes et graphiques, permettant à Pierre Cahuc et Michèle Debonneuil [15] de conjuguer ainsi de manière parfaitement entrelacée théorie, pratique et doctrine. Leur rapport égrène des courbes savantes, en réalité qui récitent la théorie *mainstream* appliquée à un bien quelconque.

Mais ces éléments de diagnostics doctrinaires sont insuffisants pour éclairer l'ensemble du processus de consécration de ce « nouveau secteur ».

---

14. Cf. une analyse critique, in Irène BERTHONNET, « De l'efficacité à la concurrence. Histoire d'une synthèse entre économie néoclassique et néolibéralisme », Thèse de doctorat en économie, Université Lille 1, décembre 2014.

15. Pierre CAHUC et Michèle DEBONNEUIL, *Productivité et emploi dans le tertiaire*, *op. cit.*

5. La difficulté de naissance de nouveaux services à coûts fixes

Supposons que la demande du service est différentiable en variétés produites chacune par une entreprise différente, et supposons que la fonction de production est à facteurs complémentaires, le capital étant le facteur le plus important dans la zone de volume considérée de telle sorte que l'on puisse supposer que la production est pratiquement à coût fixe. La courbe de coût moyen a alors la forme classique en U.

Tant que la courbe de demande ne coupe pas la courbe de coût moyen, il est impossible de créer une entreprise profitable dans le secteur considéré. Cette situation se produit si la demande est insuffisante, ou si les coûts fixes sont élevés. Dans ce cas, le service ne peut pas être offert.

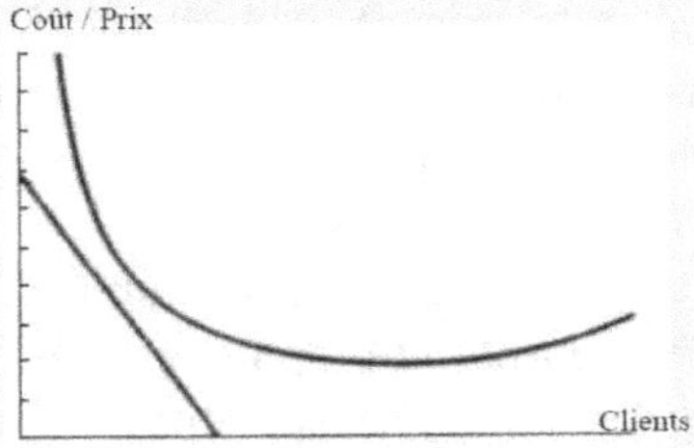

L'offre du service démarre si, en raison d'une augmentation de la demande ou d'une organisation qui permet de réduire le coût, la courbe de demande coupe la courbe du coût moyen. Il est alors possible de créer une entreprise profitable qui va offrir une variété du service. Tant qu'elle est seule, elle est en situation de monopole. Le maximum du profit est représenté par la surface du rectangle dans le graphique ci-dessous.

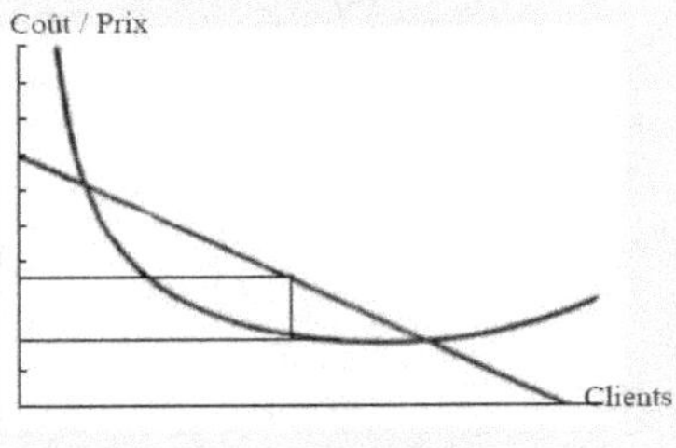

Source : Pierre CAHUC et Michèle DEBONNEUIL, *Productivité et emploi dans le tertiaire*, *op. cit.*

1. 2 - La sémantique utilisée consolide le diagnostic

Il faut préciser à ce stade qu'une confusion règne sur le contenu et les frontières de ce qui a été appelé « services à la personne ». Institué en 2005 dans un décret définissant la liste des activités concernées [16], ce

16. Ses contours sont précisément définis dans la loi du 26 juillet 2005 — traduction législative du Plan de développement des services à la personne.

« secteur » a constitué *de facto* un assemblage d'activités reconnues antérieurement comme des activités relevant des services domestiques (profession des employés de maison) ou relevant de l'action sociale (profession des aides à domicile). La confusion qui en ressort semble être en quelque sorte la contrepartie d'un élargissement de la notion qui était parfois mobilisée jusque-là et qui segmentait les usagers à la notion en apparence neutralisée de « personne » : services aux personnes âgées en perte d'autonomie, et plus généralement aux personnes fragilisées d'un côté, services aux couples bi-actifs à fort pouvoir d'achat de l'autre.

L'élément essentiel pour identifier l'origine du flou dans l'estimation des grandeurs du secteur (par exemple un large flou statistique existe en termes de niveau d'emploi des services à la personne [17]), tient à sa définition. Il est le fruit de compromis entre une évolution historique du secteur des services aux ménages et plus encore des services de proximité, et d'une volonté politique et économique d'identifier de nouvelles activités, sources de « gisements d'emploi ».

Dans le graphique suivant, on indique les différents énoncés utilisés depuis le début des années 1980 pour rendre compte des emplois des services domestiques et de l'action sociale, généralement exercés au domicile des ménages. On y lit un glissement progressif de l'idée de « travail social » et « travail domestique » vers celle d'« emploi productif » et d'« emploi de service à la personne » (voir encadré 1).

À la lecture de la nomenclature édictée par le décret de 2005, on note que ce regroupement d'activités hétérogènes a les caractéristiques d'un instrument d'équivalence *politique* [18], dans la mesure où l'intitulé choisi, « service à la personne », renvoie au consommateur final ou à l'usager (les personnes), et dans la mesure où les lobbyings des représentants des activités ne sont pas étrangers à certains choix d'adhésion à ce regroupement

17. La fourchette du niveau de l'emploi dans les services à la personne a une amplitude de 600 à 900 000 emplois. C'est sans doute un triste record détenu par un « secteur » d'activité. Les raisons de cette si forte hésitation statistique sont multifactorielles. L'une tient à la spécificité du périmètre des services à la personne ; une autre tient aux réalités des métiers du social et du médico-social ; une autre enfin est liée à la nature des emplois et du travail dont l'une des caractéristiques est qu'il se déroule au domicile des ménages. On renvoie à Florence JANY-CATRICE, « Mise en visibilité statistique des emplois dans les services à la personne », *Revue de l'IRES*, n° 78, avril 2014, p. 25-49 pour plus de précisions sur cet état des lieux quantitatif et ses explications. Depuis la première version de ce texte, l'Insee et la Dares ont progressé sur une convention plus partagée du périmètre et du comptage des emplois.

18. Alain DESROSIERES et Laurent THEVENOT, *Les catégories socioprofessionnelles*, éd. La Découverte, coll. « Repères », 2002, p. 49.

(services informatiques, services de soutien scolaire à domicile, mais aussi langue des signes). Les volontés d'adhésion à ce plan ont été d'autant plus actives que les organismes agréés « services à la personne » permettent à leurs consommateurs d'ouvrir des droits à réductions fiscales substantielles. Par cette politique fiscale avantageuse, la solvabilisation de la demande, un temps réservé aux emplois familiaux, devient accessible au marché de biens de luxe.

Graphique 1

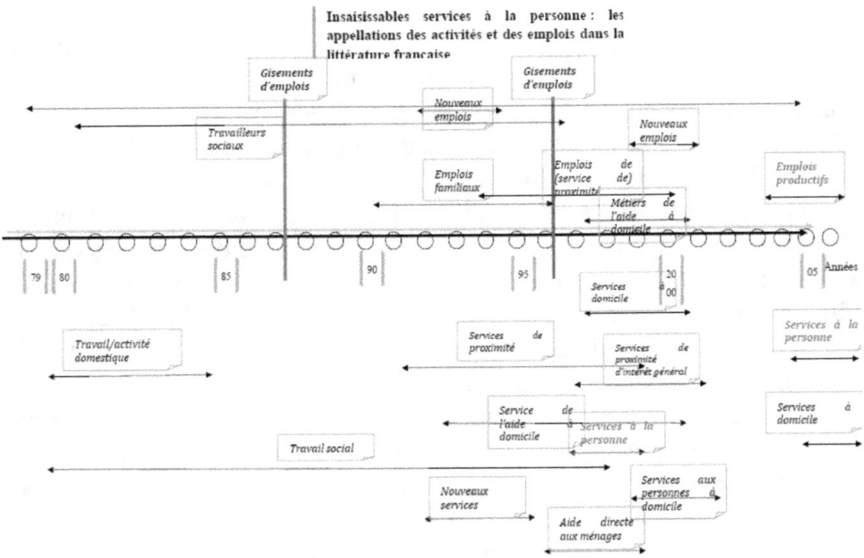

Source : Florence Jany-Catrice, 2008.

Pour assurer que la fiction du « secteur » des services à la personne tienne, il a évidemment fallu construire des institutions qui la fassent tenir. Si la notion de « secteur » utilisée ici est donc avant tout une catégorie politique, elle s'est accompagnée de stratégies pour que cette représentation soit efficace. En particulier, elle s'est accompagnée d'un travail sur les catégories statistiques mais aussi sur les représentations cognitives ordinaires [19].

19. *Ibidem*, p. 5.

Encadré 1. Les gisements d'emploi dans les services aux ménages

Rendant le projet de cartographie sectorielle plus complexe encore, le milieu des années 1980 coïncide également avec les choix publics de créer des emplois, à partir de « gisements » possibles, identifiés par de nouveaux besoins des populations. C'est ainsi qu'apparaît la notion de « nouveaux services, nouveaux emplois », et surtout celle de « services de proximité » qui renvoie, selon les travaux, à des activités limitées aux services à la personne dans la sphère domestique (aide aux personnes, sur les personnes) ou, dans une vision plus large, à des activités s'exerçant « à proximité » de ces personnes. Dans ce second cas, les petits commerces *de proximité*, les services de proximité (etc.) sont inclus dans le périmètre des activités considérées. D'autres enfin déclinent cette notion de proximité de façon plus large encore, omettant, ce faisant implicitement, l'instabilité de ce regroupement dans les discours et les représentations des acteurs : « développer les activités où la proximité physique des consommateurs représente un avantage décisif, c'est-à-dire, au premier chef, les services d'assistance, de commerce, de transport, de livraison, d'entretien, de réparation, etc. que l'on regroupe en France sous le vocable de « services de proximité [20]. C'est probablement le cabinet d'étude Mc Kinsey, suivi de près ensuite par Thomas Piketty qui, le premier, a établi un lien (débattu) entre services de proximité (au sens large) et création d'emplois.

Les représentations cognitives ordinaires ont été travaillées directement par l'État et par l'autorité scientifique, tous deux œuvrant pour une banalisation « de la consommation de ces services ». Il y est question, comme on le lit ci-dessous, de consommer des services d'aide comme on va au cinéma.

> « Il suffirait que chaque ménage consomme 3 heures de ces services par semaine pour créer environ 2 millions de nouveaux emplois, c'est-à-dire pour résorber le chômage. [21] »

> « Si la prestation elle-même dure trois heures (rappelons que si chaque ménage consomme chaque semaine trois heures de services, cela permet de créer 2

20. Michèle DEBONNEUIL, « La spécialisation de la France », *Sociétal*, n° 58, 4e trimestre 2007, p. 35.

21. Michèle DEBONNEUIL, « Les services : une opportunité pour créer des emplois productifs », *op. cit.*, p. 37.

millions d'emplois), elle coûtera environ 21 euros charges comprises. Avec 22 euros (le prix du cinéma pour la famille de trois personnes), une famille pourra au choix, chaque semaine, faire aider ses enfants à faire leurs devoirs, repasser son linge, nettoyer à fond une partie de son logement, faire cirer toutes les paires de chaussures, laver et entretenir le lave-linge et le lave-vaisselle, faire les carreaux, cirer les parquets, décrocher les rideaux et les faire nettoyer, déboucher les éviers et lavabos, lessiver les murs d'une pièce, tailler les fleurs fanées du jardin ou les arbustes, déléguer l'ouverture et la fermeture de la résidence secondaire, se débarrasser des formalités sanitaires obligatoires pour un chien, apprendre à utiliser les potentialités de ses appareils téléphoniques ou informatiques, etc., tout en contribuant à l'objectif du plein emploi.[22] »

On a montré dans d'autres travaux comment des campagnes publicitaires de l'Agence nationale des services à la personne avaient œuvré à la fois à cette construction d'une illusoire harmonie, mais aussi à l'idée que les services auxquels les ménages auraient ainsi accès étaient considérés comme des produits comme les autres[23].

Le projet politique a visé la consolidation de chacune de ces représentations, faisant d'abord sien le projet politique, et engageant les partenaires sociaux dans des négociations autour d'un ensemble d'activités dont le périmètre était contesté[24].

Quant au projet statistique, il s'est finalement incarné par la mise en place d'un groupe interinstitutionnel du Centre national d'information statistique. Ce groupe de travail, piloté par la Dares, associait à ses travaux les institutions suivantes : Acoss, ANSP, Dares, DGCIS et Insee, ainsi que l'Ircem. Il rendait, le 21 mars 2012, un rapport sur la « connaissance statistique des emplois dans les services à la personne » dans lequel des propositions concrètes étaient suggérées pour rendre compatible la statistique publique à la création de ce secteur[25].

---

22. *Ibidem*, p. 40.

23. Florence JANY-CATRICE, « Creating a " *Personal Services* " Sector in France », Chapter 3, in Clément CARBONNIER, Nathalie MOREL et Bruno PALIER, *The political economy of domestic work in Europe*, ed. Palgrave McMillan, 2015.

24. « Une convention unique, c'est strictement impossible. Parce que nous avons vraiment trois conceptions différentes de faire, de concevoir les services à la personne. On a une conception que je qualifierai d'historique, qui est la conception du particulier employeur. [...] Notre plus gros travail à nous est de faire prendre conscience aux salariés qu'ils ne sont pas, qu'ils ne sont plus des " bonnes à tout faire ". [...] Après on a la conception du secteur de l'économie sociale, où là, on est plus sur comment organiser quelque chose à côté du système classique de santé, etc. Le troisième, c'est la conception de la rentabilité. On est alors dans un secteur purement économique ». [Responsable négociation, syndicat. Femme]. Obtenu lors d'une enquête sur le rapport des syndicats à la création des services à la personne (2009-2010).

25. FLorence JANY-CATRICE, « Mise en visibilité statistique des emplois dans les ser-

2. L'autorité scientifique du rapport Cahuc-Debonneuil de 2004

2. 1 - Les « hommes » (et les femmes) du rapport

Comme on l'a suggéré ci-dessus, le rapport coordonné par Cahuc et Debonneuil a été une pierre décisive dans le processus de légitimation du projet politique du Plan Borloo. Le couple Cahuc-Debonneuil joue ici avec une certaine efficace dans la production d'un discours légitime sur cette facette du monde social. Pierre Cahuc, fort de sa position académique, endosse le rôle dogmatique du défenseur de l'ouverture du marché de ces services, dont il est attendu qu'ils soient productifs. Michèle Debonneuil adresse, quant à elle, une vision plus personnelle et pragmatique. Peut-on considérer que ce rapport ait été, par le dispositif matériel ou symbolique qu'il a produit, performatif ? Il a joué en tout cas comme dispositif de justification du projet. Rédigé juste un an avant la loi dans le cadre des travaux du CAE[26], il se situe dans une zone grise quelque part entre le champ de l'académisme « pur » et celui technocratique et politique. Pour étayer leur propos, les auteurs du rapport s'appuient sur des positions académiques et s'équipent aussi de chercheurs multiples : introduit par Christian De Boissieu, à l'époque président du conseil d'analyse économique, le rapport est aussi discuté par Daniel Cohen et Michel Godet, qui ont tout à la fois un rapport à l'académisme (ils sont membres du CAE au moment de la sortie du rapport) mais sont aussi des hommes des médias. Dans tous les cas, tous jouent de leur capital symbolique pour que ce rapport ait un écho médiatique important.

2. 2 - Les leviers de l'argumentation

Ce rapport a eu une certaine efficace en jouant sur trois dimensions : une dimension constatative, mobilisant fréquemment des registres sémantiques relevant du « sens commun » classique en économie ; une dimension explicative (à portée scientifique) et démonstrative, le rapport étant assorti de nombreuses courbes d'un marché de concurrence parfaite de type néoclassique ; une dimension de légitimation, évidente, le rapport fournissant au plan Borloo la caution académique dont il avait sans doute besoin pour se déployer sans complexe.

---

vices à la personne », *op. cit.*

26. Présidé alors par Christian de Boissieu, le CAE était, à l'époque, directement rattaché au Premier ministre et l'affiche dit avoir pour mission « d'éclairer, par la confrontation des points de vue et des analyses, les choix du gouvernement en matière économique » (site).

Dans une partie portant sur « les obstacles à la création de services en France[27] » (p. 61-100), Pierre Cahuc met en avant son analyse de l'insuffisance d'emploi dans certains services, en particulier dans les services à la personne. Cela proviendrait, selon lui, d'abord du (dys)fonctionnement du marché du travail qui défavorise l'émergence de certaines activités de service. Cela proviendrait également du (dys)fonctionnement du marché des services, car plusieurs aspects de la réglementation de la concurrence ont, selon lui, un impact négatif marqué sur l'emploi. Cahuc insiste sur l'impact de la réglementation du marché du travail et du marché des services, en considérant qu'il est « peu propice à la création d'emploi dans certaines activités de service, caractérisées par une très forte rotation de la main-d'œuvre, un usage intensif du travail à temps partiel et une part importante d'emplois faiblement rémunérés » (p. 62). De manière symétrique, il insiste sur l'idée d'une réglementation du marché des services « inadaptée dans certains secteurs où la réglementation de la concurrence crée des barrières à l'entrée », dont les études disponibles indiquent qu'elles ont un « impact négatif sur la productivité et l'emploi » sans amélioration, en contrepartie, « du bien-être des consommateurs » (p. 62). Il faut donc « adapter le fonctionnement du marché du travail pour exploiter les gisements d'emplois tertiaires » (p. 62). Dans ce domaine, il identifie quatre priorités : baisser le coût (trop élevé) du travail peu qualifié sur l'emploi ; réduire la réglementation de la protection de l'emploi ; permettre le développement d'emplois à temps partiel. « En tout état de cause, le développement du secteur tertiaire, qui repose sur une utilisation importante du travail à temps partiel, doit passer par un développement d'emplois avec des horaires courts. Il est donc important d'accroître les incitations financières à travailler sur ce type d'horaire.[28] » La dernière priorité concerne la prise en charge de la formation professionnelle par la collectivité, qui aurait un rôle à jouer si elle consiste en la mise en œuvre de programmes intensifs, *étroitement ciblés*, en partenariat avec les entreprises. Cette idée est mise en scène par un graphique élégant qui vient, sans autre forme explicative, consolider l'affaire.

---

27. Michèle DEBONNEUIL, « Les services : une opportunité pour créer des emplois productifs », *op. cit.*

28. Pierre CAHUC et Michèle DEBONNEUIL, *Productivité et emploi dans le tertiaire*, *op. cit.*, p. 81.

16. Rendements nets de l'éducation en fonction de l'âge et des capacités initiales

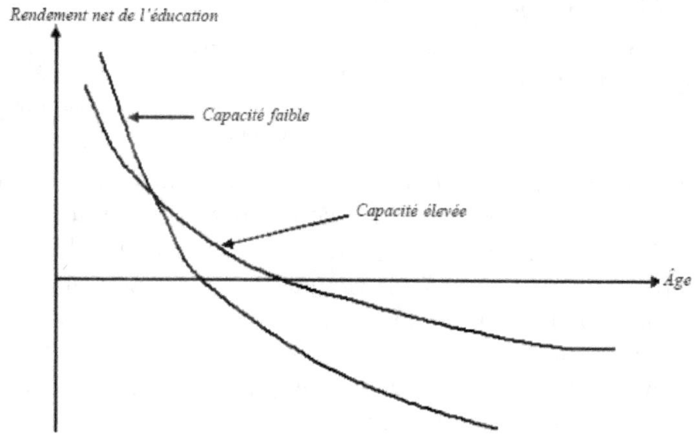

Source : Heckman, 2000.

Source : Pierre Cahuc, 2004.

Ce rapport obtient la validation de Daniel Cohen (Professeur à l'École normale sup et au Cepremap) qui fait office de discutant. Il loue en substance, et en deux pages et demie, le rapport et conclut rapidement au fait que « réfléchir aux moyens d'ouvrir la concurrence à de nouveaux acteurs reste un préalable essentiel à la transformation du secteur » (p. 103). Quant à Michel Godet[29], discutant lui aussi de ce rapport, il insiste sur les propositions de M. Debonneuil, en particulier sur l'idée de faire entrer « dans la sphère marchande [...] les besoins de services domestiques jusqu'ici non solvabilisés par les ménages » (p. 106).

2. 3 - Un service après-vente assuré par des protagonistes du rapport

Il n'est pas inintéressant de noter que Michèle Debonneuil a non seulement été une large source d'inspiration du plan, mais qu'elle a été l'une des évaluatrices de la première vague du plan.

29. Michel Godet est professeur au CNAM et est le spécialiste du soutien médiatique des thèses libérales.

Dans un rapport intitulé « services à la personne : bilan et perspectives », l'auteur réclame, en signant de son titre d'Inspectrice des finances, d'accélérer les réformes et l'essor des services :

> « La seule façon de maîtriser le développement des aides aux services à la personne consiste à mettre en place une politique "industrielle" dans ces services. [...] Ce rapport a [notamment] pour objet de proposer des mesures nouvelles de nature à accélérer l'essor des services à la personne. [...][30] »

Les premières créations d'emplois annoncées dans ce bilan évaluatif, sont, dans les faits, assez faibles. « Pour rendre ces services à tous les Français, 27 540 emplois ont été créés en 2006, puis 48 300 en 2007 ». C'est, certes, nettement moins que ce que l'Agence nationale des services à la personne n'annonçait elle-même (l'ANSP présentait des créations de l'ordre de 80 000 en 2005, 104 000 en 2006, et environ 135 000 en 2007[31]), mais Debonneuil annonce que « la dynamique ne fait que s'amorcer[32] ».

Si les données de création d'emplois sont à peu près convergentes avec les travaux fournis par l'OFCE au même moment, certains énoncés divergent sensiblement. Aucune recherche en particulier ne montre que ces services sont rendus « à tous les Français », ce qui est évidemment une très nette pierre d'achoppement du plan. Au contraire. La solvabilisation de la demande dans le segment domestique concerne pour l'essentiel les ménages les plus riches, car la délégation des tâches domestiques demeure une consommation de luxe réservée, pour l'essentiel, au décile supérieur des revenus[33]. Toutes les analyses, « toutes choses égales par ailleurs », des déterminants du recours à des services à la personne soulignent l'effet du revenu par rapport à tous les facteurs liés à des « besoins ». Ainsi, souligne Claire Marbot[34], les ménages qui se situent parmi les 10 % les plus riches reçoivent 73 % de la réduction d'impôt totale. De même, selon l'enquête budget de famille de l'Insee (2011), le taux de recours à une femme de ménage des ménages du dernier décile de revenus est plus de trois fois plus élevé que celui du premier décile. Toujours selon

---

30. Michèle DEBONNEUIL, « Les services à la personne : bilan et perspectives », Rapport pour le ministère de l'Économie et des Finances, septembre 2009, p. 2.

31. Florence JANY-CATRICE, « Combien d'emplois dans les services à la personne ? », *notes de l'IDIES*, coll. « Qualité des sources », note de travail n° 6, juillet 2009.

32. Michèle DEBONNEUIL, « Les services à la personne : bilan et perspectives », Rapport pour le ministère de l'Économie et des Finances, *op. cit.*, p. 4.

33. François-Xavier DEVETTER et Sandrine ROUSSEAU, *Du balai. Essai sur le ménage à domicile et le retour de la domesticité*, éd. Raisons d'agir, 2011.

34. Claire MARBOT, « En France, qui recourt aux services à domicile ? », *France, portrait social*, Insee, 2008.

cette enquête, le panier moyen de consommation des services domestiques des 10 % les plus riches est 32 fois plus élevé que celui des 10 % les plus pauvres et il est encore 4 fois plus élevé que celui du décile juste inférieur…

3. Un secteur levier de politiques libérales

3. 1 - Des conditions sociopolitiques réunies

Si ces cautions scientifiques ont servi les intérêts d'une structuration du secteur, il faut noter que des conditions antérieures étaient réunies pour en préparer le fondement. Comme le notent très justement Callon et Muniesa, la performation est une opération collective. Elle est rarement, je les cite, « une opération solitaire qui modifierait le monde par son propre et unique poids[35] ». La psychogenèse de cette performation ressort à la fois d'une préparation cognitive et d'une préparation législative. La préparation cognitive a consisté en des stratégies de communication de banalisation du recours au salarié chez les particuliers, en le rendant possible par des dispositifs légaux, sans accroître le travail au noir. Cette préparation des esprits remonte aux emplois familiaux de 1991, mais elle s'est poursuivie de manière plus décomplexée ensuite, lorsque les politiques et les médias ont mobilisé l'idée de geste citoyen. « Les besoins des uns font les emplois des autres », indiquait ainsi une publicité ANSP (voir ci-dessous), lorsque les consommateurs recourent à certaines prestations de service, ce geste « citoyen » étant considéré créateur d'emplois[36].

Publicité de l'agence nationale des services à la personne

35. Michel CALLON et Fabian MUNIESA, « La performativité des sciences économiques », *op. cit.*, p. 300.

36. Cette invite au geste citoyen a été généralisée depuis, à grands renforts médiatiques, par le ministre du Redressement productif incitant les concitoyens à acheter français.

La préparation législative s'est cristallisée dans une série de dispositifs, classiques, visant à l'ouverture du « marché » et à la chalandisation des services d'action sociale[37]. En 1987, M. Séguin mettait déjà en place une disposition réglementaire qui permettait d'exonérer des charges patronales toutes les personnes âgées de plus de 70 ans à condition qu'elles deviennent employeurs. Étaient ciblées non pas les populations en situation de besoin d'aide, mais les ménages disposant de revenus élevés. La spécificité sociale du secteur de maintien à domicile des personnes en situation de besoin était déjà en partie floutée. En 1991[38], M. Aubry, là encore dans le cadre de préoccupations concernant l'emploi, vise la généralisation de l'emploi dans les domiciles individuels, en mettant à disposition des ménages des facilités fiscales lorsqu'elles recouraient à des emplois familiaux. Cette loi a accéléré le recours aux « emplois familiaux » entre 1992 et 1996.

L'ouverture aux entreprises privées, de l'agrément pour intervenir dans le champ de l'aide à domicile, et de réductions fiscales, est amorcée dès 1996 par la loi du 29 janvier en faveur du développement des emplois de service aux particuliers. En janvier 1996, M. Barrault initie cette loi en étendant aux entreprises privées à but lucratif le recours à ce qu'on commence à appeler le « service aux personnes » — auparavant réservé aux associations. Une circulaire du 6 août 1996, fixant les conditions d'intervention au domicile débouche sur une vague de créations de services à domicile qui achève de brouiller le tableau : confusion des genres entre personne âgée — bien portante ou pas —, enfants, ménage et repassage, petites courses ; il devient impossible d'identifier ce qui relève d'un dispositif de maintien à domicile de personnes fragiles.

Dans la perspective de faciliter l'accès au « marché » des services à la personne, c'est également en 2005, dans une ordonnance du 1er décembre, qu'est instauré un droit d'option entre l'autorisation et l'agrément qualité pour les services d'aide à domicile. Ce droit d'option marque une rupture avec les trajectoires passées. Avec ce droit d'option, un dessein particulier est réservé aux acteurs du champ : celui de promouvoir l'innovation pour favoriser les gisements de productivité et, *in fine*, l'activité économique.

> « La mesure fondatrice du plan I a consisté à proposer aux structures un droit d'option pour obtenir l'« agrément ». Cette mesure devait permettre l'entrée mas-

---

37. Michel CHAUVIERE, *Trop de gestion tue le social. Essai sur une discrète chalandisation*, Paris, La Découverte, coll. « Alternatives sociales », 2007.

38. Le 31 décembre 1991.

sive d'entreprises privées porteuses d'innovations et donc, à terme, de gains de productivité.[39] »

3. 2 - L'homogénéisation du champ

On l'a esquissé dans ce qui précède : le plan Borloo a produit une dynamique d'homogénéisation intentionnelle de la représentation des activités. La dynamique d'homogénéisation couvre en fait deux processus.

a. Homogénéisation des services et labels

Le premier, que nous avons dans d'autres travaux qualifié d'homogénéisation *interservice*, traduit l'insertion d'activités auparavant spécifiques au champ associatif et relevant de l'action sociale dans un champ large d'activités hétéroclites, constitué en secteur — des services à la personne — par un « coup de force politique[40] ». Ces activités ont ainsi été noyées au sein d'une multitude d'activités dont la réalisation par le marché est plus difficilement contestable (ménage, soutien scolaire, assistance informatique, petit jardinage, etc.). Si une certaine porosité dans les tâches réalisées dans le travail existe — notamment du fait de glissement de compétences, les aides à domicile étant invitées, souvent, à prendre en charge le nettoyage du logement de la personne aidée[41] — et vice versa —, les finalités, l'organisation générale, les conventions collectives étaient, jusqu'à très récemment, relativement étanches.

Pour rendre homogène ce secteur, le marché s'est progressivement équipé de labels et certifications de services à la personne. Ces dispositifs relèvent de *dispositifs de jugement de la qualité* et ont visé, comme l'a étudié Lucien Karpik dans d'autres cas, à modifier les cognitions des individus et leur perception des services du marché : objectifs et subjectivés, labels internes ou externes, chartes qualité, etc. Ainsi, l'organisme de certification mondiale a, par le biais de sa filiale française SGS ICS, rédigé, à la demande du Syndicat patronal des Entreprises de Services à la Personne (SESP), un référentiel « prestations de Services à la personne »

---

39. Michèle DEBONNEUIL, « Les services à la personne : bilan et perspectives », p. 7.

40. François-Xavier DEVETTER , Florence JANY-CATRICE et Thierry RIBAULT, *Les services à la personne* ; Florence JANY-CATRICE, « La construction sociale du " secteur " des services à la personne : une banalisation programmée ? », *Sociologie du travail*, 2010, vol. 52, n° 4, p. 521-537.

41. Marion LEFEBVRE, « Qualité(s) d'emploi dans les services à la personne en France : entre régulations publiques et régulations professionnelles », Thèse de doctorat en économie, Université Lille 1, décembre 2012.

débouchant sur l'attribution du label QUALICERT. Elaboré en 1999, ce référentiel définit des engagements en matière de qualité de service. Ils portent notamment sur l'accueil, l'offre, le suivi des interventions et la compétence des intervenants. Reconnu dans le cadre du Plan Borloo, ce référentiel s'adapte à toutes les structures, entreprises ou associations quel que soit leur agrément : simple ou qualité [42]. La certification de service est encadrée par le Code de la Consommation (articles L 115-27 à L 115-31 et R 115-1 à R 115-12).

Ces organismes de certification agissent *de facto* comme des opérateurs d'homogénéisation et de performation. Ainsi, le SGS ICS propose-t-il un logiciel de gestion de la qualité dédié aux métiers de service à la personne. Présenté dans un *power point* de quelques images, l'aboutissement de cette gestion de la qualité se résume à une analyse de la performance par *bencharmking* au cœur du dispositif du *new public management* et qui peut s'appliquer ici, aussi bien aux entreprises privées à but lucratif qu'aux associations voire aux établissements publics.

b. Homogénéisation du service et publicités publiques

Le second processus traduit, quant à lui, la banalisation de l'activité de service à la personne, conçue comme « un produit » comme un autre, interchangeable et substituable, pouvant faire l'objet d'une standardisation et d'une industrialisation, par le biais notamment des « grandes enseignes ». Financée par l'Agence nationale des services à la personne, une publicité tout à fait symptomatique a fait l'objet d'une grande campagne courant 2008. Cette publicité du genre « *teasing* » dont on présente un échantillon ci-dessous, véhiculait ainsi trois idées relevant d'un imaginaire industrialiste glorifié lors des « Trente glorieuses ».

42. Jusqu'à 2014, coexistaient deux types d'agrément simple et qualité. Aujourd'hui, un agrément (qui a perdu son qualificatif) coexiste avec une déclaration.

Publicité de lancement du plan 2 des services à la personne, 2008.

D'abord, il véhicule l'idée d'un éclectisme possible de l'activité de « service à la personne », puisqu'on promène le chien des riches comme on accompagne la personne âgée dans les gestes de la vie quotidienne, faisant fi des compétences différentes nécessaires pour l'une ou l'autre de la prise en charge de ces activités.

Ensuite, il exprime en creux un déni implacable de l'existence de salariés en interface dans l'activité. Il s'agit en quelque sorte d'une mise en image de l'autonomisation du « produit-service » du rapport salarial dans lequel il est pourtant inscrit. Les salariés sont remplacés par un « produit », alors même, qu'au moins pour une partie des métiers des services à la personne, ils s'effectuent dans la simultanéité d'un rapport social singulier. C'est le cas des aides à domicile dans la relation de service qu'elles co-entretiennent avec la personne âgée. Ainsi, les salariés engagent plus (*care*, sur les corps des personnes âgées) ou moins (*petit bricolage* des hommes toutes mains) l'intimité des lieux. Cette transparence complète des salariés dans la communication est assez symptomatique des dynamiques d'« invisibilisation » de leur travail, et des difficultés qu'il engendre, notamment dans la prévention des risques professionnels.

Enfin, les mises en scène de cette campagne publicitaire publique sont aussi une manière d'insister symboliquement sur le potentiel d'industrialisation et de massification de ces services, *via* la référence aux années 1950, période fordiste au cours de laquelle les classes moyennes accédaient à l'équipement de masse du domicile.

Cette iconographie vient cette fois mettre en scène et illustrer les idées du plan ; elle est l'expression d'un entrelacement de ce que l'on montre et dit, puisque l'industrialisation des services à la personne fait partie du dispositif du plan : introduite par le biais de la création et de la promotion d'« enseignes nationales », empruntant directement au champ lexical des grandes surfaces commerciales, ces enseignes se voyaient [43] endosser le rôle de correcteur dans la production d'asymétries d'informations liée à la présence d'incertitudes fortes sur la qualité dans ces services. Le marché des services à la personne est ainsi conçu comme un dispositif d'optimisation [44] qui nécessite de régler le problème d'incertitude et d'asymétrie

43. On peut à dessein utiliser ici l'imparfait car ces enseignes n'ont pas survécu à leur effet d'annonce et ont même été couteuses pour de nombreux acteurs qui se sont très vite lancés dans ce mirage de l'industrialisation.

44. Michel CALLON et Fabian MUNIESA, « La performativité des sciences économiques », *op. cit.*

d'information : en assurant la transparence de ce marché potentiel des services à la personne, les enseignes devaient permettre tout à la fois l'exercice du libre choix des usagers ou des clients et l'adoption de comportements avisés et rationnels.

3. 3 - Expérimenter des formes d'emploi renouvelées

Si l'on reprend le projet énoncé dans le rapport préparatoire du Plan Borloo, Pierre Cahuc suggère de développer des contrats de travail aux horaires courts, en conjuguant (classiquement) temps partiel et travail des femmes…

> « La mise en place de mesures favorisant le travail féminin et le temps partiel doit donc être envisagée.[45] »

> « En tout état de cause, le développement du secteur tertiaire, qui repose sur une utilisation importante du travail à temps partiel, doit passer par un développement d'emplois avec des horaires courts. Il est donc important d'accroître les incitations financières à travailler sur ce type d'horaire.[46] »

Il s'agit aussi de mobiliser le statut d'auto-entrepreneur, comme le suggère la publicité suivante.

---

5 janvier 2009
Devenez auto-entrepreneur dans les SAP !

Devenez auto-entrepreneur dans les services à la personne !
Depuis le 1er janvier 2009, tous ceux qui veulent créer leur entreprise et bénéficier de nombreux avantages sociaux et fiscaux peuvent devenir auto-entrepreneur.

Ce nouveau régime, prévu par la loi de modernisation de l'économie du 4 août 2008, vise à faciliter la création d'entreprise en France : c'est un régime simple pour ceux qui veulent entreprendre, qu'ils soient chômeurs, salariés, retraités, étudiants ou fonctionnaires.

Auto-entrepreneur… Pourquoi pas vous ?

---

45. Rapports Pierre CAHUC et Michèle DEBONNEUIL, *op. cit.*, p. 79.
46. *Ibidem*, p. 81.

La mise en place du statut d'auto-entrepreneur est moins un processus ambitieux de reconnaissance d'une profession qu'une idéologie du marché : chacun peut devenir entrepreneur de lui-même, dans le cadre d'une relation sans règles ni « conventions » collectives » ; ou avec des conventions collectives particulièrement peu généreuses, comme dans le cas de l'emploi direct. Dans les faits, d'ailleurs, nombreux sont ces entrepreneurs d'un nouveau genre à le devenir par nécessité, comme l'a montré récemment une étude de l'Insee. Barruel *et al.*, montrent ainsi que, parmi les trois grands groupes d'auto-entrepreneurs qu'elle a esquissés, deux relèvent de « logique d'activité de complément » (ou de revenu d'appoint) — ils représentent 33 % des auto-entrepreneurs, et un de moyen « de créer son propre emploi » — ce qui représente 36 % des auto-entrepreneurs[47].

En visant la construction d'un marché d'auto-entrepreneurs, l'État bouscule la forme dominante du salariat, trouble l'ordre des rôles assignés et affaiblit la portée de l'action collective traditionnelle. Avec les innovations telles que le « Cesu » et l'emploi direct, comme avec « l'auto-entreprenariat »[48], une confusion est largement entretenue entre la relation d'emploi et la relation marchande. On assiste en quelque sorte aux prémices d'une fragilisation du rapport salarial qui s'était élaboré tout au long du XXe siècle. Tout cela conforte les pronostics de Robert Castel sur la désintégration progressive et insidieuse de la condition salariale, tout en continuant à dire s'appuyer sur l'État social.

Conclusion

Ce plan Borloo a-t-il eu une certaine efficace ? Oui, dans le sens où il a eu des effets. D'abord, les entreprises privées détrônent progressivement les associations de leur rôle de leader sur les activités de services d'aide à domicile, de même que l'emploi direct tend à être banalisé et progresse. L'emploi direct offre l'immense avantage, dans une période de disette de fonds publics, de proposer des emplois et donc des services à un coût éco-

---

47. Frédéric BARRUEL, Stéphane THOMAS, Olivier FILATRIAU et Henri MARIOTTE, « Créateurs d'entreprises : avec l'auto-entreprenariat, de nouveaux profils », *Insee Première*, n° 1487, février 2014.

48. Annie DUSSUET, *Travaux de femmes. Enquêtes sur les services à domicile*, Paris, L'Harmattan, 2005 ; Emmanuelle PUISSANT, « La relation associative d'aide à domicile : spécificités, remises en cause, résistances », Thèse de doctorat en sciences économiques, Université de Grenoble, décembre 2010 ; Marion LEFEBVRE, « Qualité(s) d'emploi dans les services à la personne en France : entre régulations publiques et régulations professionnelles », *op. cit.*

nomique dérisoire. Ensuite, et de manière concomitante, les associations, acteurs historiques de l'action sociale du champ des services à la personne, sont en situation économique de plus en plus précaire, car l'entrée de ces nouveaux acteurs a fragilisé leur modèle économique. Des plans de restructuration se développent depuis la fin des années 2000 sur tous les territoires. Ces plans touchent l'aide à domicile auprès des publics fragiles (les personnes âgées, les personnes handicapées, les familles en difficulté).

Une décennie à peine après la mise en place du Plan Borloo, et la construction lente d'institutions qui visaient à légitimer la création politique du champ (dispositif statistique, dispositif de convention collective etc.), les services à la personne ne sont déjà plus, en tant que secteur, une priorité publique. Mais les effets combinés du dogmatisme de Cahuc et du pragmatisme de Debonneuil n'en demeurent pas moins réels : le secteur des services à la personne, qui représente environ cinq fois le nombre d'emplois de l'industrie automobile, ne survit que par une précarisation accrue de son emploi.

Florence.jany-catrice@univ-lille1.fr
Université Lille1, Clersé

*　*　*

// Annales
Histoire, Sciences Sociales

n° 2 **avril-juin 2015**

Sommaire

La longue durée en débat

David Armitage et Jo Guldi
Le retour de la longue durée : une perspective anglo-américaine

Lynn Hunt
Faut-il réinitialiser l'histoire ?

Claudia Moatti
L'*e-story* ou le nouveau mythe hollywoodien

Francesca Trivellato
Un nouveau combat pour l'histoire au XXIe siècle ?

Claire Lemercier
Une histoire sans sciences sociales ?

Christian Lamouroux
Longue durée et profondeurs chronologiques

David Armitage et Jo Guldi
Pour une « histoire ambitieuse »
Une réponse à nos critiques

Histoire des sciences

Antonella Romano
Fabriquer l'histoire des sciences modernes
Réflexions sur une discipline à l'ère de la mondialisation

Simon Schaffer
Les cérémonies de la mesure
Repenser l'histoire mondiale des sciences

Historiographie et sciences sociales (comptes rendus)

Rédaction

190-198 avenue de France • 75244 Paris cedex 13 • Tél. : 01 49 54 24 67 • annales@ehess.fr

Abonnement

Armand Colin abonnements • 5 rue Laromiguière • 75240 Paris Cedex 05 • Tél. France : 0820 065 095 • Tél. International : 33 (0)1 40 46 49 89 • Fax : 33 (0)1 40 46 49 93 • infos@armand-colin.fr

Vente au numéro

Prix d'un numéro simple : 20€ • http://annales.ehess.fr

Vente en librairie et en ligne : Dif'Pop diffusion • 81 rue Romain Rolland • 93260 Les Lilas Tél. : 33 (0)1 43 62 08 07 • Fax : 33 (0)1 43 62 07 42 • www.difpop.com

Commande libraires : Pollen-Diffusion • 61 Z.A. le Bois-Imbert • 85280 La Ferrière Tél. : 33 (0)2 51 98 33 34

Vente sur place et par correspondance : Éditions de l'EHESS • 131 boulevard Saint-Michel • 75005 Paris • Tél. : 33 (0)1 53 10 53 56 • Fax : 33 (0)1 44 07 08 89 • editions-vente@ehess.fr

Quand la science contribue à créer l'ordre du monde

François FLAHAULT

« Le modèle, écrit André Orléan à propos de Léon Walras, ne vise pas à décrire l'économie réelle, mais à en styliser une forme exemplaire [...] il offre cette possibilité nouvelle : s'appliquer à la réalité, non pas en tant qu'il la décrit, mais en tant qu'il la rétablit dans la pureté de son concept. » Orléan évoque à ce propos le « rôle performatif » que joue le discours économique, déjà souligné par d'autres chercheurs. « La théorie économique, ajoute-t-il, joue un rôle immense dans nos sociétés développées. Elle est le discours qui indique comment les affaires humaines doivent être menées [1]. » Max Weber, Orléan le rappelle, avait déjà qualifié de « confusion des problèmes » la double fonction du discours économique, descriptive et normative [2]. Critique qui en rejoint d'autres maintes fois formulées : écart entre modèles mathématiques et réalités empiriques, modèles ayant valeur de prophéties autoréalisatrices.

Décrire ce qui est, prescrire ce qui doit être

La physiologie décrit le fonctionnement de l'organisme. Forte des connaissances acquises dans cette science, la médecine joue un rôle normatif (hygiène, régime alimentaire, etc.) et prescrit des remèdes. La critique formulée par Weber et reprise par Orléan ne porte pas sur le fait que le rôle normatif de l'économie se fonde sur une description scientifique des réalités économiques. Elle porte sur le fait que les deux fonctions, au lieu d'être distinctes, sont mêlées : ce qui se donne comme pure description scientifique fournit en réalité (mais sans l'annoncer clairement) le modèle

1. André ORLEAN, *L'empire de la valeur. Refonder l'économie*, Le Seuil, 2011, p. 111.

2. *Ibidem*, p. 112 ; cf. aussi p. 67 et l'ensemble de la conclusion de l'ouvrage, p. 313-328.

de ce qui doit être. En termes de méthode scientifique, c'est là, évidemment, une grossière erreur. D'où vient ce mélange des genres ? L'histoire des sciences économiques apporte une réponse. Leur naissance doit beaucoup au modèle newtonien. La théorie de la gravitation universelle, avec sa formulation mathématique, rend compte à la fois de la chute des corps, des marées et du mouvement des planètes. Autrement dit, elle rend compte aussi bien de phénomènes qui se produisent sur cette terre que de l'ordre nécessaire qui préside au mouvement des astres. L'ordre voulu par le Créateur ne se donne donc pas seulement à admirer lorsque nous levons les yeux vers le ciel, il s'étend également à la terre des hommes, jusqu'alors considérée comme soumise au hasard, et, de plus, dégradée à la suite du péché originel. Les physiocrates virent là une découverte encourageante. Comme l'indique le nom qu'ils se donnèrent, connaître ce que la nature commande, c'est connaître l'ordre qui fait que les affaires humaines se règlent au mieux. Les monarques, pensaient-ils, devaient comprendre qu'en matière économique, leurs interventions méconnaissaient l'ordre naturel et étaient donc contreproductives.

Bref, en s'inspirant de la théorie mathématisée de Newton (mais en oubliant le fait que celle-ci se fondait, comme toute recherche scientifique, sur les innombrables observations accumulées par ses prédécesseurs), on pouvait accéder à la connaissance d'*un ordre qui est ce qu'il doit être*. Une idée-force sans cesse reprise jusqu'à Friedrich Hayek, Milton Friedmann et leurs émules[3]. Ceux-ci, toutefois, ont évité de faire état des convictions théologiques qui avaient originellement justifié l'harmonie préétablie (la main invisible de la Providence) à laquelle croyaient les physiocrates et encore, en plein XIXe siècle, Frédéric Bastiat. Ces convictions trop ouvertement liées au monothéisme ont été avantageusement relayées par un platonisme discret : les processus économiques procèdent d'un modèle constitutif qui leur est sous-jacent (à défaut de figurer dans le ciel des Idées). En conséquence, les modèles mathématiques élaborés par les économistes sont mieux à même d'accéder à cet idéaltype que des observations laborieuses et ingrates dont, de surcroît, il serait peut-être difficile d'offrir une synthèse en termes mathématiques, donc scientifiques !

3. Dans *Veja*, le magazine le plus influent du Brésil, l'éditorial du 15 août 2012 saluait l'annonce d'un programme de privatisations qui plaçait le pays « en harmonie avec la loi de la gravitation universelle ».

On verra dans la suite de cet article que la propension à ancrer le discours économique dans un ordre qui est ce qu'il doit être s'explique également par une autre cause et répond à une nécessité à laquelle toutes les sociétés humaines sont soumises. Mais auparavant, je dois apporter un second éclaircissement.

Performativité et rôle normatif

Le premier paragraphe de cet article évoque le rôle « performatif » de la théorie économique, puis son rôle « normatif ». Est-ce à dire que les deux adjectifs sont synonymes ? Non. Je vais donc préciser ce qui distingue le performatif du normatif ; puis je montrerai comment le rôle normatif du discours économique s'articule à sa performativité.

Le terme de « performatif » renvoie à la théorie des actes de langage initiée par le philosophe anglais John L. Austin dans *How to do Things with Words* (1962)[4] et poursuivie par le philosophe américain John Searle[5]. Le propre des verbes performatifs est que, employés à la première personne, ils désignent l'acte relationnel que constitue leur énonciation. Dire « je promets », c'est à la fois désigner un acte relationnel et effectuer cet acte. Pour féliciter quelqu'un, il suffit de lui dire « Je te félicite » (en revanche, pour insulter quelqu'un, il ne suffit pas de lui dire « Je t'insulte » : « insulter » n'est pas un verbe performatif). Austin et Searle ont constaté que, dans les échanges de paroles les plus ordinaires, nous effectuons également des actes relationnels sans pour autant employer de verbes performatifs. On fait alors quelque chose en parlant, mais sans désigner explicitement ce qu'on fait. La distinction, familière depuis Benveniste, entre énoncé et énonciation permet de comprendre que le sens de l'acte que l'on fait en disant un énoncé ne correspond pas nécessairement au sens de l'énoncé. Exemple : je donne une information scientifique à mes collègues (c'est le sens de mon énoncé) ; ce disant, j'affirme une compétence qui est liée à la place que j'occupe (ou que je prétends occuper) par rapport à eux (c'est le sens de mon énonciation, c'est l'acte relationnel que j'effectue). Dans cet exemple, l'acte relationnel pourrait difficilement être effectué de manière tout à fait explicite ; pour que cet acte soit efficace (ou pour qu'il ait des chances de l'être), il faut qu'il soit

4. Traduction française, *Quand dire c'est faire*, Le Seuil, « Points essais », 1991.
5. John SEARLE, *Speech Acts* [1969], trad. franc. : *Les Actes de langage*, Hermann, 1972.

effectué implicitement, sous couvert de son but explicite qui est de donner une information[6]. Certains actes performatifs sont explicites (c'est le cas de ceux qui sont accomplis *ex officio*, par exemple « Je vous déclare unis par les liens du mariage »). D'autres sont implicites ; bien souvent, pour que l'acte qu'effectue l'énonciation d'un discours soit efficace, il est nécessaire que ce discours masque, sciemment ou inconsciemment, son caractère performatif.

La performativité du discours économique appartient à cette dernière catégorie. Le contenu explicite du discours est une description ou un modèle explicatif censé correspondre à la réalité économique. Mais dans la mesure où il décrit un ordre qui est ce qu'il doit être, ce discours contribue à créer, instituer ou légitimer cette réalité. Il y contribue sans le dire puisque, s'il prétendait ouvertement créer cette réalité, il ne pourrait plus se présenter comme description scientifique, et ses destinataires auraient tôt fait d'en pointer l'arbitraire ou la facticité.

Voilà pour le performatif ; passons au normatif. Le rôle normatif du discours économique s'exerce à deux niveaux. Le premier se confond avec la performativité implicite : puisque l'ordre ou le fonctionnement décrits sont ce qu'il doivent être, ils n'incitent pas seulement les agents économiques à croire en leur existence, ils les invitent également à y voir les repères qui doivent guider leurs décisions. Le second niveau normatif se greffe sur le premier mais, à la différence de celui-ci, il se formule explicitement : c'est le langage que les experts tiennent à ceux qu'ils conseillent. En lui-même, ce rôle pratique de l'économiste est aussi légitime que celui du médecin ; ses recommandations explicites se fondent sur un discours dont l'autorité se justifie par son caractère de science. Mais en réalité, une part de cette autorité lui vient du fait que ce discours s'est imposé comme représentation collective, comme croyance partagée en un ordre qui est ce qu'il doit être, et comme croyance partagée dans la valeur, l'autorité et le prestige des experts.

Les deux composantes des cultures humaines

Du tableau que je viens de faire, le lecteur pourrait retirer l'idée que les sciences économiques sont affligées d'une grave insuffisance scientifique, que celle-ci leur est propre et que la discipline est, par conséquent, d'autant plus critiquable. Or, le discours économique n'est pas le seul qui remplisse un rôle performatif masqué. D'autres types de discours se pré-

---

6. J'ai étudié l'articulation entre ces deux niveaux de l'interlocution dans *La Parole intermédiaire*, Le Seuil, 1978.

sentent ou se sont présentés comme descriptions vraies tout en contribuant à créer ce qu'ils décrivent. On retrouverait sans doute ce double jeu dans toutes les cultures humaines. Laissons donc provisoirement de côté l'économie et abordons la question suivante : pour quelles raisons les cultures humaines recourent-elles à des discours à la fois explicitement descriptifs et implicitement performatifs ? Pour répondre à cette question, il faut d'abord apporter quelques précisions sur les fonctions que remplissent les cultures humaines.

Je propose d'admettre que celles-ci combinent deux grandes composantes :

- la première s'inscrit dans le prolongement des comportements et savoir-faire transmis entre générations de primates et qui sont allés en se complexifiant et se perfectionnant chez les hominiens ; cette première composante répond à des fonctions utilitaires et adaptatives au sens darwinien ;
- la seconde composante constitue un milieu de vie, une niche, un monde commun matériel et immatériel ; un tel écosystème protecteur, créé et entretenu par l'activité humaine, est nécessaire pour répondre à la situation problématique dans laquelle se trouve l'*homo sapiens* du fait que la conscience de soi a atteint chez lui un développement plus important que chez les autres primates. La causalité a sans doute été circulaire de sorte que le développement de la culture comme milieu de vie a lui-même favorisé celui de l'existence subjective.

Disons, quitte à simplifier, que la première composante se traduit par des dispositifs et des comportements objectivement efficaces, alors que la seconde implique des représentations collectives telles que les réalités culturelles ainsi créées ont un mode d'existence « autoréférentiel » : elles sont réelles dans le mesure où les membres d'une même culture pensent qu'elles le sont[7]. Il n'est donc pas étonnant que ces représentations liées à la deuxième composante entrent si souvent en conflit avec celles qui correspondent à un état de choses objectif perçu dans le cadre de la première composante, exposant ainsi les personnes concernées à une « dissonance cognitive » qu'elles s'efforcent tantôt de dénier ou de minimiser, tantôt de résoudre.

Le développement de la conscience présente, certes, une valeur adaptative au sens darwinien (valeur que les neurosciences et la paléoanthropologie ne cessent de souligner). Mais le développement de la conscience de soi chez l'*homo sapiens* va bien au-delà de cette valeur adaptative : il

7. Cf. John SEARLE, *La construction de la réalité sociale*, Gallimard, 1998.

produit sur les humains des effets spécifiques qui le confrontent à des difficultés auxquelles ne sont pas exposés les autres primates (ou pas au même degré). En conséquence, la culture et les relations sociales ne peuvent se contenter de favoriser l'adaptation de l'organisme au milieu physique. Il leur faut créer et maintenir un milieu social et culturel qui soit également adapté à ce mode d'être inédit qu'est la condition humaine. Du moins, adapté dans la mesure du possible et permettant, sinon de résoudre les difficultés liées à cette vie consciente, du moins de les pallier.

J'indique ici brièvement les deux principales contraintes auxquelles les cultures humaines, quelles qu'elles soient, doivent répondre, en plus de faciliter la satisfaction des besoins primaires et l'adaptation.

Premièrement, la place qu'occupe chaque individu par rapport aux autres ne se réduit pas aux effets des interactions corporelles entre les membres du groupe. Pour que le nouveau-né accède à une existence psychique — autrement dit, pour que la conscience de soi se développe dans l'assurance d'un lieu d'être, d'une assiette ontologique —, il est nécessaire que cet enfant existe dans l'esprit des autres (de quelques autres au moins). Cela implique qu'il s'inscrive dans l'esprit de ces autres grâce à des représentations qui, à la fois, le distinguent d'eux et le situent par rapport à eux. D'où l'importance des noms propres, des systèmes de places (à commencer par les systèmes de parenté) et des relations sociales conformes à ces places. Notons une propriété essentielle de ces représentations : elles attribuent une place aux morts aussi bien qu'eux vivants.

Deuxièmement, la conscience de soi telle qu'elle s'est développée chez les humains implique la conscience de la permanence de soi dans le temps. Dans ces conditions, l'activité physique du corps, le contact sensoriel avec l'environnement et les congénères ne suffisent pas à alimenter le sentiment d'exister. Tout se passe comme si la conscience temporelle de soi exposait à un sentiment de vide possiblement douloureux — un vide auquel il est donc nécessaire de remédier. D'où les innombrables artefacts matériels et immatériels dont les cultures entourent l'existence humaine et qui constituent un monde commun. D'où, également, le fait que les interactions sociales, à la différence de celles qu'observent les primatologues, sont toujours médiatisées par des scénarios d'interaction, des emplois du temps et des contenus culturels (sujets de conversation, activités réglées impliquant des objets matériels ou immatériels). Le football, par exemple, illustre bien ce processus de création de réalité. En tant que jeu, il repose sur un ensemble de conventions « autoréférentielles » (c'est-à-dire des conventions qui, parce qu'elles sont partagées par tous, s'imposent comme une réalité). Mais sur la base de ce jeu se sont édifiées des occasions de rassemblement et de communion pour des milliers de personnes, un fait social planétaire, une profession qui apporte la richesse et la gloire. Puis se sont développées en cascade des pratiques dérivées : les paris, jeu sur le jeu, mais aussi profession organisée impliquant différentes compétences ; le crime organisé se greffant sur les paris ; la répression du crime. Enchaînement comparable à certains égards à la création de réalité par l'économie financière, avec ses différents produits dérivés.

Pourquoi les deux composantes des cultures humaines sont-elles mêlées, voire indiscernables l'une de l'autre ?

Ayant à charge de créer un milieu de vie qui puisse fonctionner comme support d'existence psychique pour les individus, les cultures humaines doivent nécessairement masquer la facticité et l'arbitraire de leurs montages en les naturalisant, en faisant comme s'ils étaient cautionnés par l'ordre du monde. Conceptuellement, il importe de bien distinguer les deux niveaux des cultures humaines (premier niveau : moyen d'adaptation à l'environnement physique ; second niveau : milieu créé, au contraire, pour s'adapter à la vie consciente). Cependant, dans la réalité, ces deux niveaux sont étroitement liés et souvent même indiscernables l'un de l'autre (ce qui semble justifier la position de ceux pour qui les cultures ne répondent qu'à une fonction adaptative). Pourquoi les fonctions non utilitaires s'exercent-elles si souvent sous couvert de fonctions utilitaires, qui sont donc plus aisément observables ?

À cette question, je vois deux réponses. La première est évidente. Il est clair en effet que le second niveau des cultures humaines s'est édifié sur la base du premier. Prenons l'exemple de la vie en société. Celle-ci présente des avantages adaptatifs (meilleure exploitation des ressources, meilleure protection contre les prédateurs). Mais le tissu des relations sociales en est venu à constituer lui-même un milieu vital absolument indispensable à chaque membre du groupe ; un milieu adapté à son développement (ainsi, pour l'enfant, les soins prodigués par sa mère et le contact rassurant avec elle) ; et un milieu auquel, en retour, chaque membre cherche à s'adapter pour y avoir sa place (quitte, par exemple, à accepter des relations de subordination).

La seconde réponse est plus délicate. Je vais l'examiner de plus près que la première, car c'est elle qui nous permettra de comprendre la raison profonde pour laquelle les sciences économiques contribuent à créer l'ordre du monde qu'elles décrivent.

Nous avons vu que les réalités culturelles qui relèvent du second niveau — tout ce qui soutient l'existence psychique des individus en même temps que les relations entre eux — sont pour la plupart « autoréférentielles » (elles sont réelles dans la mesure où tous pensent qu'elles le sont). Exemples : les noms de personnes, les termes de parenté ; la monnaie, l'heure, le calendrier et l'ensemble des institutions ; les normes implicites de comportement, les usages, la célébrité, la mode, etc. Sans oublier les personnes elles-mêmes : comment, en effet, celui qui n'existe pour personne et n'a jamais existé pour personne pourrait-il exister ?

Les réalités autoréférentielles sont donc exposées au risque de paraître factices en comparaison de tout ce qui existe indépendamment de nos usages et de nos convictions (c'est-à-dire ce qu'on appelle habituellement la nature). Factices et, de plus, instables, car si tout le monde dérive en même temps, personne n'a l'impression de dériver [8]. Puisque l'existence humaine ne peut jouir d'une assiette fiable qu'en nouant des relations de symbiose avec la culture qui constitue son biotope, il faut bien que celle-ci, en dépit de son caractère largement autoréférentiel, constitue elle-même un ancrage fiable.

Précisons cependant que, pour certaines de ces réalités autoréférentielles, leur facticité manifeste n'est pas un inconvénient ; elle est au contraire revendiquée comme espace de liberté, comme champ d'expansion inconditionnel du sentiment d'exister et de relations humaines entretenues « pour le plaisir », pour elles-mêmes, comme une fin en soi. Il en va ainsi des activités de jeu (dont le vaste éventail s'étend depuis les pratiques physiques et sportives jusqu'aux jeux de mots et à l'humour) [9]. De même, les récits de fiction, eux aussi présents dans toutes les cultures [10].

Le caractère conventionnel d'autres faits culturels, tels que, par exemple, les contrats, apparaît également comme un avantage, une assurance permettant de prévoir « ce qui va se passer ». Les liens contractuels étant, par définition, distincts de l'être propre des parties prenantes, il est possible d'en reconnaître le caractère conventionnel sans se voir soi-même en proie à un sentiment de facticité et de désêtre.

---

8. J'ai abordé ce dernier point dans « Lorsque tous dérivent ensemble, personne n'a conscience de dériver », *L'homme et la société*, n° 181, 2011, p. 29-32.

9. Cf. la remarquable étude de Roberte HAMAYON, *Jouer*, La Découverte, 2012.

10. Je me permets de renvoyer à mon livre, *La Pensée des contes*, disponible sur mon site françoisflahault.fr, 2001, chapitre 1 (voir les § « Occasion de conter et manière de dire », « Passer le temps avec plaisir », « Conte et espace de jeu »).

Pourquoi des discours à la fois descriptifs et implicitement performatifs ?

Il faut bien, cependant, qu'un large secteur des relations humaines reste constitué de relations non contractuelles, autrement dit des relations qui engagent les personnes dans leur être (à commencer, bien sûr, par celles qui attachent l'enfant à ses parents). Notez que si la notion de contrat tend à valoir comme modèle dans les sociétés occidentales contemporaines (et plus encore chez les libertariens), c'est que le caractère conventionnel du contrat se trouve compensé, en quelque sorte, par un contrepoids ontologique : la croyance dans le caractère auto-existant de l'individu. Cette conviction doit elle-même sa force et son efficacité au fait qu'elle est largement partagée. Il s'agit donc d'un fait autoréférentiel, mais d'un fait dont le caractère autoréférentiel n'est généralement pas reconnu, et qui passe donc pour une évidence première.

Ainsi, comme en témoigne cette dernière remarque, il faut bien que certaines réalités autoréférentielles paraissent jouir du même type de réalité que ce qui existe indépendamment de nous. Dans la mesure où de telles réalités soutiennent l'existence même des personnes, si elles paraissent être factices, c'est alors l'existence même des personnes qui se révélera factice, vaine, inconsistante.

Avant d'en venir au statut des sciences économiques, je vais prendre deux exemples dans le domaine de ce qu'on appelle les « faits religieux » : les représentations et les pratiques culturelles qui ont à charge d'établir et maintenir un lien ontologique entre l'ordre du monde et ce qui soutient l'être même des personnes.

Un exemple : l'ordre sociocosmique dans l'Égypte ancienne

Les figurations et les discours qui, dans l'Égypte ancienne, décrivent l'ordre sociocosmique créent et perpétuent cet ordre : cela correspond à la performativité implicite dégagée au début de cet article. Ainsi, des représentations et des pratiques que nous qualifierions aujourd'hui de *culturelles* se donnent comme étant en continuité avec la *nature* cosmique, se déploient en elle, en font partie. En conséquence, une puissante mise en scène du culte effectuée sous l'autorité des instances sociales légitimes contribue à activer les puissances cosmiques, à leur apporter un soutien, ce qui produit, en retour, des effets bénéfiques sur les membres de la société. C'est ce que l'égyptologue Jan Assmann nomme « performativité cultuelle » ; celle-ci est explicitement assumée par des officiants qualifiés. Les inscriptions hiéroglyphiques sur les parois des monuments égyptiens, sont des paroles divines qui disent et rappellent l'ordre du monde. Et ce discours monumental, par la vertu de sa performativité cultuelle, contribue activement au maintien de cet ordre et à la circulation de ses bienfaits.

Cette parole divine se déploie sous le patronage du dieu Thot. Le verbe de Thot exerce un pouvoir d'organisation et de création du cosmos.

> « Je suis Thot, le maître de la parole divine, celui qui met les choses à leur place [...] Je suis le créateur du ciel, je suis celui qui est à l'origine des montagnes, je suis celui qui crée le flot par la pensée, qui crée le bras du fleuve, et quand je fais venir l'Inondation, je fertilise les champs et je fais vivre les dieux et les hommes. »

Ce texte de l'époque ptolémaïque (fin IVe-Ier siècle avant J.-C.) [11] a valeur rituelle. En célébrant le dieu Thot, les hommes qui avaient écrit ce texte et ceux qui le prononçaient solennellement contribuaient eux-mêmes à son efficience et la mobilisaient à leur profit.

Contrairement aux apparences, il y loin de la parole de Thot à celle du Dieu unique. Comme les autres puissances divines de l'Égypte ancienne, Thot fait partie du monde, son efficience ordonnatrice s'exerce de l'intérieur. Il en va tout autrement du Dieu transcendant : tel un monarque qui règne sur le monde et sur les hommes, son « Fiat ! » crée le monde *ex nihilo* et le soumet à ses lois. Sa parole, adressée aux hommes, leur donne elle aussi les lois auxquelles ils doivent obéir, à commencer par les dix commandements. Comme l'écrit Jan Assmann :

> « Avec la sortie d'Égypte, le divin lui aussi est sorti de son immanence dans les ordres cosmique, cultuel, politique et social de ce monde. En dernière instance, la distinction mosaïque équivaut à la distinction entre Dieu et le monde, et fonde ainsi également la distinction entre l'homme et le monde. [12] »

Autre exemple : la performativité du discours théologico-juridique médiéval

Cet exemple permet également d'illustrer la distinction entre une performativité explicite et une performativité invisible et qui doit rester masquée.

Le Dieu Sauveur promu par le christianisme ne se substitue pas au Dieu Législateur. Il ne fait qu'un avec Lui, conférant ainsi à l'obligation le caractère d'une dette. Celle-ci constitue la contribution morale exigible au titre d'une participation au sacrifice rédempteur du Crucifié. D'où une nouvelle forme de performativité cultuelle, celle que revêt l'énonciation

---

11. Cité par Youri VOLOKHINE, « Le dieu Thot et la parole », *Revue de l'histoire des religions*, n° 221, 2004.

12. Jan ASSMANN, *Le prix du monothéisme*, Aubier, 2007, p. 71.

centrale du rituel dominical : « Ceci est mon corps ». Les paroles qui rappellent le sacrifice passé sont à la fois l'énoncé de la plus haute vérité et l'acte qui en mobilise l'efficace, qui se transmet aux fidèles par l'Eucharistie. Le « *Hoc est enim corpus meum* » (dont le « *Hocus pocus* » des sorcières est la parodie sacrilège), constitue une énonciation performative, au même titre que « La séance est ouverte » prononcée par qui de droit (l'un des exemples favoris d'Austin) : qui prononce cette parole ès qualités (donc occupant une place d'autorité reconnue par les autres), fait par là même advenir ce qu'elle dit.

En légiférant, le pape effectue lui aussi des actes performatifs explicites et assumés comme tels : il fait quelque chose de rien, comme Dieu crée l'ordre du monde (le *Fiat lux* étant le prototype superlatif du pouvoir créateur de la parole) [13]. Le droit canon fut élaboré sur la base des lois ou règles, appelées « décrétales », édictées par les papes [14].

Le pouvoir performatif du pape législateur n'est évidemment pas auto-institué ; en cela, il est fort différent de la souveraineté dont se prévaut l'artiste. La performativité explicite et revendiquée du pape s'adosse à un discours fondateur dont la performativité est, au contraire, rendue aussi invisible que possible, un discours qui prétend uniquement énoncer la vérité.

Le pouvoir créateur du pape procède de l'*auctoritas* qu'il détient en tant que représentant de Dieu sur terre. L'ordre que le pape crée en légiférant doit donc être conforme à l'ordre créé par Dieu. Autrement dit, les lois promulguées par le pape doivent se fonder sur la *lex divina* ou sur la *lex naturalis* (laquelle émane indirectement de Dieu puisqu'il a créé l'ordre de la nature). Le corps des lois se trouve donc enchâssé dans le cadre de la doctrine chrétienne, établie, précisée et justifiée par la théologie, comme en témoigne le *Corpus Juris Civilis* ou *Code Justinien*, compilation du droit romain antique établie au VIe siècle sur l'ordre de l'empereur d'Orient Justinien ; mais compilation placée sous les auspices de la « vraie religion » [15].

---

13. Cf. Ernst KANTOROWICZ, « La Souveraineté de l'artiste. Note sur quelques maximes juridiques et les théories de l'art à la Renaissance », in *Mourir pour la patrie*, PUF, 1984.

14. Les *Décrétales* de Gratien (ou *Concordia discordantium canonum*, (*Concorde des canons discordants*), auquel Pierre Legendre fait souvent référence, est l'œuvre majeure du droit canon. Cette énorme somme réalisée au XIIe siècle sous la direction de Gratien fit autorité dans l'Église catholique jusqu'au début du XXe siècle.

15. Le livre I traite du droit ecclésiastique. Remis à l'honneur par l'université de Bologne au XIe siècle, le *Corpus Juris Civilis* sera adopté par l'Occident à partir du XIIe siècle. Sur la page de titre du Code Justinien imprimé à Lyon en 1650 , figurent le

Sous l'influence de la philosophie qui, depuis plusieurs siècles, avait placé au premier plan la notion de vérité, le christianisme se présente, lui aussi, comme vérité [16]. Dans le contexte des religions antiques, c'est une nouveauté. Les polythéismes antiques ne s'imposaient pas au nom de la vérité, mais tout simplement parce qu'ils faisaient partie intégrante de la culture et de la vie sociale. Le christianisme se doit donc, plus encore que les polythéismes, de masquer le fait qu'il crée la vision du monde qu'il énonce. Ce qui, en réalité, assure l'emprise de cette vision du monde, c'est en réalité son caractère « autoréférentiel ». Mais précisément parce que le christianisme est censé apporter l'ancrage d'une foi dont les garanties ne sont pas humaines mais divines, puisqu'elle se présente comme un souverain remède contre tout ce qui est artifices ou vanités et qui, par conséquent, expose à des errements, il lui faut évidemment asseoir le plus fermement possible son statut de vérité. Dire l'ordre du monde avec l'autorité requise, c'est renforcer un ensemble de représentations collectives qui vaut alors comme référence commune, discours englobant de par son caractère hégémonique et l'autorité de ceux qui l'énoncent [17].

L'ancien et le nouveau testament ont donc été donnés comme révélés par Dieu lui-même. Et la théologie comme science — *la* science [18]. Il faut que ce socle soit assuré pour que, en s'appuyant sur lui, des actes performatifs explicites puissent être effectués avec une validité reconnue.

Pour Thomas d'Aquin, la Révélation est la racine de la science théologique, comme le sont les principes fondamentaux pour les autres sciences qui prennent appui sur eux (par exemple la physique). Ainsi, la science profane (celle que contiennent les écrits du Philosophe, c'est-à-dire Aristote) se trouve articulée à la *doctrina sacra*. L'autorité absolue de celle-ci est supposée irriguer tous les aspects de la science, ainsi que les règles et les décisions pratiques qui s'en réclament et qui président à la gestion des hommes et de la société.

---

monogramme IHS qui renvoie au nom de Jésus, l'image de la croix et des trois clous qui crucifièrent le Christ.

16. « Le christianisme s'est qualifié non seulement de *religio*, mais de *vera religio veri Dei*, de « vraie religion du vrai Dieu ». Ce retournement et cette subversion, proprement inimaginables pour un Latin, sont l'œuvre de Tertullien, en l'an 197 » ; Maurice SACHOT, « Origine et trajectoire d'un mot : religion », *Revue de philosophie ancienne*, XXI, n° 2, 2003, Université Libre de Bruxelles, consultable sur internet, p. 8.

17. Maurice SACHOT, dans l'article cité (p. 18), souligne « aux XIIe-XIIIe siècles, l'avènement du « *doctor* » énonciateur du vrai, parce que répondant… à des exigences de scientificité (d'où l'avènement de la théologie comme science autonome par rapport à la foi) ».

18. Cf. Marie-Dominique CHENU, *La théologie comme science au XIIIe siècle*, Vrin 1969.

Gestion, par exemple, de ce mal sociocosmique qu'est la sorcellerie. Prenons l'exemple d'un traité de démonologie, le *Malleus maleficarum* (*Le Marteau des sorcières*), écrit en 1486 par deux dominicains qui faisaient autorité en tant qu'inquisiteurs, Henry Institoris et Jacques Sprenger. Les auteurs disent avoir rédigé ce traité à l'intention des juges des différents royaumes de la chrétienté afin que ceux-ci soient en mesure de combattre de manière adéquate ce mal qu'est la sorcellerie [19]. On pourrait comparer *Le Marteau des sorcières* à un manuel d'économie écrit par des experts du FMI à destination des ministres des Finances de différents pays afin que ces derniers analysent de manière pertinente les problèmes posés par la crise et qu'ils y apportent les remèdes appropriés.

La science permet de porter un diagnostic judicieux sur des faits troublants. Qu'en est-il, par exemple, de l'ablation du membre viril imputée à certaines sorcières ? La science, ce sont, en l'occurrence, les jugements que Saint Augustin a porté sur cette question. Grâce à ses lumières, il est possible de conclure que « l'ablation du membre est vraie pour l'imagination [de la victime], bien qu'elle ne le soit pas en réalité. [20] » Le savoir des inquisiteurs construit la réalité (à commencer par la liaison entre démons et sorcières) en même temps qu'elle la décrit et l'analyse. Ce savoir enraciné dans la théologie agit sur le mode d'une « prophétie autoréalisatrice » ou d'une performativité implicite et masquée : il crée lui-même les pouvoirs sataniques qu'il prête aux sorcières, c'est-à-dire le mal qui justifie que les inquisiteurs lui appliquent les remèdes adéquats.

Sur cette base, les juges adoptent donc les mesures propres à les protéger des maléfices (par exemple, « porter sur eux du sel exorcisé au jour des Rameaux et des herbes bénites [21] »), et ils accomplissent en connaissance de cause ces actes performatifs explicites que sont adjurations et exorcismes.

Économie, rapport aux choses et rapport des hommes entre eux

Revenons, pour finir, aux sciences économiques. Celles-ci constituent une réalité culturelle se donnant aujourd'hui comme le socle de toute société. À ce titre, elles sont soumises, elles aussi, à la nécessité de faire comme si elles se bornaient à décrire et analyser une réalité existant en dehors d'elles, alors qu'elles contribuent à la créer. Les sciences économiques fondent explicitement leur discours sur la primauté supposée du

---

19. Henry Institoris et Jacques Sprenger. *Le marteau des sorcières*, Jérôme Millon, Grenoble, 1990, p. 443.
20. *Ibidem*, p. 202.
21. *Ibid.*, p. 494.

rapport objectif des hommes aux choses et de l'ordre « naturel » qui s'ensuit. Mais par là même, paradoxalement, elles remplissent sans le dire le même rôle fondamental que la théologie médiévale ou le marxisme dans l'ex-URSS, qui est d'ancrer les relations des hommes entre eux dans un monde commun autoréférentiel [22]. Elles cautionnent les montages pratiques qui établissent des systèmes de places, structurent les relations humaines, apportent au désir d'exister des individus une orientation et des objets dotés d'un sens et d'une valeur globalement reconnus.

Elles remplissent d'autant mieux ce rôle que leur prétention scientifique et technique de s'ancrer dans des réalités objectives est, dans une large mesure, justifiée. À cet égard, l'économie se distingue nettement des visions du monde magiques ou religieuses. Ce ne sont pas, en effet, sur des actes performatifs explicites (au sens d'Austin et de Searle) que comptent les experts et les agents économiques pour se montrer efficaces : ils conçoivent la pertinence de leurs préconisations et de leurs choix selon la même rationalité que dans les autres techno-sciences. Ces modes d'action masquent donc de manière convaincante la performativité implicite et l'autoréférentialité sous-jacentes.

La théorie, je viens de le rappeler, se fonde sur l'idée que le rapport aux choses (l'utilité, le besoin) précède le rapport aux autres (censé être lui aussi utilitaire). D'où le rôle du personnage de Robinson dans les manuels d'économie [23]. Cependant, si l'on observe les activités économiques réelles, on constate que le rapport aux choses se trouve enchâssé dans le rapport aux autres, et que le désir social d'exister (en d'autres termes, le *conatus* spinoziste) y est constamment mobilisé. L'envahissement massif des espaces privés et publics par la publicité, les budgets pharaoniques qui lui sont consacrés ainsi qu'au marketing témoignent du rôle que jouent les marchandises comme médiateurs des relations humaines et supports du sentiment d'exister (que Thorstein Veblen [24], puis Jean Baudrillard

---

22. Je ne partage pas la thèse de Robert H. NELSON (*Economics as Religion : from Samuelson to Chicago and Beyond*, Pennsylvania State University Press, 2001) car si l'économie joue un rôle comparable à celui de la théologie médiévale, elle ne répond pas, comme le font les religions, à des préoccupations existentielles.

23. Cf., à titre d'exemple, l'article « Crusoe Economics » rédigé par Murray ROTHBARD dans le *New Palgrave Dictionary*. Bernard GUERRIEN évoque un « retour en force de Robinson dans la macroéconomie des années quatre-vingt » du XXe siècle (*Dictionnaire d'analyse économique*, La Découverte, 4e édition, 2012, article « Néo-classique »). Guerrien souligne également le caractère inapproprié du personnage de Robinson comme modèle de l'agent économique dans *La théorie économique néoclassique*, La Découverte, 1999, t. 2, p. 18, p. 19, 22 et 25.

24. Dans *Théorie de la classe de loisir* [1899], Gallimard, « Tel », 1970.

avaient abordé à leur manière[25]). Si l'on considère l'immense éventail des biens marchands, il est clair qu'un très petit nombre d'entre eux répond uniquement aux besoins dits primaires : la plupart répondent à des désirs ou à des besoins et des désirs mêlés. Le principe d'utilité marginale postule que la valeur d'usage d'un bien correspond au besoin qu'on en a (si je n'ai pas de montre, je suis disposé à payer un certain prix pour en acheter une ; si j'en possède déjà une, une montre supplémentaire a beaucoup moins de valeur pour moi). En réalité, on constate que plus un bien répond à un désir (et non à un besoin primaire), moins le principe d'utilité marginal se vérifie. Le désir est avant tout désir d'exister et celui-ci est par nature illimité ; or, l'argent est le bien qui répond le plus directement à la soif du toujours plus ; en conséquence, de tous les biens, l'argent est celui qui échappe le plus au principe d'utilité marginale.

Ainsi, le fait que les biens marchands répondent au désir d'exister et médiatisent les relations humaines, la publicité nous permet aisement de le deviner, mais la théorie économique le nie. Elle le nie car il est nécessaire que le discours qui dit et qui crée l'ordre du monde se donne comme ancré dans une réalité objective, indépendante des désirs humains : ayant à charge de soutenir l'existence des hommes et leurs relations sociales, il lui faut, comme on l'a vu au début de cet article, masquer sa facticité ou son autoréférentialité derrière son caractère de science et de technique. Dans les activités économiques (comme en d'autres domaines), les comportements par lesquels se réalise le désir d'exister doivent se justifier par des raisons sérieuses, des raisons qui rattachent ces comportements à des réalités objectives, au monde que chacun partage avec les autres. Ces comportements et les discours qui les justifient ne peuvent donc pas se permettre, comme le font les activités ludiques, d'avouer le désir auquel ils répondent.

Les montages théologico-politiques de la Chrétienté ou ceux des anciens Égyptiens nous apparaissent rétrospectivement comme des fictions. Avec l'économie, la modernité a cru avoir enfin trouvé la réalité incontestable sur laquelle ancrer la société. Elle a trop tôt crié victoire. Toutefois, critiquer le double jeu des sciences économiques et leur décalage par rapport aux réalités empiriques est insuffisant et, dans une certaine mesure, injuste puisque ce double jeu et ce décalage renvoient à un problème plus vaste auquel se sont heurtées, semble-t-il, toutes les sociétés : comment faire pour que les représentations et les pratiques qui créent, qui pensent et qui disent l'ordre nécessaire à l'existence et la coexistence des

25. Dans *Le système des objets*, Gallimard, « Tel », 1968, et *La Société de consommation*, Gallimard, « Folio », 1970.

hommes correspondent réellement à un ordre que ceux-ci n'ont pas inventé ? Difficulté peut-être insurmontable ! Aussi n'est-ce pas seulement d'un œil critique, mais aussi avec indulgence que nous devons examiner les montages au moyen desquels les sociétés s'efforcent de résoudre ce problème.

* * *

Mémoire et oubli des institutions associatives : micro-analyse de réseaux coopératifs dans la Grèce de l'entre-deux-guerres et politique centrale *

Catherine BRÉGIANNI et Antonis ANTONIOU

Introduction

L'article entend mettre en perspective historique l'avènement des réseaux coopératifs en agriculture dans la Grèce des années 1920-1930 *via* l'analyse du cas thessalien. Son objectif principal est de souligner les enjeux des acteurs, le poids des traditions et des blocages sociaux. On examine donc les variables du changement rural dans la Grèce au lendemain de la première guerre mondiale en utilisant la microanalyse de ces réseaux thessaliens locaux. Cette étude démontre aussi le rôle primordial et impératif de l'État en ce qui concerne la régularisation de l'économie agraire et l'influence de cette intervention à l'échelle régionale. La recherche repose sur une exploitation d'archives locales, puisées dans les agences locales de la Banque agricole de Grèce, ce qui démontre également le contrôle de l'économie agraire par les mécanismes bancaires.

* Certaines parties de cet article ont été présentées au XVIth World Economic History Congress, Stellenbosch, South Africa, 9th-13th July 2012, Session « Cooperatives and associational networks. A comparative analysis. 19th and 20th century », organisée par Torsten LORENZ and Candido ROMAN CERVANTES, présentation : « La mémoire des institutions : micro-analyse d'un réseau coopératif en Thessalie de l'entre-deux-guerres ». Ce texte a bénéficié de la relecture d'un rapporteur anonyme. On aimerait le remercier, étant entendu que les erreurs et omissions demeurent de notre seule responsabilité.

L'étude se réfère donc à la Thessalie, une région où la stabilisation des droits de la propriété de terre a été accomplie par la réforme agraire des années vingt. Étant une voie pour le développement agraire, le statut de la petite propriété s'est lié à la demande de capitaux : comme la micro-analyse des acteurs locaux l'a montré, la dépendance des institutions associatives par le système bancaire a conduit à la destruction des traditions économiques communales et, également, à la centralisation des pratiques novatrices d'autogestion.

I. Des formes traditionnelles aux formes modernes d'organisation économique et sociale de l'agriculture

L'annexion de la province de Thessalie à la Grèce, en 1881, a provoqué une résurgence de la question agraire. C'est un fait presque typique que la stabilisation des frontières nationales provoque un changement dans le régime des droits de propriété, le plus souvent menant à la consolidation de la petite propriété agricole [1]. La réforme agraire des années 1920 est devenue une nécessité après l'arrivée des minorités ethniques grecques en provenance de l'ex-Empire ottoman, à la suite du Traité de Lausanne de 1924.

Dans la conjoncture des années 1870 et de la première réforme agraire grecque, les terres nationales de l'État [2] ont été rachetées par leurs cultivateurs, formant, sous l'initiative politique libérale, la petite propriété rurale. Après l'annexion thessalienne, les grandes propriétés foncières ottomanes ont été vendues, surtout aux membres de la diaspora grecque. En Thessalie, il était donc appliqué un système de propriété de terre différent de celui de l'Ancien Royaume [3], ce dernier incorporant depuis 1828 la Grèce continentale, le Péloponèse et les Cyclades. L'annexion de la Thessalie a eu comme conséquence une

1. Cf. Lee J. ALSTON, Edwyna HARRIS and Bernardo MUELLER, « The Development of Property Rights on Frontiers : Endowments, Norms, and Politics », *The Journal of Economic History*, 72 (2012/3), p. 741-770.

2. William MCGREW, *Land and revolution in modern Greece,* Kent, Ohio, The Kent State University Prees, 1985, passim.

3. Cf. Catherine BREGIANNI, « Réforme agraire et monétisation de l'économie agraire en Grèce (de la fin du XIXe siècle à la seconde guerre mondiale », *Néohellenica Historica*, à paraître. À cet article est incorporée la bibliographie sur la question agraire en Grèce. En ce qui concerne les conditions socioéconomiques qui caractérisent l'Ancien Royaume, et surtout le Péloponnèse, cf. Th. KALAFATIS, *Crédit agricole et transformation économique dans le Péloponnèse de l'Ouest. Egialia, fin du XIXe siècle,* Athènes, MIET, 1990, 3 vol., passim.

légère augmentation du Produit national brut (PNB). Une augmentation due surtout à la culture étendue des céréales dans la région et à sa commercialisation. Néanmoins, depuis la fin du XIXe siècle, un débat concernant l'efficacité économique de la grande propriété a eu lieu parmi les agronomes, et se poursuit même après l'application de la réforme agraire des années 1920[4]. Il est alors clair que les mécanismes économiques locaux sont englobés dans le cadre élargi des transitions socioéconomiques nationales : l'urbanisation progressive de la région, l'industrialisation légère de certains noyaux locaux et l'intérêt à la campagne autour de la question de la propriété de la terre ont formé de nouvelles formes de pratiques collectives, tant économiques que sociales.

L'interdiction de la nationalisation des terres théssaliennes par l'État grec garantit les droits des propriétaires de terres ottomanes, mais prépara toutefois le terrain pour l'adoption du droit romain. L'achat de propriétés par les Grecs de la diaspora a transformé l'enclave pré-capitaliste de la Thessalie, qui continuait à fonctionner, mais, en même temps, l'économie locale était dorénavant liée au commerce international par l'exportation des céréales. Il est intéressant de noter que la majeure partie des nouveaux propriétaires était impliquée dans les structures économiques de leur temps, avec une gamme d'activités commerciales et bancaires de dimension européenne.

Le fait que les grands propriétaires appartiennent aux classes dirigeantes de la société grecque leur donnait de nombreuses occasions de faire pression sur le gouvernement. Grâce à leurs interventions au Parlement, ils réussirent à faire voter le maintien des exonérations d'impôts[5]. L'existence de grands domaines dans le champ le plus fertile de Thessalie a entravé le potentiel productif du secteur primaire[6] ; une politique agricole visant à moderniser les structures agricoles avait été déjà associée, vers la fin du XIXe siècle, à l'utilisation intensive des terres cultivables par le renforcement de la petite propriété agricole qui prédominait dans

4. Cf. aussi Catherine BREGIANNI, « Banking system and Agricultural cooperatives in Greece (1914-1936) : institutional renovation or economic decline ? », in Helen GARDIKAS-KATSIADAKIS et Catherine BREGIANNI (eds.), *Agricultural co-operatives in South and Central Europe, 19th-20th century : a comparative approach*, intr. de Catherine Bregianni, Athens, Academy of Athens, 2012, p. 51.

5. Kostas VERGOPOULOS, *La question agraire en Grèce*, Athènes 1975, p. 139-162, en grec ; et G. DERTILIS, « Terre, paysans et pouvoir politique, Grèce 18e-20e siècles », Annales E.S.C., 48 (1993/1), p. 85-107.

6. Cf. Evagelos PRONTZAS, *Économie et propriété foncière en Thessalie, 1881-1912*, vol. I, Athènes, MIET, 1992, en grec.

les territoires ruraux de l'Ancien Royaume. À l'aube du XXe siècle, la Grèce reste un pays agricole, l'exode rural n'ayant pas encore eu lieu. L'enjeu pour la population de la campagne thessalienne est alors la transmission de la terre à ses cultivateurs et la stabilisation des droits de propriété. La résolution de la question agraire en Thessalie par l'application de la réforme agraire durant les années vingt se fit au détriment de la grande propriété et des activités économiques associées à celle-ci, et notamment l'élevage extensif. Le système fiscal supporté par les grands propriétaires fonciers depuis 1881 empêcha, pourtant, l'expansion des terres agricoles. Le capital productif a été taxé indépendamment des fluctuations des rendements agricoles. En conséquence, l'augmentation du PNB est annulée ainsi que toute une rétroaction positive sur les finances publiques.

Les formes associatives dans les zones rurales ont été connectées aux structures traditionnelles d'organisation économique et aux priorités du travail ou du transfert du savoir-faire, depuis la domination ottomane [7]. La rareté des ressources dans les économies rurales a abouti à l'élaboration de formes de coopération, fondées sur la solidarité et la mutualité, comme le montre aussi le cas thessalien. Ces collaborations, tout en incorporant certaines caractéristiques qui, plus tard, rejoignent les coopératives, n'étaient pas des coopératives dans le sens actuel du mot. Elles s'en distinguent en raison principalement de leur appartenance à différents types de communauté [8].

Vers les années 1920 et 1930, la Grèce, pour la première fois, expérimente une augmentation des dépenses publiques visant à soutenir le secteur rural. L'utilisation intensive des terres a favorisé la croissance du revenu agricole et du PNB. Ainsi, la quantité de la production de l'agriculture entre les années 1928 et 1939 a été multipliée par 2,4 [9]. Avant la réalisation de la réforme agraire de l'entre-deux-guerres, la grande propriété foncière était un facteur dissuasif important dans cette évolution. Elle était un obstacle à l'augmentation de la productivité du secteur agricole et de la modernisation. Les interventions étatiques sur le secteur agricole, dans la première décennie du XXe siècle, ont eu un caractère très

7. H. KATAKI, *Les trois identités de la famille grecque*, Athènes, 1984, p. 25-49, en grec.

8. N. PANTAZOPOULOS, *Le communautarisme grec et la tradition communautaire*, Athènes, 1993, p. 30-32, en grec.

9. Conseil économique suprême, *L'économie grecque en 1939*, Athènes, 1940, p. 5-39, en grec.

limité, tandis que le crédit agricole n'attirait pas l'intérêt du secteur bancaire. La grande propriété foncière était observée, par les économistes de l'époque, dans la perspective de faire de l'agriculture un secteur contribuant au développement de l'économie nationale. La connexion de grands propriétaires terriens avec des formes extensives d'utilisation des terres était en conflit avec les exigences du développement économique et de modernisation qui reposaient sur d'importantes composantes idéologiques du royaume grec.

Malgré ces contradictions, la grande propriété foncière, avec son grand emploi des fonds propres, avait de meilleures possibilités de réglage sur le marché international en comparaison avec le petit producteur qui avait des difficultés, notamment pour financer l'amélioration et la mécanisation de la production. Les « modernistes » (agronomes et économistes) ont favorisé la création des coopératives comme solution à ce problème de la petite propriété. Les coopératives ont également été invitées à soutenir la transition vers la petite propriété puisque de nombreux agriculteurs n'étaient quand même pas prêts à suivre le chemin des petits exploitants indépendants.

Le développement des coopératives en Europe occidentale a été le modèle et le mécanisme de la motivation idéologique pour la mise en œuvre de l'idée coopérative en Grèce [10]. L'acceptation de l'idée coopérative par des intellectuels de l'époque et sa promotion dans la presse ont joué un rôle crucial dans ce processus. Au cours des premières décennies du XXe siècle, de nombreux intellectuels progressistes se tournent vers l'idée coopérative dans le but de trouver une solution aux problèmes croissants de la modernisation de l'économie grecque. Le principal mouvement coopératif a émergé après 1900 et s'est étendu progressivement. Le mouvement coopératif en Grèce s'est développé principalement en milieu agricole. Parmi les facteurs qui ont influencé son émergence, on trouve le niveau de développement de l'économie rurale en articulation avec la taille de la population et avec les structures sociales du moment [11].

---

10. Antonis ANTONIOU, « Diffusion and evolution of the co-operatives perception in Greece during the 19th century », 15th Annual European Business History Association Conference (Athens, Greece, 24-26 August, 2011), Session 2, *Cooperative Organisation : A response to Crisis*, organisée par Catherine Brégianni et Candido Roman Cervantes.

11. Nicholas KOLYMVAS, *Coopératives*, Athènes, 1988, p. 146-174, en grec ; V. PATRONIS, « Grande propriété foncière et mouvement agricole : le cas de la Thessalie », in

La première coopérative agricole a été fondée dans le village thessalien d'Almiros en 1900. Elle était dirigée par deux intellectuels, D. Grigoriadis et N. Mihopoulos [12]. La coopérative avait comme but de renforcer le capital des exploitations individuelles, en facilitant l'approvisionnement en fournitures et en outils moins chers et surtout la mécanisation de la culture. En Thessalie, la pression de grands propriétaires terriens sur les paysans sans terre a conduit ces derniers à former des associations. La réaction initiale était fondée sur l'esprit communautaire qui a joué un rôle actif. Ces conditions ont entraîné en 1908 des paysans du village de Koskina à créer une coopérative. Les principes idéologiques de cette stratégie reposaient principalement sur la tradition chrétienne. Ce partenariat a été soutenu par l'écrivain A. Papadiamandis, lui-même proche de l'esprit chrétien et en même temps issu du milieu rural. Ce cas local démontre parallèlement que les origines du coopératisme communautaire s'inscrivent dans une tradition social-chrétienne [13].

II. Institutions autogestionnaires hétéro-gérées

Le climat idéologique et social thessalien, à l'aube du XXe siècle, a modelé une synthèse favorable au développement local du coopératisme, liée à la formation des identités sociales [14]. En Thessalie, existaient, depuis l'occupation ottomane, des pratiques associatives et des mécanismes coutumiers par rapport à l'organisation de la vie rurale communale [15]. On peut intégrer ce type d'organisation de la vie rurale dans les pratiques des pays d'Europe du Sud et de l'Ouest [16]. Elles ont formé un « système » complémentaire, un référentiel, répondant partiellement, dans

---

A. MOISIDIS (éd.), *La question rurale en Grèce,* Athènes, 2011, p. 57-100, en grec.

12. D. Grigoriadis, agriculteur, a fait des études à Monpellier, et N. Mihopoulos a été instructeur. E. GRUNFELD et Th. TZORTZAKI, *Les coopératives en termes économiques et sociaux. Les coopératives en Grèce*, p. 202-224, en grec, p. 202-203.

13. Cf. par exemple l'activité de M. ADYPAS : *Actes de la Conférence Mémoire de Marinos Antypas*, Céphalonie, 2009, éd. D. Petrakis, en grec.

14. Antonis ANTONIOU et Catherine BREGIANNI, « Aspects des mouvements idéologiques et sociaux en Thessalie, de l'aube du XXe siècle à la Ire République grecque », in *Thessaly. Issues d'Histoire*, Volos, 2006, vol. I, en grec.

15. Antonis ANTONIOU, « Diffusion and evolution of the co-operatives perception in Greece during the 19th century », *op. cit.*

16. Cf. E. P. THOMPSON, *The making of the English working class*, London/N. York, Penguin Books, new ed. 1991, p. 239.

un premier temps, aux dysfonctionnements internes de l'économie précapitaliste. Elles se sont considérées comme formes primitives des pratiques associatives en milieu rural.

La « régularisation » de la coopération à travers l'interventionnisme étatique des années 1920-1930 [17], qui l'a en quelque sorte institutionnalisée dans le but d'introduire un corps intermédiaire entre le secteur agricole et le système bancaire [18], doit être perçue dans le cadre de la modernisation économique du pays, comprenant notamment la monétarisation de l'agriculture. Deux tensions contradictoires ont toutefois influencé l'évolution du coopératisme grec : le collectivisme régional, issu des structures locales, et l'organisation centrale avec l'appui de l'État. Cette dichotomie n'est qu'une abstraction conceptuelle dans le but de faciliter l'étude de micro-réseaux coopératifs. Les coopératives se sont transformées en modèles techniques, construisant un chemin alternatif par rapport à l'organisation du marché. Suivant l'évolution du marché, leur fonction était indissociable d'une dynamique des entreprises à caractère social [19]. Pourtant, dans le cas de la Grèce de l'entre-deux-guerres, où l'économie du marché était organisée par le haut, leur institutionnalisation a formé un modèle centralisateur peu favorable à l'économie et aux intérêts privés des agriculteurs.

---

17. L'intervention de l'État par rapport à l'institutionnalisation des coopératives est une procédure qui a eu lieu aussi en Espagne et au Portugal. Cf. S. GARIDO, « Why did most cooperatives fail ? Spanish agricultural cooperation in the early twentieth century », *Rural History*, 18 (2007/2), p. 184 et 187.

18. Cf. Catherine BREGIANNI et I. KARAKATSIANIS, « Economy and society in the Southern Peloponnese : the organization of agricultural co-operatives in Messinia, from the beginning of the 20th century up to World War II », in Helen GARDIKAS-KATSIADAKIS et Catherine BREGIANNI (eds.), *Agricultural co-operatives in South and Central Europe, 19th-20th century : a comparative approach* ; Catherine BREGIANNI, « Micro-regions, central agricultural policy and visual representations of agrarian change : Rural cooperatives and modernisation in the interwar Messinia (1926-1935) ». Session : Cooperatives as organisational and institutional innovation, organisée par Catherine Bregianni, 17th Annual Congress of the European Business History Association 2013, « Innovation and Growth », Uppsala, 22-24 August 2013.

19. Cf. G. SCHILTHUIS and O.-F. VAN BEKKUM, *Agricultural cooperatives in Central Europe : trends and issues in preparation for EU accession*, Uitgeverij Van Gorcum, 2000, p. 7, Catherine BREGIANNI, « Agricultural co-operatives : a methodological approach. Introduction », in Helen GARDIKAS and Catherine BREGIANNI, *op. cit*, p. 13-23.

Le fonctionnement réglementaire que les coopératives agricoles devaient adopter, allait à l'encontre de la « stagnation » économique de la province : les agriculteurs ne pouvaient pas accepter avec facilité les nouvelles institutions, dont la réalisation s'appuyait sur les interventions constantes de l'État. L'effort pour renforcer le mouvement coopératif et pour le structurer depuis le haut, a visé surtout la transformation des coopératives agricoles en un noyau productif dans la campagne « pour que les groupes d'emprunteurs se transforment en instruments vivant des objectifs (économiques et moraux), dont le programme du coopératisme est composé », déclara en septembre 1929 le président du Premier Conseil administratif de la Banque agricole [20]. La dépendance des coopératives agricoles au système bancaire s'est accrue durant les années 1930, menant à leur surendettement et au déclin de leur rôle économique [21]. Selon les inventaires des coopératives et les statistiques de la Banque agricole, la dette des coopératives rurales, dans leur plus grande partie dues à la Banque agricole, était, en 1933, de presque un milliard de drachmes, tandis qu'environ la même somme a été calculée pour la dette due aux coopératives [22].

Cet effort de l'État pour organiser la production agricole en s'appuyant sur des coopératives, est ajusté à la tension généralisée dans l'Europe des années 1930, visant à régler le secteur économique *via* des institutions à caractère collectif. Il apparaît que l'institutionnalisation de cette forme de collectivisme a été antagoniste avec les formes traditionnelles de coopération en milieu agraire et à son organisation communautaire. Il s'agit bien d'une dynamique du coopératisme perçue dans sa fonction intermédiaire et régulatrice. Cette intervention du pouvoir se diffuse dans l'espace agricole et, à travers les pratiques administratives, se matérialisent en normes du pouvoir politique et parlementaire jusqu'en 1936, puis dictatorial. Nos hypothèses sont formées à partir des documents des archives de l'Agence locale de la Banque agricole de Grèce (BAG) à Volos, capitale de la

---

20. Archives historiques de la BAG, Série : Fondation, Dossier des documents concernant la fondation de la Banque agricole, 1928-1929.

21. Catherine BREGIANNI, « Banking system and Agricultural cooperatives in Greece (1914-1936) : institutional renovation or economic decline ? », in Helen GARDIKAS and Catherine BREGIANNI, *op. cit*, p. 49-74.

22. « Éléments statistiques des coopératives actives durant l'année 1933 », *Bulletin de la Banque agricole*, 1, (1936/1).

préfecture thessalienne de Magnésie. Ce matériel concerne la surveillance par la BAG de certaines coopératives de la sous-préfecture de Volos durant les années 1929-1940[23], c'est-à-dire de la région du mont Pélion. Étant donné que la Banque a été chargée de la surveillance globale du coopératisme agricole depuis sa création en 1929, les agences bancaires locales réalisent toute procédure concernant le contrôle du coopératisme départemental. L'agence de Volos conserve les archives coopératives de la région de Pélion, couvrant la période 1928-1940. Les coopératives examinées représentent un micro-réseau local, parce qu'elles constituent une unité géographique, mais aussi parce qu'elles forment, au niveau de l'administration bancaire, un agencement « technique »[24].

III. Identités régionales et aperçu économique au niveau local

On dispose des éléments concrets en ce qui concerne l'évolution des coopératives dans la Thessalie, provenant de l'agencement général des coopératives grecques en 1933[25]. Le nombre total des coopératives thessaliennes s'élève à 342, regroupant 23 609 agriculteurs, ce qui représente un nombre moyen de 69 membres, proche de la moyenne nationale. Selon le recensement rural de 1928, en Thessalie, la population rurale compte 307 199 individus[26], dont 60 578 sont installés à la préfecture de Magnésie[27]. En 1940, la population rurale évolue, avoisinant les 360 000[28]. On a donc une masse peu considérable d'agriculteurs qui participait au coopératisme, mais en même

---

23. Archives historiques de la BAG, XVII, Archives de l'agence de la BAG de Volos : D. 11, Des Statuts de Coopératives du mont de Pélion, 1929-1939. D. 4, Éléments des coopératives de la région de Volos, 1928-1941. D. 35, Coopérative de producteurs d'olives du village Promyrio-Sipiada, 1931-1942. Par la suite, la référence archivistique ne mentionnera que les dossiers et les documents référés.

24. Catherine BREGIANNI, « Réseaux techniques et organisation d'espace. La Banque agricole de Grèce et la population rurale durant les années trente », texte non publié.

25. *Bulletin de la Banque agricole*, « Statistique générale des coopératives rurales », 1, (1936/5I), p. 555-566, en grec.

26. Selon Alivizatos, en cette même année, la population rurale de Thessalie s'élève en 363 017 individus : B. Alavizatos, « La Grèce rurale et son évolution », *Bulletin de la BAG*, 1939 IV, p. 304, en grec. Puisqu'il s'agit de l'élaboration du même recensement de 1928, il est possible que Alivizatos ait évalué la tension d'augmentation de la population rurale.

27. M. CHOULIARAKIS, *Évolution de la population rurale de Grèce, 1920-1981*, Athènes, Centre national des recherches sociales,1988, p. 4, en grec.

28. *Ibidem*.

temps on doit considérer que leurs membres sont des chefs de famille. Comme la moyenne « officielle » d'une famille agricole comptait, durant cette période, 4,4 membres, on peut supposer que les coopératives rassemblaient une partie considérable de la population thessalienne.

L'activité économique des coopératives thessaliennes à l'aube des années trente indique 1 417 378 drachmes de profit et 962 467 drachmes de déficit [29] : ce cycle des activités est toutefois peu considérable si on le compare avec les chiffres atteints par les coopératives des autres régions, comme la Macédoine de l'Est et la Thrace. Les dettes globales des coopératives thessaliennes, dues surtout à la Banque agricole, s'élèvent à 95 millions de drachmes en 1933, tandis que les dettes des coopérateurs vers les coopératives de la région dépassent les 100 millions [30]. Ces chiffres décrivent la fonction du coopératisme grec comme fournisseur et distributeur du crédit.

Le coopératisme thessalien apparaît moins dynamique que celui des autres périphéries de la Grèce continentale, même s'il a été partie prenante de l'application de la réforme agraire [31]. La réforme agraire, dont la loi a été promulguée en 1917 et qui a été achevée en 1925-1926, concerne la répartition de la grande propriété foncière thessalienne entre ses cultivateurs. Ce qui est plus important dans cette procédure n'est pas la distribution de la terre, mais surtout le système du crédit qui le régit [32]. Résultant de la réforme bancaire, la création de la Banque agricole en 1929 a eu aussi comme conséquence le transfert de la surveillance globale des coopératives agricoles par le ministère de l'Agriculture et la Banque Nationale de Grèce à la nouvelle banque qui, selon ses statuts, a été désignée pour centraliser, globalement, la gestion du monde rural.

---

29. « Éléments statistiques des coopératives actives durant l'année 1933 », *op. cit.*

30. *Ibidem.*

31. Catherine BREGIANNI, « Réforme agraire et monétisation de l'économie agraire en Grèce (de la fin du XIXe siècle à la seconde guerre mondiale », *op. cit.*

32. Comme on le constate pour les exploitations françaises du dernier tiers du XIXe siècle : cf. Gilles POSTEL-VINAY, *La terre et l'argent. L'agriculture et le crédit en France du XVIIIe au début du XXe siècle*, Paris, Albin Michel, 1998, p. 281.

Il est également significatif de noter que la réforme des années 1920 se réalise par le biais de coopératives forcées, auxquelles participent obligatoirement tous les agriculteurs établis sur les terres nationalisées et les terres expropriées[33]. Ces coopératives ont eu pour objectif l'acquittement de la valeur des terres transmises par leurs coopérateurs[34]. Ce type de coopérative a été fortement critiqué du fait de leur caractère forcé qui a intensifié la centralisation du mouvement coopératif[35].

Les coopératives analysées sont dix-huit. Parmi elles, on compte huit coopératives de crédit, cinq de production, deux de vente de produits et trois qui ont comme objectif la location ou le rachat de terre.

On a estimé la moyenne de ces membres à vingt-quatre individus, ce qui est en dessous de la moyenne nationale (68 individus) mais aussi de la moyenne thessalienne. Puisque la région est assez peuplée vers la fin des années 1920[36], le morcellement du coopératisme local aurait dû être lié au fonctionnement de plusieurs coopératives, des fois du même type, dans chaque village. Il s'agit d'un indice de l'individualisme du monde paysan mais aussi de sa structuration sociale diversifiée. On peut supposer que les intérêts économiques contradictoires, mais également les liens des villageois avec les partis politiques ont provoqué la fondation de plusieurs coopératives dans des endroits où il n'existait pas une telle demande du marché local.

33. Cf. le décret-loi correspondant, Journal Officiel 196, 19/7/1923. Pour une référence à ce sujet cf. Catherine BREGIANNI, « Réseaux coopératives à la gestion du crédit agricole (1914-1940). Utopie, construction idéologique ou outil de la politique rurale », in D. PANAGIOTOPOULOS et D. SOTIROPOULOS, *L'économie rurale grecque durant la période de Venizélos,* Athènes, 2007, en grec.

34. M. GERAKARIS, « État et coopératives », *Bulletin de la BAG,* 1 (1936/1), p. 14, en grec.

35. *Ibidem*. Pour la même opinion, cf. C. PAPAGEORGIOU, *Économie viable de l'économie coopérative. Théorie et pratique*, Athènes, 2004, p. 161, en grec.

36. Population, selon les données du recensement général de l'année 1928, de certains villages de la sous-préfecture de Volos : Aghios Lavredios 1 554 habitants, Gaghea 400 habitants, Kanalia 1 542 habitants, Pourion 707 habitants, Promyrio 1 359 habitants. M. CHOULIARAKIS, *Évolution de la population rurale de Grèce, 1920-1981*, *op. cit.*

Les enjeux bureaucratiques

Les archives examinées ne nous fournissent pas les éléments précis sur l'activité économique et commerciale de ces coopératives thessaliennes, sinon pour le cas de quatre coopératives en liquidation dont on dispose des bilans annuels : la Coopérative de producteurs d'olives du village Agios Géorgios Gagéa à Pélion, qui a été fondée en 1929, accorde à ses membres des crédits, leur fournit des engrais, stocke la production des coopérateurs, puis vend les olives. 50 % des ventes concernent l'étranger. En 1932, cette coopérative a été conduite à la liquidation, selon le procès verbal de l'Assemblée générale de la coopérative du 5 octobre 1932 : « à cause, d'une part, de la crise du marché des olives et, d'autre part, du petit nombre des membres de la coopérative qui n'ont plus assez d'olives pour continuer le commerce[37] », ce qui rend la suite du fonctionnement de la coopérative sans intérêt. La Coopérative de Crédit du village de Kanalia (1932-1937), nommée *Dimitra* [Cérès], fournissait des engrais à ses membres, tout en essayant de trouver des marchés pour leurs produits. La Coopérative agricole de crédit du village de Véléstino (1930-1938) emprunte à la Banque agricole et assure les cultures de blé de ses membres contre la grêle. Elle ne se bornait pas à l'activité financière, propre à sa nature, mais fournissait aussi du matériel agricole à ses membres. Malgré son activité financière, cette coopérative avait une gestion inefficace, ce qui a entraîné l'intervention des cadres bancaires. D'autres cas décrivent l'effort pour dépasser l'activité locale et établir un réseau commercial : la Coopérative des producteurs d'olives du village de Promyrio (1931-1937) essayait de créer un réseau de promotion des ventes d'olives, autant à l'intérieur du pays qu'à l'extérieur. Elle s'est adressée à la structure centrale de la Banque agricole, en demandant une aide pour vendre sa production :

> [...] Nous vous prions a) de nous faire connaître, si possible, des marchands d'olives honnêtes de votre marché d'Athènes ou également du Pirée, pour collaborer avec eux sans risque ; b) de nous présenter aux commerçants étrangers et surtout d'Égypte, de Bulgarie et de Roumanie et c) si les épiciers d'Athènes s'intéressent à notre produit, nous pouvons vous en envoyer à titre d'échantillon[38].

37. Procès-verbal de l'Assemblé générale, 5-10-1932.

38. D. 35, Coopérative de producteurs d'olives du village Promyrio-Sipiada, D. 35, 1931-1942, lettre à la Maison centrale de la BAG, 6-9-1931.

Pourtant, les résultats économiques obtenus étaient peu importants : malgré le fait que la recherche des marchés pour la commercialisation de la production des coopérateurs était en harmonie avec l'esprit de la politique centrale bancaire concernant les coopératives et malgré le discours modernisant de la BAG, de tels efforts n'ont pas été réellement soutenus par les acteurs bancaires[39].

Les cadres bancaires intermédiaires, chargés de la surveillance des coopératives, ont pourtant eu un rôle beaucoup plus énergique, concernant tant le soutien de la production locale que l'activation économique des coopératives. On peut constater alors la dynamique de l'intervention individuelle, surpassant souvent les directives centrales. L'organisation des coopératives au niveau local constitue un axe de la recherche, puisqu'il s'agit de la matérialisation d'une politique concrète, liée néanmoins aux initiatives personnelles. Une partie des archives concerne justement des questions du fonctionnement des coopératives, se référant partiellement à l'approbation de leurs statuts par le ministère de l'Agriculture. Les inspections générales des coopératives, étaient effectuées par les employés autorisés de l'agence de la banque à Volos. Ces documents administratifs dépeignent le fonctionnement des coopératives et leur organisation administrative et celles-ci étaient accomplies par les surveillants de la Banque agricole. Ensuite, elles sont adressées au Service des Coopératives auprès de l'administration centrale de la BAG. On peut donc noter la création d'un réseau de documents et d'ordres, provenant du ministère de l'Agriculture et de la Maison centrale de la Banque d'Athènes au service de l'Agence de Volos, et spécialement au surveillant, qui les communique aux coopératives. La politique d'organisation du fonctionnement des coopératives est formée par les cadres supérieurs et est contrôlée par les surveillants de la Banque, afin qu'elle soit diffusée, à travers les cadres moyens dans la périphérie. Il s'agit d'une fonction réglementaire portant ses limites sur l'activité effective des coopératives.

---

39. Probablement, l'inexistence des liens entre les coopératives locales et les associations professionnelles des agriculteurs a eu des conséquences négatives par rapport à l'activité productive du réseau coopératif local. Cf., pour un cas contraire, J. PLANAS, « Agricultural cooperatives and winegrowers mobilization in Catalonia in the early twentieth century », 9th European Social Science History Conference (Glasgow, 11-14 April 2012), Session : Corporatism in Rural Europe, XIXth-XXth centuries.

On examine comment se manifeste, à travers l'intervention administrative, l'intention du pouvoir de faire des coopératives des organismes dynamiques, ayant une activité non seulement de fournisseur de crédit mais aussi commerciale et productive. La Coopérative agricole de crédit du village de Kanalia essaie, en 1932, de créer un réseau commercial afin de vendre directement au marché les fruits que ses membres produisent. Le surveillant, en rôle d'intermédiaire, essaie de régler cette question à travers ses contacts avec les Agences locales thessaliennes de la banque, avec l'objectif de trouver des marchés locaux pour écouler les produits de la coopérative. Cet effort n'a eu qu'un succès limité car les marchands, usuellement, ont préféré d'autres voies commerciales. L'agence de la BAG de la ville thessalienne de Trikala répond au surveillant de Volos que :

> « [...] trois marchands de fruits de notre région sont d'accord pour vendre des poires de la Coopérative agricole de crédit de Kanalia, mais seulement dans leur intérêt. [40] »

La représentation de la banque de la ville thessalienne de Kardista répond que :

> « [...] Les marchands de fruits de notre région qui visitent bien souvent votre ville, vont s'y approvisionner en quantités nécessaires, sans intermédiaire auprès des commerçants sur place. [41]»

Les efforts considérables de la coopérative de Kanalia pour commercialiser sa production auprès de l'agence de Salonique se sont révélés inefficaces, surtout à long terme, puisque comme la fiche statistique de 1936 l'indique, la coopérative n'a pas vendu elle-même ses produits. Néanmoins, l'activité du surveillant, en 1932, suit les instructions des circulaires bancaires et les normes modernisantes du pouvoir central, concernant la fonction productive du coopératisme au niveau local, visant en même temps au soutien de l'économie nationale. Il est évident que cette conception du rôle productif des coopératives est lié à la tension générale des États européens des années 1930, les conduisant à organiser leur économie à partir des institutions collectives et au détriment de l'initiation privée [42]. On note quand même, à travers l'analyse des cas concrets, com-

---

40. D. 4. Des éléments des Coopératives de la région de Volos, 1928-1941, la BAG à Trikala au surveillant des coopératives à la BAG de Volos, 17-6-1932.

41. La BAG à Karditsa au surveillant des coopératives à la BAG de Volos, 27-6-1932. *Ibidem*.

42. Cf. A. DIOMIDIS, *La question de la potentielle financière de la Grèce*, Athènes,

ment cette politique était finalement inapplicable : l'individualisme du peuple de la campagne, les obstacles posés par la bureaucratie, l'agencement du marché intérimaire autour des réseaux du commerce de gros et des commerçants intermédiaires, mais aussi la dépéndance des coopératives par rapport au système bancaire, ont rendu impossible le fonctionnement autonome du coopératisme.

L'esprit qui régit les interventions des cadres banquiers nous montre le cas où le surveillant de l'agence de Volos s'adresse aux membres de la coopérative laitière des éleveurs bovins de la ville de Volos, qui était inactive, demandant de créer un réseau pour écouler leur lait dans la région. C'est un document adressé à la coopérative dans un esprit de modernisme économique, mais aussi dans une optique autoritaire :

> « Le lait, pour certains, est une nourriture et, pour d'autres, un remède. Chez nous, personne ne le veut pour se nourrir, ni l'achète comme un médicament. À l'état où l'on est réduit, c'est un remède dangereux et une nourriture sans goût. Cela n'est pas la faute de ceux qui deviendront bientôt vos patrons, c'est-à-dire des marchands de lait, mais c'est de votre faute car tandis que vous encourez tous les dangers et les frais énormes de la production, vous faites confiance sans aucun contrôle à ceux qui peuvent très facilement vendre demain, disons, des poisons, comme aujourd'hui ils vendent du lait [...] Nous vous prions de venir, même maintenant, dimanche à 10 heures dans la salle de la Chambre de commerce, pour voir ensemble ce qu'on peut faire en ce qui concerne votre organisation ou même une future organisation et pour discuter sur la question de la vente et de la distribution du lait et même des provisions en commun concernant la nourriture du bétail et l'amélioration du bétail et vos étables.[43] »

Au niveau européen, le secteur laitier a connu une diffusion rapide et étendue des coopératives : dans certains pays, comme la Hollande, l'Irlande et le Danemark, la production et la commercialisation du lait ont été davantage organisées sur une base coopérative que sur l'initiative privée[44]. D'une part, cette réussite des coopératives laitières occidentales est due à leur capacité de procurer au marché du lait une qualité supérieure à celle

---

1935, en grec. En ce qui concerne le rôle économique de l'État grec durant cette période cf. E. PRONTZAS, *Le nationalisme économique. Essai sur l'histoire néohellénique*, University Studio Press, 1999, en grec, passim.

43. D. 4. Des éléments des Coopératives de la région de Volos, 1928-1941. Lettre non datée.

44. Ingrid HENRIKSEN, Morten HVIID and Paul Richard SHARP, « Law and peace : Contracts and the success of the Danish Dairy Cooperatives », Discussion papers, Department of Economics, University of Copenhagen, 2011 (11), p. 19 :
[http:www.econ.ku.dk].

de celui qui provenait des industries privées[45]. D'autre part, les coopératives et leurs membres ont pu dépasser le monopole des négociants et des commerçants intermédiaires. Ce sont des questions posées, pour le cas grec, par le document mentionné ci-dessus, c'est-à-dire que l'administration a reconnu les problèmes de l'irrationalisme économique chez les agriculteurs thessaliens. Néanmoins, les efforts individuels des cadres intermédiaires étaient incapables de former un esprit coopératif et de créer les conditions économiques favorables. C'est une réalité qui est valable à l'échelle nationale et qui, naturellement, ne se borne pas au seul territoire thessalien.

L'intervention des cadres bancaires dans la gestion des coopératives est assez claire, en même temps qu'on ignore comment ce type d'intervention fut accepté par les agriculteurs. Les efforts modernisateurs du système bancaire se bornent, au niveau le plus élevé de l'administration bancaire, à transmettre les directives politiques sans pour autant réaliser une vraie décentralisation de l'activité économique. Le rôle des intermédiaires, entre le pouvoir central et le monde paysan, comme le furent les employés de la BAG, n'a pas vraiment pu influencer le changement des comportements et inverser le jeu des perspectives.

La correspondance entre la Coopérative des producteurs d'Olives du village de Promirio et le siège central de la BAG décrit clairement cet aspect. Une brève réponse négative aux sollicitations des coopérateurs, décrit le rôle passif de la banque [46]. Le surveillant de la banque de Volos, qui est au courant de la réponse de la maison centrale, adresse une lettre directement au gouverneur en y joignant la demande de la coopérative. Dans sa lettre, il note que la banque a créé des espoirs de promotion des produits agricoles. Le flux bureaucratique décrit justement cette problématique et sa perception par les acteurs mêmes de cet effort quasi collectif. Il décrit aussi les vraies limites de la politique de la modernisation agraire, proclamée comme discours dominant de la scène politique centrale vers le début des années 1930.

---

45. K. FRENKEN, « The evolution of the dutch dairy industry and the rise of cooperatives. A research », Ecis, Working paper 13-07 :
[http://cms.tm.tue.nl/Ecis/Files/papers/wp2013/wp1307.pdf]

46. D. 35, Coopérative de producteurs d'olives du village Promyrio-Sipiada, 1931-1942, lettre de la BAG, Secteur du commerce de produits agricoles, à la coopérative, 18 septembre 1931.

Surveiller la campagne

D'autres documents, qui dépeignent le fonctionnement des coopératives ainsi que leur organisation administrative, émanent de leurs inspections générales, lesquelles étaient effectuées par les surveillants de la Banque agricole et les rapports étaient adressés au Service des coopératives auprès de l'administration centrale de la BAG. Selon les statuts, les inspections doivent avoir lieu périodiquement chaque année. Les documents à remplir concernent les informations se rapportant au déroulement normal de l'administration, à l'état financier de la coopérative et à l'image générale de leurs membres. En ce qui concerne l'administration, nous constatons une tenue stricte des archives de chaque coopérative, le remplissage de ses pièces comptables mensuelles et aussi l'établissement et l'approbation du bilan de l'année. L'état économique de la coopérative est contrôlé par rapport aux crédits bancaires qu'il a absorbés et au service de ses dettes, par rapport aux parts sociales de ses membres et aux provisions de la coopérative envers les associés. La concentration des produits agricoles est une préoccupation administrative non seulement du point de vue de leur quantité, mais aussi du point de vue de leur qualité, que la coopérative écoule au marché.

Les inventaires décrivent également la légalité des inscriptions et du contrôle des membres éliminés, de la tenue du registre des coopérateurs et des procès-verbaux des séances du Conseil administratif et des assemblées générales. Ces informations répondent au cadre du modèle du coopératisme, que la Banque voulait appliquer, en même temps que la « fiche d'informations confidentielles » décrit le caractère des mentalités que les mécanismes centraux veulent diffuser à la campagne. La cohérence des coopératives a été examinée à travers la question posée sur le fait que l'institution comprend ou non dans ses membres les meilleurs agriculteurs du village. La banque examine aussi la réputation des dirigeants des coopératives. Elle demande également des informations sur ceux qui ont des ambitions politiques ou sur ceux qui ont des relations avec le Parti communiste. Des réponses données à cette question sont significatives par rapport à la formation du clientélisme au niveau local [47]. En 1930, la modification de la législation de 1914 « sur les coopératives », a imposé leur indépendance de toute activité politique et interdit toute action

47. D. 4. Des éléments des Coopératives de la région de Volos, 1928-1941, Rapport d'inspection de la coopérative agricole de crédit du village Véléstino, 29-2-1931.

politique à leurs membres dans le cadre de la coopérative[48]. Cet aspect peut se relier à la tournure autoritaire de la République grecque qui, en 1928, a promulgué la loi sur le « délit particulier », et a déclaré illégal le Parti communiste. Le questionnaire des inspections régulières des coopératives démontre les liens entre ces interdictions et la modification de la législation coopérative en 1930.

Ces archives décrivent, au niveau local, la reproduction des relations de dépendance de la campagne par rapport au système économique et politique central. Bien que les documents réglementaires de la BAG soulignent le rôle « éducatif » des coopératives, leur rôle modernisateur, qui est en réalité une centralisation de l'administration bancaire, pose des obstacles par rapport à l'évolution des institutions régionales : les coopératives restent reliées au système bancaire et aux organes de concentration économique. Ceci reflète la forte centralisation du coopératisme agraire et son contrôle par le haut que les cadres correspondants de la Banque agricole critiquent[49].

On peut aussi prendre la mesure du style stérile et typique de la langue bureaucratique ainsi que la forme spécifique du travail. Si les mots constituent un signe dont les énoncés représentent un type d'organisation sociale concrète, le cas examiné démontre la centralisation progressive d'une institution de caractère pourtant régional : ce processus paraît proliférer après l'instauration de la dictature en 1936, ayant comme triple caractéristique le contrôle des coopératives plus réglé, la régularisation aussi de la correspondance officielle entre les organes régionaux de la BAG et son administration centrale sur la question des coopératives, l'effort pour donner finalement au coopératisme un caractère de mouvement massif. L'intensification du contrôle administratif durant la dictature reflète le nouveau rôle des coopératives dans le cadre du régime : elles sont considérées comme des instruments pour l'infiltration du régime à la campagne[50].

---

48. *Coopérateur*, 6 (1930), p. 53, en grec.

49. GERAKARIS, « État et coopératives », *op. cit.*, p. 7-10.

50. Catherine BREGIANNI, « La utopia rural de un régimen autoritario. La politica cooperativista durante la dictatura de Mataxas (Grecia, 1936-1940) », *Historia Agraria*, 42 (2007), p. 327-351.

Conclusions

La microanalyse des réseaux coopératifs nous aide à formuler des hypothèses concernant l'organisation du territoire au niveau local et régional. Pourtant, on a remarqué que les coopératives sont des sous-ensembles de l'économie et de la société qui les enveloppent, étant simultanément des organes de reproduction du pouvoir politique et économique. De la même façon que les individus ont leur mémoire, les institutions sociales ont aussi leur mémoire collective[51]. Comme les individus, elles ne sont pas créées dans un vide social, elles ne peuvent pas être analysées de façon statique ou uniquement structurale. Elles s'inscrivent dans des jeux d'influence entre des acteurs et des jeux politiques.

Hors de l'expérience individuelle, on a démontré que l'institutionnalisation des coopératives agricoles constitue un instrument qui permet à l'autorité politique de contrôler l'expérience sociale et individuelle : les réseaux coopératifs, et spécialement les réseaux des coopératives de crédit, matérialisent la circulation monétaire et administrent l'organisation de l'espace et du temps, puisqu'ils facilitent l'afflux et les sorties des capitaux au milieu rural[52]. La bureaucratie, *via* son rôle indemnitaire, concrétise l'hégémonie politique, qui se stabilise à travers des institutions régionales. Dans cette perspective, on peut supposer que les coopératives fonctionnent au niveau local comme des facteurs de l'établissement et de la maintenance de l'ordre social pendant la période du changement économique de la campagne grecque au cours des années trente.

---

51. Cf. Maurice HALBWACHS, *Les cadres sociaux de la mémoire*, Paris, 1925 & *idem*, *La mémoire collective*, Paris 1950.

52. Cf. David HARVEY, *The condition of post modernity*, Oxford, Blacwell, new ed. 2008, p. 226-239.

Tableau 1. Nombre des membres de certaines coopératives de la région de Volos et de Pélion (1930-1939)

Coopérative de Crédit du village Alli Meria 1930	12
Coopérative de Crédit du village Pourrio 1932-1937	25
Coopérative de Rachat de Terre du village Kapourni 1929-1938	82
Coopérative des Producteurs d'olives du village Aghios Georghios Gaghéas 1932-1939	18
Coopérative de Rachat de Terre du village Sari Giol 1935	10
Coopérative de Rachat de Terre du village Sari Giol II 1935-1937	13
Coopérative de Crédit du village Agios Lavrentios 1930-1931	19
Coopérative d'Élevage de la ville Volos « Aghii Anargyri » 1928-1937	9
Coopérative des Producteurs d'Olives du village Promyrio 1931-1937	18
Coopérative de Crédit du village Kanalia 1932-1937	48
Coopérative de Crédit du village Véléstino 1930-1938	17
Coopérative de Crédit des Producteurs d'Huile d'Olives de l'île Skiathos 1930-1931	17

cbregiann@academyofathens.gr
gank@yahoo.gr

* * *

Région de Pélion, Préfecture de Magnésie

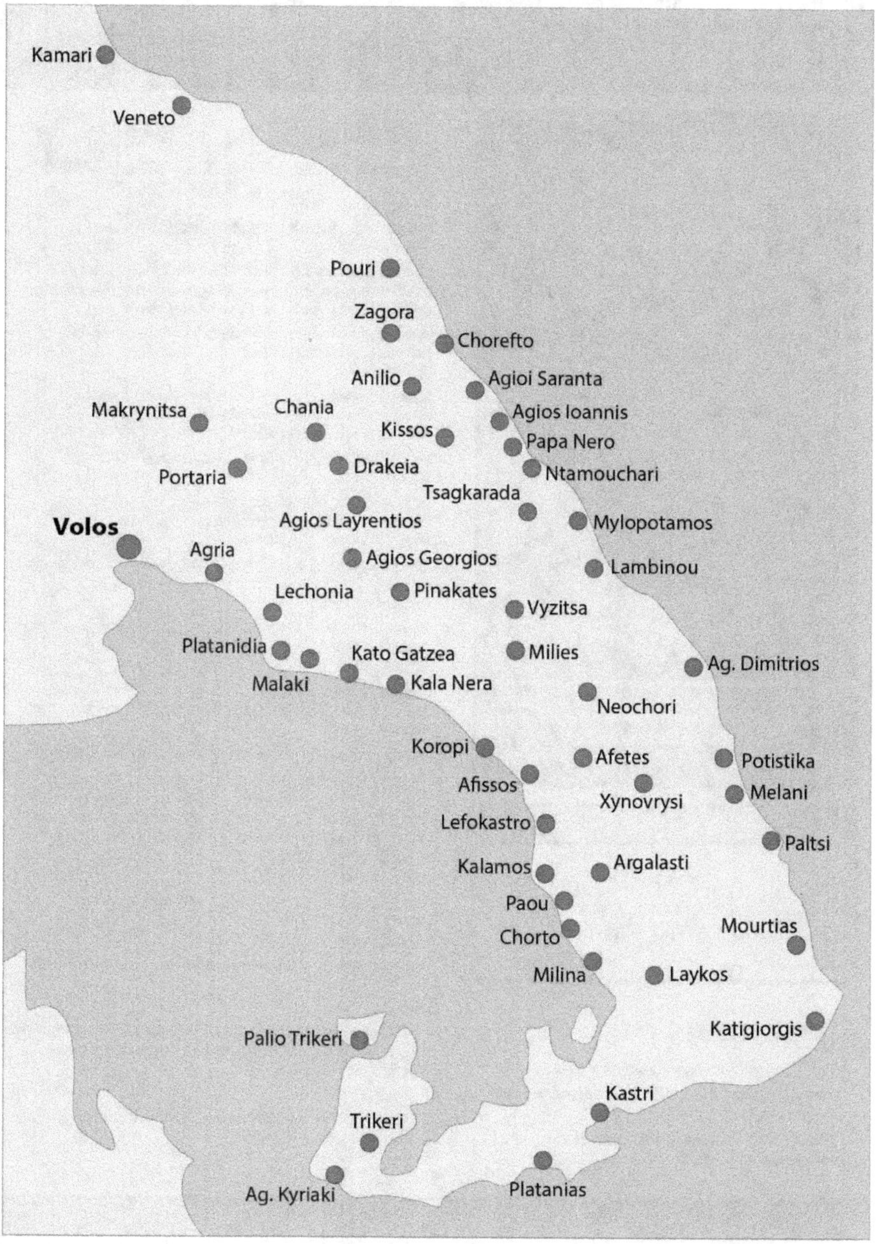

L'invisibilisation urbaine des classes populaires

Jean Pierre GARNIER

« Où est passé le peuple ? » Tel était l'intitulé un peu provocateur d'un dossier publié par la revue *Espaces et Sociétés* qui s'était donné pour objectif de contribuer à mettre fin à ce qui peut apparaître comme une aberration à la fois scientifique et politique : l'effacement de caractère idéologique de la présence d'une partie importante de la population française dans la société et, par voie de conséquence, dans l'espace [1]. Dans les discours politiques comme dans les médias et même dans les productions scientifiques, malgré quelques incursions de chercheurs en milieu ouvrier, on avait en effet l'impression, depuis déjà quelques décennies, que les classes populaires avaient été perdues de vue. Tout se passait comme si elles avaient disparu du champ de vision de ceux qui, à un titre ou à un autre, se font fort de scruter l'état de la France. Certes, il arrivait de temps à autre que l'on daigne quand même s'intéresser à elles, mais c'était de manière négative parce qu'elles défrayaient la chronique policière ou électorale. D'un côté, on condamnait les « violences urbaines » auxquelles se livraient plus ou moins régulièrement certains éléments de leur progéniture masculine ; de l'autre, on fustigeait rituellement les adultes pour ne pas voter correctement ou ne pas voter du tout.

Sans prétendre bien sûr épuiser le sujet, les articles réunis dans le dossier d'*Espaces et Sociétés* levaient le voile sur diverses facettes de la « condition urbaine » des classes populaires jusque-là le plus souvent laissées dans l'ombre. Contrairement aux approches superficielles teintées de misérabilisme qui prévalent encore, il en ressortait que leur décomposition sur laquelle on avait l'habitude de mettre l'accent allait de pair avec

1. « Où est passé le peuple ? », *Espaces et Sociétés*, n° 156-157, 2014/1.

des recompositions allant à l'encontre des conclusions hâtives et parfois intéressées sur une disparition annoncée.

Néanmoins, à vouloir trop tordre le bâton dans l'autre sens pour invalider la thèse de l'irrémédiable délitement des classes dites « subalternes » en mettant en lumière les formes nouvelles de résistance, de solidarité et de créativité populaires apparues dans les espaces urbains où elles résident, on court le risque de sous-estimer, voire de laisser de côté, un processus qui marque en creux, si l'on peut dire, l'urbanisation capitaliste contemporaine, et qui n'est pas sans conséquences sur les plans anthropologique et politique : l'invisibilisation urbaine des classes populaires considérées à l'échelle de la ville entière, notamment dans les grandes agglomérations rebaptisées « métropoles ». Car une chose est leur effacement idéologique, une autre le fait que ces habitants de deuxième zone finissent par ne plus compter sur la scène urbaine parmi les citadins de plein exercice.

1. À la recherche d'une classe perdue

Étant donné que, sauf pour les espris scientistes, la neutralité axiologique n'existe pas dans les sciences sociales, il convient de préciser au départ à quel courant de la sociologie urbaine se rattachent les outils théoriques choisis ici pour décrire et analyser ce processus. Un courant critique, cela va de soi car on voit mal en quoi, autrement, sauf pour s'en réjouir comme le font les chantres de la « ville créative » ou de la *smart city*, l'invisibilisation urbaine des classes populaires pourrait constituer un sujet de préoccupation. Mais de quelle sociologie critique s'agit-il ? Ajouter le qualificatif « radicale » importé des campus étatsuniens serait de peu d'utilité tant on en a usé et abusé. Disons une sociologie d'inspiration « marxo-bourdieusienne », en attendant mieux.

Cela va transparaître tout de suite dans la problématique adoptée pour aborder le thème de l'invisibilisation urbaine des classes populaires. Avant de se demander de quoi il s'agit quand on parle d'invisibilisation urbaine, il convient de s'interroger sur ce que l'on entend à propos de ce qui est en train de devenir moins visible, sinon déjà invisible, c'est-à-dire les classes populaires. Les deux questions sont liées, comme nous allons le voir. Ensuite, on pourra aborder la dimension proprement urbaine de cette invisibilisation. Avant d'être urbaine, en effet, celle-ci est sociale en général. Parler de classes populaires en France aujourd'hui, non seulement dans les milieux politiques et médiatiques, mais même jusque dans les milieux académiques, fait courir le risque de passer pour marxiste ou, comme c'est la mode depuis quelque temps, pour populiste. Et, pire encore, parler de lutte des classes : pleuvent alors les accusations d'extrémisme, de simplisme, d'archaisme.

J'accepte de passer pour marxiste ou marxien puisque je me revendique tel. Sur l'acusation de populisme, je reviendrai plus avant. Et, pour ce qui est du simplisme, mon point de départ est effectivement simple, ce qui ne veut pas dire simpliste. Nous vivons dans une société capitaliste et donc de classes, quoi qu'en pensent des sociologues pressés d'entonner un « requiem pour les classes sociales » comme si la « société salariale » qu'ils mettent en avant comme concept de rechange avait pour vertu de mettre fin à leur existence [2]. Et les classes sociales existent seulement au travers des rapports de classe : rapports d'exploitation économique, de domination politique et d'assujettissement idéologique. Leurs formes ont changé, sans aucun doute, depuis que Marx, Engels et quelques théoriciens anarchistes ont entrepris de les décrire pour les dénoncer, mais ils sont plus prégnants que jamais.

Ne pas le reconnaître, comme le font les partisans politiques et les suppôts idéologiques de cette société équivaut à nier la réalité sociale. Le problème est que, précisément, ceux-ci ont gagné, au début des années 1980 en France, la bataille des idées parallèlement à la victoire du néoliberalisme dans le champ économique. On peut parler à cet égard d'une véritable reconquête idéologique. Certains mots ou concepts, considérés comme non scientifiques, ont été erradiqués. Songeons, par exemple, à « bourgeoisie », « prolétariat », « exploitation », « plus-value » — sauf s'il s'agit de la Bourse —, « domination », « aliénation » et, bien sûr, « capitalisme » — remplacé par « économie de marché » — ou « classe » — remplacés par « catégorie socio-professionnelle » ou « groupe social ». À partir de la fin des années 1970, tous ces mots furent éliminés du vocabulaire des sciences sociales majoritaires. Même la « bonne vieille catégorie de "travailleur", ironise un sociologue intégrationniste, a été abandonnée pour être remplacée par celle de "citoyen" [3] ».

Ce sociologue, très représentatif du courant sociologique conformiste maintenant prédominant en France, qui a substitué l'« exclusion » à l'exploitation pour redéfinir la « question sociale » [4], reconnaît que de tout

2. Michel KOKOREFF et Jacques RODRIGUE, *Une France en mutation. Globalisation, État, Individus*, Petite bibiothèque Payot, 2013.

3. Denis MERKLEN, *Quartiers populaires, quartiers politiques*, Éd. La Dispute, 2009, 305 p.

4. La sociologie intégrationniste est basée sur la négation des contradictions de classes. Selon l'approche integrationniste, les problèmes des classes populaires proviennent d'un « manque d'intégration » à un modèle de société qu'on ne saurait remettre en cause : la

cela résulte un « problème difficile » pour les chercheurs qui étudient l'évolution des classes populaires : ayant *« abandonné le thème de la révolution pour s'engager en faveur de la démocratie* — en fait, pour se rallier, comme le reste de la petite bourgeoisie intellectuelle "contestataire" française au capitalo-parlementarisme —, *ils ont beaucoup de mal à travailler sur elles avec le mot "classe" et encore plus à leur appliquer un terme aussi bas que "populaires"* [5] ».

Ce rejet de la part des chercheurs français en sciences sociales de concepts qu'ils ont l'habitude de décréter « périmés » peut apparaître plaisant, surtout au regard de leur validité toujours actuelle en termes d'« analyse concrète de situation concrète », pour rependre une formulation de Lénine, comme en témoigne la fameuse déclaration faite sur la chaîne de télévision étasunienne CNN, en 2005, par l'un des hommes les plus riches du monde, le *businessman* étasunien Warren Buffet (qui la repéta l'année suivante par écrit dans le *New York Times*) : « La guerre de classe existe, c'est un fait, mais c'est ma classe, celle des riches, qui mène cette guerre, et nous sommes en train de la gagner. »

Le paradoxe qu'illustre cette déclaration est que la bourgeoisie a une forte conscience de classe alors que ce n'est pas le cas de la classe ouvrière ni des classes populaires en général. Et c'est ici que commence leur imvisibilisation : dans les discours, non seulement des dominants, mais aussi dans ceux qu'elles tiennent sur elles-mêmes. À cet égard, il faut rappeler la nécessaire distinction à opérer, comme le firent Lénine et Boukherine, entre la classe *en* soi et la classe *pour* soi.

La classe en soi est définie objectivement par sa place dans les rapports de production. Ainsi, l'appartenance à la classe ouvrière est-elle basée sur le fait que la seule chose que possède l'ouvrier est sa force de travail qu'il est obligé de vendre pour survivre, alors que le bourgeois est le possesseur des moyens de production, ce qui lui permet d'exploiter l'ouvrier. Cela vaut aussi pour les employés affectés aux tâches d'exécution dans le secteur des « services » (commerce, transport, manutention, entretien, nettoyage, etc.) — les « nouveaux prolétaires [6] » —, puisque ces activités sont aussi entre les mains d'autres types de capitalistes. Ainsi, la classe en soi regroupe-t-elle les agents qui ont *objectivement* les

---

société capitaliste.

5. *Ibidem*.

6. Sarah ABDELNOUR, *Les nouveaux prolétaires*, Paris, coll. « Petite encyclopédie critique », 2011.

mêmes intérêts, indépendamment de ce qu'ils pensent de leur position sociale.

En revanche, la classe pour soi est consciente de la convergence de ses intérêts communs et se mobilise pour les défendre. Elle se dote de représentants, d'institutions, d'objectifs et de programmes pour s'organiser et lutter. Or, de nombreuses études sociologiques ont montré que la bourgeoisie est la dernière classe réellement consciente de ses intérêts et totalement impliquée dans leur perpétuation. Et, de fait, depuis le début de la soi-disant crise — la restructuration des modalités de l'accumulation du capital —, qui a débuté à la fin des années 1960 du siècle passé aux États-Unis et en Angleterre, au milieu de la décennie suivante dans le reste de l'Europe, cette classe est celle qui triomphe, avec plus ou moins de discrétion selon les lieux et les moments.

En revanche, les classes populaires contemporaines n'ont pas spontanément conscience de partager une condition et une identité sociales communes, sinon d'une manière vague et confuse. Certes, elles ressentent fortement le poids des inégalités perçues comme des injustices et savent bien que leur vie, aussi bien au travail que durant leur temps libre, est très différente de celle des « riches », des « gros » ou des « élites », comme on dit dans les milieux populaires, qu'elles soient économiques, politiques, intellectuelles ou artistiques. Mais les membres des classes populaires n'ont plus une vision du monde propre, ils ne vivent plus ni ne définissent leur condition de classe laborieuse au travers de pratiques, de valeurs et de significations partagées, forgées dans la séparation et l'autonomie culturelle par rapport aux classes moyennes et supérieures. Bref, ils n'ont plus conscience de constituer une classe. Ils sont portés à penser le monde social selon l'idéologie dominante, qui n'est pas tant celle de la bourgeoisie elle-même sinon celle diffusée par ses institutions (l'école en premier lieu et, surtout, les médias) ; une idéologie qui a comme composantes principales l'individualisme et le consumérisme.

Néanmoins, cette domination idéologique n'est pas absolue et comporte quelques failles qui se manifestent en temps de crise. Un exemple parmi d'autres : en dépit d'une intense propagande politique et médiatique en faveur du Traité constitutionnel européen, une immense majorité des classes populaires françaises (quasi 80 % des ouvriers et plus de 70 % des employés votèrent contre lui en 2005. Les uns et les autres savent, en effet, à travers leur expérience quotidienne résumée par les mots « austérité » et « précarité » que l'Europe est l'Europe néolibérale — et non celle d'Erasmus, dont-ils n'ont pas la moindre idée, réservée à une jeunesse privilégiée (moins qu'auparavant, toutefois, avec la prolétarisation qui commence à toucher une partie des jeunes diplômés) — dont les dirigeants se moquent de la prétendue souveraineté populaire qui serait le fondement de « nos démocraties ».

Cela dit, on peut affirmer que la conscience de classe des classes dominées est devenue très faible et souvent inexistante en France. En général, l'attitude qui prévaut face à l'adversité sociale n'est pas la révolte mais la résignation et la passivité. Quand les travailleurs descendent dans la rue aujourd'hui, c'est pour défendre « leurs emplois », selon le slogan syndical mystificateur, revendiquant ainsi inconsciemment le droit de continuer à être exploités, et non pour exiger de l'être moins *via* une augmentation des salaires et, plus du tout, évidemment, dans la perspective d'en finir un jour avec le capitalisme. En résumé, la lutte des classes continue d'exister mais elle se déroule sur le terrain institutionnel et idéologique de l'adversaire bourgeois, en y incluant « la rue », lieu d'expression populaire canalisée, ritualisée et donc neutralisée, sauf lors de manifestations inopinées ou interdites qualifiées de « troubles à l'ordre public » et, à ce titre, réprimées. Autant dire que si lutte de classe il y a de la part des classes populaires, elle est devenue purement défensive.

2. Recomposition ou décomposition ?

Il faudrait beauoup plus d'espace pour expliquer en détail les raisons du déclin et même parfois de la disparition de la conscience de classe parmi les classes populaires. On se limitera ici à en énumérer les principaux facteurs tels qu'ils ressortent des études menées en France par des chercheurs dont les positions, si elles sont rarement anticapitalistes, ont au moins le mérite d'être anti-néolibérales[7].

- En premier lieu, les transformations du mode de production capitaliste : diminution du pourcentage des ouvriers dans la population active due à la désindustrialisation et aux délocalisations, et, par conséquent, amoindrissement de leur poids et de leur influence comme force sociale ;
- Caractère de plus en plus abstrait de l'ennemi de classe du fait de la transnationalisation et la financiarisation du capital ;

7. Yasmine SIBLOT, Marie CARTIER, Isabelle COUTANT, Olivier MASCLET et Nicolas RENAHY, *Sociologie des classes populaires contemporaines*, Armand Colin, 2015. Cet ouvrage collectif propose une vision d'ensemble de l'évolution des milieux populaires en France, synthétisant les recherches menées sur ce thème et accompagnée d'une riche bibliographie.

- Éloignement des établissements industriels ou commerciaux par rapport aux centres de décision, ce qui affaiblit l'efficacité des mouvements de revendication sur les lieux de travail ;
- Disparition des fortes concentrations de travailleurs (grandes usines, chantiers navals, mines, etc. ;
- Augmentation de la proportion d'ouvriers travaillant dans le secteur des services (transport, manutention, maintenance...), maintenant majoritaires au sein de la classe ;
- Flexibilisation du marché du travail avec le développement du travail temporaire ou à temps partiel, et accroissement du sous-emploi et du chômage, c'est-à-dire, pour résumer, généralisation de la précarité, qui déstabilise les collectifs de travailleurs et rend plus difficile la solidarité et la résistance ;
- Innovations tecnologiques qui séparent les travailleurs sur la base d'une spécialisation accrue ;
- Réorganisation du fonctionnement des entreprises selon les principes du « *new management* », avec l'individualisation des tâches et l'accentuation de la division du travail, en particulier entre ouvriers qualifiés et non qualifiés, ouvriers stables et ouvriers précaires, jeunes travailleurs et anciens, travailleurs « blancs » et « non blancs »... ;
- Diffusion généralisée des valeurs entrepreneuriales (participation, autonomie, réussite, mérite, compétition pour monter dans la hiérarchie...)

La réduction quantitative, la diversification et l'atomisation des « masses laborieuses », comme on disait jadis, va à l'encontre de la permanence d'une culture de classe commune et le maintien d'une tradition de l'action collective. La flexibilité et la segmentation du marché du travail imposent une pluralité des conditions de travail, de revenus et de relations professionnelles qui détruit l'ancienne solidarité de classe des ouvriers. Il convient de noter, à cet égard, que la notion de « classes populaires » est plus adéquate que celle de « classe ouvrière » : le pluriel fait ressortir le caractère de plus en plus hétérogène des catégories populaires au cours de la période récente. Ainsi, leur cohésion sociale s'est-elle perdue au point de rendre incertaine leur identité sociale. Et cela se traduit dans le langage : tandis que la dénomination officielle d'« opérateur » dans les entreprises industrielles déclasse et rabaisse celle d'« ouvrier », les travailleurs ne se considèrent plus entre eux comme des « camarades », mais comme des « copains », une évolution linguistique que reflète, en même temps qu'elle l'accentue, l'invisibilisation des classes populaires.

Néanmoins, les facteurs socioéconomiques ne suffisent pas à expliquer ce phénomène. Les classes populaires sont encore massivement présentes dans la population active. En dépit du caractère discutable des statistiques officielles et, en particulier, des critères de classification socioprofesionnelle, on peut affirmer que les ouvriers représentent encore 22,5 % de la population en activité et dépassent les 25 % si l'on inclut les chômeurs et les retraités. Si l'on y ajoute en outre les employés peu qualifiés du secteur des « services », — surtout des employées : 80 % des employés sont des femmes —, dont la condition sociale, comme on l'a dit, est assez semblable à celle des ouvrières d'industrie par bien des aspects (tâches d'exécution rebutantes et souvent éprouvantes, rémunérations insuffisantes, instabilité de l'emploi), et dont le nombre va s'accroissant, le prolétariat constituerait aujourd'hui environ 58 % de la population active française. En d'autres termes, « invisibilisation » ne signifie pas disparition. Ainsi donc, ce n'est pas tant l'évolution des classes populaires *en* elles-mêmes qui est à l'origine de leur invisibilisation que l'évolution des classes populaires *pour* elles-mêmes. Ce qui signifie que l'invisibilisation est, en grande partie, une construction sociale où le facteur idéologique joue un rôle majeur.

Aux logiques objectives de destruction et de dislocation de la classe ouvrière de même que de recomposition des classes populaires, se sont ajoutées les logiques subjectives de dévalorisation et de démoralisation du « monde du travail ». Sur le plan politique, en premier lieu, on peut dire que les classes populaires sont de moins en moins représentées sur la scène politique officielle. Comme il est notoire, les partis de gauche ont connu un « embourgeoisement » de leur composition sociologique tout au long des dernières décennies du XXe siècle, ce qui a entraîné leur déconnection d'avec leur base populaire. Qu'il s'agisse de ses dirigeants, de ses militants ou de son électorat, on peut affirmer que le Parti socialiste s'est mué en parti des « classes moyennes éduquées », c'est-à-dire de la petite bourgeoisie intelectuelle (PBI)[8]. Bien que celle-ci se garde de le reconnaître, le mépris des classes populaires est devenu monnaie courante dans les rangs du PS et des Verts, et la politique qu'ils mènent, quand ils sont au pouvoir, ne se distingue guère de celle de la droite, sauf pour les questions dites « sociétales[9] ». Certes, menacées de prolétarisation, les

8. Jean-Pierre GARNIER et Louis JANOVER, *La deuxième droite*, Agone, 2013.

9. Néologisme créé pour designer l'évolution des mœurs, sexuels en particulier, qui intéresse beaucoup les néo-petits bourgeois, à la différence des questions sociales que se posent les classes populaires : instabilité de l'emploi, baisse du nivau de vie, démantè-

franges inférieures de la PBI ont commencé à se solidariser avec les revendications des classes populaires, mais il reste que celles-ci continuent d'être absentes des institutions politiques. Quant au Parti communiste français, ses dirigeants et ses cadres appartiennent eux aussi, aujourd'hui, en majorité à la PBI, celle du secteur étatique, notamment le personnel enseignant et socio-éducatif, les élus, cadres et experts des collectivités locales, ce qui explique que ce parti ait abandonné son ambition de représenter en priorité les classes populaires, sauf de temps à autre en période electorale[10].

Absentes du champ politique, les classes populaires ne sont également guère présentes dans le champ syndical. La bureaucratisation des syndicats, les divisions et rivalités entre les différentes organisations, leurs compromis avec la gauche officielle quand elle est au pouvoir, l'abandon d'une « logique d'opposition » au profit d'une « logique de proposition » — qui est, en fait, une logique de collaboration de classes — et les déroutes sucessives de cette stratégie opportuniste dans la lutte contre le néolibéralisme ont contribué a la désertion de la base militante. Résultat : le taux de syndicalisation des ouvriers et employés (7 %) n'a pas cessé de baisser au au fil des ans.

De cette situation, les sociologues et les politologues qui se veulent critiques ont tiré une conclusion : les classes populaires souffrent d'une « crise de représentation ». Autrement dit, elles sont devenues politiquement invisibles. Ce qui ne préoccuperait guère la bourgeoisie et la petite bourgeoisie intellectuelle si cette crise de la représentation populaire ne mettait pas en crise la démocatie représentative elle-même. Cela de deux manières :

- Le « parti des abstentionnsites », qui constituent toujours plus de 50 % des électeurs potentiels (sauf quand on peut voter contre l'eurocratie de Bruxelles), est le « premier parti de France », comme ont coutume de le déplorer les politiciens et les journalistes. Il faudrait y ajouter les gens non inscrits sur les listes électorales (de l'ordre de 12 % des citoyens en âge de voter). Or, toutes les recherches effectuées sur le sujet montrent que l'abstention est beaucoup plus importante de la part des classes populaires. Cette désaffection délégitime un régime supposé incarner le

lement de l'« État providence »…

10. Julian Mischi, *Le communisme désarmé. Le PCF et les classes populaires depuis les années 70*, Agone, 2014.

règne de la souveraineté populaire, le faisant apparaître ainsi, en définitive, comme une « démocratie impopulaire ».

- Un pourcentage de plus en plus important de ces classes, en particulier les jeunes générations, vote en faveur du Front national, non parce qu'elles seraient en voie de « fascisation », mais par détestation des partis qui se succèdent au pouvoir pour poursuivre la même politique au service du capitalisme et dont elles font les frais. En laissant de côté le débat pour savoir si le FN représente un « danger pour la démocratie », il y a bien un aspect de ce vote « extrémiste » qui a directement à voir avec l'invisibilisation des classes populaires : le caractère populiste de la propagande du Front national. Significativement, François Hollande en est venu a lui reprocher de « parler, au travers des discours de Marine Le Pen, comme un tract du Parti communiste des années 70 ». Avec ce genre d'argument qui leur sert à la fois de prétexte et d'alibi, les dirigeants, journalistes et intellectuels de la gauche social-libérale — c'est-à-dire de la « deuxième droite » — cherchent à se disculper d'avoir oublié les classes populaires et à discréditer en même temps les tentatives de la part de ce qui reste de gauche social-démocrate antilibérale et de la gauche anticapitaliste de renouer avec l'ancien langage militant progressiste et, de cette façon, avec les classes populaires. Et cela, non par misérabilisme ou paternalisme à leur égard, mais avec l'espoir qu'elles redeviennent l'actrice de premier plan de l'émancipation collective en se constituant à nouveau en « peuple » au sens politique du terme, c'est-à-dire en force sociale consciente et organisée entraînant d'autres classes ou fractions de classes en vue d'un changement social réel. Le moins que l'on puisse en dire, toutefois, est que ces efforts n'ont pas jusqu'ici été couronnés de succès. Et c'est ici qu'interviennent les facteurs proprement idéologiques qui vont dans le sens de la dépolitisation des classes populaires et, par conséquent, de leur invisibilisation.

3. De la dépolitisation à l'invisibilisation

Au niveau international, on ne peut ignorer l'impact désastreux sur l'imaginaire des classes populaires du double échec du socialisme (ou du communisme) supposé « réel » et de la perte consécutive des idéaux de transformation sociale qui avaient mobilisé les travailleurs depuis le milieu du XIXe siècle. Non seulement les régimes considérés comme l'incarnation de ces idéaux se sont révélés comme leurs caricatures — souvent dictatoriales et sanglantes —, mais ils ne sont en outre pas parvenus à survivre face à leurs rivaux capitalistes. Aujourd'hui, le prolétariat ne peut plus trouver sur la planète un régime en mesure de concrétiser et symboliser un modèle positif auquel il puisse s'identifier, un modèle alternatif à la soi-disant « démocratie de marché ». Pour cette raison, il ne peut plus se présenter aux yeux des autres classes et même à ses propres yeux comme une classe capable de mener l'humanité vers un avenir meilleur sinon « radieux ».

Au niveau national, les défenseurs de l'ordre établi ont profité de cet ébranlement des idéaux socialistes ou communistes et du découragement qu'il a provoqué dans les classes populaires pour les désarmer intellectuellement. En France, depuis le milieu des années 1970, accompagnant l'offensive économique néolibérale, s'est également déclenchée une offensive idéologique de grande ampleur. Politiciens, journalistes et intellectuels de cour se sont ligués pour imposer une « pensée unique » conformiste qui persuade les classes populaires que le capitalo-parlementarisme, rebaptisé « démocratie de marché », était l'horizon indépassable de notre temps et de ceux à venir.

Dans ce contexte, la référence progressiste au « peuple » a disparu du vocabulaire. S'y sont substituées deux figures rassurantes pour les possédants et leurs fondés de pouvoir politiques : celle, aliénée, du consommateur, et celle du citoyen, ectoplasme sans identité de classe, défini par son adhésion et sa participation grégaires, le plus souvent comme figurant et non comme acteur, aux institutions représentatives étatiques... ou para-étatiques telles les associations que les premières subventionnent. Quant au qualificatif « populaire », il ne sert plus aujourd'hui qu'à désigner ce qui jouit de la préférence de la population ou plutôt du public, puisque, dans notre « société du spectacle », la popularité dépend principalement de la faveur des *mass media*. Ce public correspond largement à la part de la population que les classes dominantes bourgeoises et néo-petites-bourgeoises identifient à la partie la moins éduquée et souvent la moins cultivée, dont les goûts sont considérés comme vulgaires. Conséquence : ce qui est relatif au « peuple » [11], propre du « peuple », en usage parmi le « peuple », ce qui, somme toute, provient du « peuple » comme milieu social est ignoré, méprisé ou stigmatisé. Et les gens qui ne partagent pas cette attitude sont suspectés ou même accusés de « populisme ».

On ne peut analyser ce phénomène sans recourir à un concept forgé par le sociologue Pierre Bourdieu pour décrire un aspect fondamental de

11. Rappelons que « peuple » est un concept politique et non sociologique. Cf. Judith BUTLER, Georges DIDI-HUBERMAN, Sadri KHIARI et Jacques RANCIERE, *Quest-ce qu'un peuple ?*, La Fabrique, 2013.

la domination de classe : la *violence symbolique*. À la différence de la violence physique directe, celle de la répression, de la coercition ouverte, la violence symbolique se caractérise par le fait d'être indirecte, implicite, dissimulée ou souterraine, en un mot invisible, de sorte qu'elle cache la matrice de base des rapports de force sous-jacents à l'ordre social. Cela rend difficile toute contestation ou révolte, et sert ainsi à pacifier les relations au sein de la société. Les dominants ont, par ce biais, le pouvoir d'imposer subrepticement leur propre vision du monde, à la fois idéaliste et matérialiste (au sens commun du terme), moraliste et utilitariste, comme objective et universelle (par exemple à travers la notion d'« intérêt général » ou de « bien commun »), de telle sorte que les dominés, en l'intériorisant, ne perçoivent pas la violence symbolique ou n'ont pas conscience de la pression qu'elle exerce sur eux. La majorité des individus des classes populaires, par exemple, ne se doutent pas que l'« information » et la « communication » ne sont pas autre chose, la plupart du temps, que de la propagande ou de la publicité camouflées.

Les pratiques de violence symbolique font partie de stratégies élaborées dans le cadre des rapports de domination capitalistes, participant de la reproduction des positions et des rôles sociaux, des statuts, des divisions de genre, des catégories cognitives, des représentations du pouvoir et du monde social en général. Au travers de ce processus de soumission involontaire, les dominés perçoivent la hiérarchie sociale comme légitime et naturelle, et font leur la vision que les dominants ont du monde ou, plutôt, très souvent, la vision qu'ils diffusent *via* les médias en direction des classes populaires. Il en résulte que ces dernières acquièrent une représentation négative, dévalorisante d'elles-mêmes. La violence symbolique est ainsi à l'origine d'un sentiment d'infériorité ou d'insignificiance parmi les dominés. De là, le découragement, la résignation et le repli que l'on peut observer parmi celles-ci, qui contribuent à ce qu'elles soient perdues de vue par les autres et à se faire elles-mêmes à leur insu, dans une certaine mesure, invisibles.

4. Un urbanisme antipopulaire

Cependant, l'invisibilisation des classes populaires ne se limite pas à leur existence comme classes laborieuses. Elle a été également prolongée et accentuée par les transformations de leur inscription territoriale en tant que habitantes. Jusque dans les années 1950-1960, le quartier populaire était identifié comme quartier ouvrier. Il était le terrain d'une sociabilité et d'une solidarité spécifiques qui consolidaient les liens tissés dans la vie professionnelle. La présence ouvrière était si forte qu'elle influait sur les habitants des autres classes, non seulement les employés, mais aussi les artisans et les petits comerçants. La proximté entre les lieux de travail et les logements dotait l'identité ouvrière de deux ancrages territoriaux étroitement connectés qui favorisaient des mobilisations de classe massives. Le quartier pouvait de la sorte constituer un bastion pour la résistence politique et même parfois pour la contre-offensive, violente, comme cela se produisit à Paris au XIXe siècle, ou électorale, par la suite, dans certaines banlieues ouvrières ou même à l'échelle de la ville entière dans les régions industrielles. Cela à tel point que des représentants politiques issus de groupes stables d'ouvriers qualifiés purent accéder au pouvoir municipal avant que les partis de gauche commencent à s'« em(petit)-bourgeoiser ».

Bien sûr, d'une manière générale, pour des motifs économiques, politiques et idéologiques, les classes dominantes ne pouvaient accepter que la prédominance des classes populaires se perpétue dans certains espaces urbains, que ce fût au niveau d'une ville entière ou dans les quartiers centraux. De là l'un des objectifs fondamentaux de la politique urbanistique : en finir avec ce type de situation selon deux axes, expulser les classes populaires vers la périphérie des agglomérations urbaines et organiser leur dispersion spatiale. Cette politique fut menée à bien grâce à un urbanisme que l'on peut qualifier d'« antipopulaire » conjugué avec les facilités accordées par les pouvoirs publics à la spéculation immobilière. À la marginalisation socioéconomique des classes populaires s'ajouta ainsi leur marginalisation socio-spatiale.

Avant de passer en revue les divers modes de logement des classes populaires et de les rapporter à leur visibilité urbaine, je dirai quelques mots au sujet des habitants que l'on peut qualifier d'« invisibles ». Laissant à part ceux qui le sont déjà *de facto*, à savoir les 67 000 détenus, provisoirement ou durablement logés par l'État, dont la majorité provient des classes populaires, il existe actuellement en France environ 120 000 personnes non pas « sans domicile fixe », mais sans domicile tout court qui survivent dans la rue. Ces hommes et ces femmes sans travail, français ou immigrés, ont trouvé leur place dans l'espace public pour en faire leur « foyer », si l'on peut dire. Certes, à première vue, on ne peut les classer parmi les invisibles puisqu'ils sont souvent physiquement et visuellement très présents dans les espaces publics centraux au point d'y être considérés comme indésirables. De provenance et pour des motifs divers, ils occupent des places, des parcs, des rues commerçantes, créant leurs propres lieux de séjour, de recontre et de convivialité. Comme on le sait, ils sont l'objet de mesures fréquentes de « nettoyage » visant à éradiquer leur présence dans les espaces publics les plus fréquentés ou les plus prestigieux où ils peuvent créer des problèmes d'« ordre public » ou dépareiller le maquillage urbain de quelques villes à vocation touristique supposées ordonnées et pacifiques. Aux individus sans logis s'ajoutent les 45 000 personnes qui vivent dans des habitats de fortune (boxs de garages, caves, cahutes de jardin, voitures abandonnées) et 110 000 de plus qui habitent en campings, caravanes ou *mobile homes*. D'autres, environ 700 000, se procurent un toit en louant une chambre dans un hôtel miteux ou un meublé dans un immeuble dégradé. D'autres encore sont hébergés chez des parents ou des amis (plus d'un million, dont 200 000 dans des conditions très difficiles). La situation professionnelle de tous ces gens pourvus d'un toit mais sans résidence digne de ce nom varie : les uns sont sans travail et d'autres travaillent plus ou moins normalement et légalement. En fait, près de 30 % ont un emploi dont 90 % sont ouvriers ou employés. Pour autant, l'absence de logement propre les prive tous d'un élément essentiel pour la constitution de leur identité personnelle et sociale, et donc citadine.

D'innombrables études urbaines ont traité de la dépossession des classes populaires de leur droit à la ville et, plus concrètement, de leur droit à la centralité urbaine [12]. Pour cette raison, il ne semble pas que cela vaille la peine de s'étendre longuement sur les politiques d'urbanisme ou du logement dites de « requalification », de « rénovation », de « réhabilitation », de « revitalisation », de « redynamisation », de « renaissance urbaine »... auxquelles on pourrait ajouter celles de « régénération » pour user d'un terme aux connotations biologiques et naturalistes en usage dans d'autres pays. Tout le monde devine — bien que beaucoup feignent de l'ignorer par prudence opportuniste — la logique de classe que recouvrent ces dénominations consensuelles et euphorisantes en usage chez les urbanistes, les architectes et les « communicants » des municipalités. Cette logique est très bien résumée par une expression utilisée parfois mais toujours avec prudence car elle pourrait révéler ce qu'il importe de cacher : « reconquête urbaine ».

---

12. Cette définition du droit à la ville est restrictive. Pour le sociologue Henri Lefebvre comme pour le géographe David Harvey, théoriciens les plus en vue de ce droit, il ne s'agit pas seulement d'un droit d'accès et d'usage, mais du droit pour le peuple d'intervenir directement et activement dans la conception et la configuration mêmes de l'espace urbain.

Sur le front urbain, en effet, une guerre de basse intensité et de longue durée est menée dans les grandes villes, aussi bien en France que dans les autres pays. Qui est l'ennemi ? En principe, la pauvreté, l'insalubrité et l'insécurité ; en réalité, les classes populaires aux revenus limités et aux habitudes contre-productives qui occupent une place indue dans des lieux qui doivent être « revalorisés », c'est-à-dire dans ceux à qui il faut redonner de la valeur au sens symbolique et, surtout, financier du terme. Et cela d'autant plus si l'on prend en compte le rôle majeur de la spéculation immobilière dans ce processus qui est à la fois spontané — loi du marché appliquée au logement — et programmé — politique urbanistique. Dans ce dernier cas, la « problématique du projet », comme on dit dans les écoles d'architecture, à propos de la « mutation » nécessaire des quartiers populaires bien situés, consiste à les rendre lisses et aseptisés, à élever leur *standing*, améiorer leur image. Évidemment, cette amélioration physique implique une amélioration « sociale ». Les vieux immeubles dégradés que l'on louait à des populations peu solvables laissent la place à de nouvelles résidences ou à des maisons rénovées où celles-ci n'auront plus leur place. Les bars et petits commerces traditionnels disparaissent au profit de cafés « branchés », de « boutiques » à la mode et de galeries d'art. Il s'agit d'attirer une clientèle de classe moyenne aisée et cultivée en quête de proximité avec la centralité et les aménités urbaines, mais non de « mixité sociale » avec les classes inférieures. La « diversité sociale » du quartier où elle s'établit est en effet plutôt un décor exotique que ces néo-petits bourgeois valorisent *a posteriori* pour faire montre de progressisme et d'anticonformisme. En réalité, ils ne s'installent pas dans les quartiers populaires pour faire œuvre militante ou humanitaire, mais par nécessité économique. Peu leur importe que leur présence contribue à la hausse des prix de vente et des loyers dans le voisinage, et à accélérer ainsi le départ des gens du peuple à qui, en outre, ils font sentir leur infériorité par l'exhibition de pratiques culturelles « décalées » et d'un mode de vie élitiste. Le concept de « gentrification » définit cette colonisation des quartiers populaires par certaines fractions de la petite bourgeoisie intellectuelle, mais on pourrait reprendre, en prenant le mot au sens figuré, le terme de « dépeuplement » pour désigner ce processus qui a pour effet, sinon pour finalité, d'évincer le peuple hors des quartiers où il résidait.

Où vivent dès lors la plupart des habitants des classes populaires françaises, d'origine immigrée ou non, pour lesquelles il sera dorénavant impossible de résider dans les quarties centraux ? Durant les années prospères de l'après-guerre, les fameuses « Trente glorieuses », débuta la séparation entre lieux d'emploi et lieux de résidence, avec la construction, d'abord, de grands ensembles de logements sociaux, et ensuite, avec le développement de lotissements de maisons individuelles en accession à la propriété. Dans les deux cas, cela ne favorisait pas la visibilité urbaine des occupants. Ces politiques urbanistiques contribuèrent à la désagrégation de la classe ouvière dont les membres tendirent à se replier dans des foyers plus confortables que les logements d'antan, où ils allaient désormais passer une bonne partie de leur temps libre aux dépens de la sociabilité de quartier pour ne rien dire de l'engagement militant. Par la suite, la désindustrialisation et la transformation du marché du travail achevèrent de rompre le lien entre travail et logement dans un contexte où celui-ci devint l'ultime refuge face au chômage et à la précarité.

Dans les ensembles, grands ou petits, de logements sociaux se trouvent aujourd'hui relégués les travailleurs les moins qualifiés et les plus précaires, avec une forte proportion de familles d'origine étrangère (Maghreb, Afrique subsaharienne...). Environ 4,2 millons d'habitants y résident soit 7 % de la population française. À première vue, toutefois, il serait inexact, voire paradoxal, de parler à leur propos d'« invisibilisation urbaine des classes populaires ». En effet, cela fait presque 40 ans que ces ensembles de logements sociaux — les « cités » en langage journalistique — attirent l'attention pour être la scène de soi-disant « violences urbaines » qui constituent l'une des préoccupations majeures des gouvernants français et l'un des thèmes de prédilection des médias. Une jeunesse masculine peu scolarisée et sans avenir, plus ou moins rebelle et parfois délinquante a donné mauvaise réputation à ces zones résidentielles. Elles ne sont pas considérées comme des quartiers populaires au sens traditionnel et plutôt positif du terme par les autorités et les journalistes ni par ceux qui y vivent. Elles passent pour être des « quartiers difficiles », non en raison des difficultés de toutes sortes qui sont le lot de leurs habitants, confrontés à la précarisation, la pauvreté, la marginalisation et, pour la population arabe ou noire, au racisme et à la discrimination, mais parce qu'il s'avère difficile d'y maintenir l'ordre. En raison du recours à la violence et à des formes d'action illicites, telles les émeutes consécutives au meurtre d'un jeune homme par la police, les mobilisations les plus médiatisées sont aussi les plus disqualifiées. Une disqualifiction qui fait oublier que ces mobilisations ancrées dans un espace urbain local sont souvent liées à un sentiment d'appartenance à un territoire propre et à un refus des inégalités et des injustices. Comme ont dû l'admettre par la suite des dirigeants politiques qui avaient donné l'ordre d'instaurer l'état d'urgence en novembre 2005 pour réprimer une révolte juvénile qui avait touché des dizaines de « cités », s'affronter aux « forces de l'ordre » et brûler des édifices publics ou des voitures était une forme de protestation sociale contre les conditions d'existence iniques imposées à une partie de la jeunesse populaire et aux parents.

Les quartiers bureaucratiquement classés comme « zones urbaines sensibles » — plus de 700 — récemment rebaptisés « quartiers prioritaires », et inclus pour la plupart dans des « zones de sécurité prioritaires » sont la cible d'une politique dite « de la ville » qui s'avère en réalité être une *police* de la ville mêlant prévention et répression, c'est-à-dire des mesures tantôt douces tantôt dures qui, combinées, aboutissent à ce qu'un sociologue critique a dénommé et dénoncé comme un « socio-apartheid [13] ». Un Premier ministre, Manuel Valls, essayant d'expliquer les raisons des assasinats commis par des djihadistes issus des « cités » à Paris en janvier 2015, a publiquement reconnu lui-même l'effet mortifère de la « relégation urbaine » et de la discrimination, dans des « ghettos », jusqu'à déclarer qu'il existait en France « un apartheid territorial, social, ethnique ». Cela, après près de quatre décennies de « politique de la ville » sous cette appellation ou une autre !

Quand ils traitent de ces quartiers, les discours autorisés (c'est-à-dire politiques ou policiers — qui sont en général très voisins —, médiatiques ou, souvent, académiques), ne se réfèrent pas au peuple pour désigner leurs habitants, bien qu'il leur arrive parfois de faire usage de l'expression « quartiers populaires ». En général, on parle de « pauvres », de « catégories défavorisées » de « populations fragiles », « vulnérables » ou encore d'« exclus ». Pourtant, la tradition populaire d'aide mutuelle et d'auto-organisation de la vie collective reste vivace entre les familles, comme le prouve l'existence de nombreues associations d'habitants, encore que le rôle de celles-ci puisse paraître quelque peu ambigu. D'une part, c'est à l'initiative de collectifs issus de leur sein que les classes populaires peuvent manifester leur présence dans l'espace public lors de rassemblements ou de défilés pour revendiquer de nouveaux droits ou protester contre des politiques qui accentuent leur marginalisation (en

13. Mathieu RIGOUSTE, *La domination policière. Une violence indusrielle*, La Fabrique, 2012.

particulier, la « rénovation urbaine » synonyme d'expulsion). D'un autre côté, on trouve une majorité d'associations ayant pour vocation la gestion locale des politiques sociales. Elles sont chargées de la distribution des ressources entre les bénéficiaires des aides de l'État, ce qui les place dans une situation de dépendance vis-à-vis des autorités. Ainsi, soutenues et financées par celles-ci, elles suppléent aux carences de l'« État-providence » par le biais de la soi-disant « démocratie participtive » et cherchent à résoudre certains problèmes des habitants sans jamais remonter aux causes structuelles de leur apparition, ce qui leur ferait encourir le risque d'être accusées de « politisation » alors que leurs militants sont sommés d'être des « citoyens » disciplinés et responsables. Ainsi en va-t-il par exemple, de ce qui relève de l'éducation — on pourrait dire en l'occurrence de la « rééducation » — ou des loisirs des jeunes où la finalité est avant tout de « les occuper ».

Cette ambiguïté de la position des associations et donc des pouvoirs publics qui les subventionnent à l'égard des pratiques populaires apparaît évidente en ce ce qui concerne la culture juvénile, notamment musicale, qui s'est développée dans ces quartiers stigmatisés, métissée par les apports venus de l'autre côté de la Méditerrannée (raï), ou les importations en provenance des ghettos étasuniens (rap, hip-hop...). Étant donné que ses créateurs et leur public font partie d'une jeunesse qui passe pour être une « racaille » qui perturbe la tranquilité publique, cette culture, appelée péjorativement « culture de rue » est assimilée à des pratiques hors normes et même délictueuses, et suspectée d'inciter à la rébellion. Cependant, elle peut être aussi récupérée, instrumentalisée et finalement neutralisée avant d'être commercialisée et intégrée à la culture de masse, car les pouvoirs publics y ont découvert un moyen de satisfaire pacifiquement le désir de reconnaissance des jeunes rebelles, espérant que, par cette voie, ils cesseront de manifeter ce désir par des actes violents dans l'espace public.

Fuyant ou évitant ces quartiers considérés comme des lieux de désordre, de promiscuité et de violence, les classes populaires pourvues d'emplois stables et de revenus suffisants, qui se vivent souvent dans une trajectoire de relative ascension sociale, préfèrent se loger dans des lotissements de maisons individuelles situés à la périphérie des agglomérations ou même dans les espaces semi-ruraux. Faisant découvrir à ses bénéficiaires les plaisirs de l'intimité dans la vie privée, l'accès à la propriété accélère la désagrégation des solidarités de classe. Ces zones résidentielles « loin de tout », comme on dit, marginalisent les familles populaires et les soumettent à la domination culturelle des membres de la petite bourgeoisie intellectuelle salariée (cadres, ingénieurs, techniciens, enseignants...). Très présente également dans le périurbain, en effet, celle-ci prend l'inititiative, par le biais de ses militants associatifs et de ses élus, dans l'animation de la vie locale à laquelle les ouvriers et les employés, convertis en propriétaires, sont d'autant plus enclins à s'identifier que cela leur permet de se différencier davantage des habitants socialement moins dotés contraints de végéter dans les ensembles de logements sociaux.

Il arrive, néanmoins, que le pourcentage de classes populaires dans les zones pavillonnaires soit si élevé qu'il permet à leurs représentants de dominer le réseau associatif et d'accéder au pouvoir municipal. En ce cas, ils peuvent organiser le temps libre des habitants au travers d'activités sportives, de jeux pour enfants, de réunions récréatives pour les anciens, de kermesses, de bals et autres fêtes collectives. Mais, bien que cette suprématie numérique puisse consacrer l'hégémonie d'une élite locale issue des fractions supérieures des classes populaires, elle contribue aussi à mettre à l'écart les franges les plus faibles qui ont réussi à se loger dans les zones pavillonnaires. De toute façon, au niveau de la ville dans son ensemble, la visibilité urbaine de ces classes populaires suburbaines éparpillées dans des lotissemnts séparés les uns des autres est des plus limitée et politiquement presque inexistente. Quand on parle de « banlieues résidentielles » en France, on se réfère encore presque exclusivement à celles où réside la bourgeoisie ou les franges supérieures de la petite bourgeoisie intellectuelle.

Enfin, subsistent, dans les parties centrales des villes, des quartiers populaires anciens encore épargnés par la rénovation ou la gentrification parce qu'ils ne sont pas — du moins provisoirement — considérés comme « interessants » par les promoteurs et les autorités. Cependant, une grande partie des classes populaires françaises n'a pas voulu continuer à vivre dans les immeubles dégradés et les appartements exigus et inconfortables de ces quartiers. Elles ont été peu à peu remplacées par une population majoritairement, voire parfois exclusivement, venue des anciennes colonies françaises ou, plus récemment, d'autres pays du Sud (Inde, Pakistan et, maintenant, des régions déshéritées de Chine). Dans ces quartiers, la visibilité des nouveaux habitants est forte. Mais, selon leur origine géographique et leur catégorie sociale, ces quartiers sont perçus par le reste des citadins comme exotiques ou « craignos ». À Paris, par exemple, la partie « asiatique » du 13ᵉ arrondissement, peuplée d'habitants dont les ascendants avaient émigré du Viet-Nam, du Laos et du Cambodge, et qui appartiennent à la clase moyenne, jouissent d'une réputation positive de la part des autres Parisiens et des autorités. En revanche, les quartiers du 18e et du 19e arrondissments peuplés d'émigrés venue d'Afrique subsaharienne, souvent sans qualification reconnue en Europe, parfois sans papiers et même clandestins, sont considérés comme problématiques. Les pratiques et les relations collectives de leurs habitants sont présentées et perçues comme des survivances d'un mode de vie inadapté, alors que, basées sur la solidarité de voisinage et fréquemment sur la « débrouille » plus ou moins illégale (travail au noir, traffic, prostitution...), elles sont totalement contemporaines d'un monde où la précarité et la pauvreté ne cessent de se développer dans les villes. En tout cas, ces deux types de quartier ne sont pas vus comme populaires mais « ethniques ».

* * *

Pour conclure, on peut dire que la visibilité urbaine des classes populaires en tant qu'habitantes a fortement diminué en France, confirmant et accentuant en même temps leur invisibilisation en tant que classes laborieuses. Leur inscription dans l'espace social au travers de l'emploi et du salaire a été remplacée par une inscription à base territoriale, mais, contrairement à ce qu'avance la sociologie intégrationniste, on ne peut pas en déduire que cette substitution leur ait permis de réaffirmer leur visibilité urbaine. De fait, tandis que l'aristocratie ouvrière et les employés qualifiés tendent à calquer leur mode de vie sur celui de la petite bourgeoisie salariée, les travailleurs sans emploi ou avec des emplois intermittents, absents des centres de travail ou présents de manière épisodique, ont tendance à se replier dans leur appartement ou leur maison, réduits à ne garder le contact avec le monde extérieur que par procuration grâce à la télévision. En résumé, les classes populaires dans leur ensemble tendent à s'effacer au point de devenir invisibles dans l'espace urbain et même, pour une minorité mais en nombre croissant, a disparaître complètement. En effet, selon une enquête de l'Institut national de la Santé et de la Recherche médicale sur la surmortalité des chômeurs, environ 20 000 personnes meurent chaque année en France (mortalité presque 3 fois supérieure à celle des non-chômeurs) par suite des suicides et des maladies consécutives à la perte d'emploi. Et, pour la même raison, plusieurs centaines de milliers de personnes doivent chaque année effectuer des séjours plus ou moins longs à l'hôpital ou en clinique. Or, ouvriers et ouvrières, employés des deux sexes constituent la majorité de ces victimes du néolibéralisme.

En fin de compte, l'invisibilisation urbaine des classes populaires a beaucoup à voir avec l'emprise croissante de la classe dominante et ses servants sur la ville, un pouvoir paradoxalement peu visible et souvent invisible dans les représentations communes, encore que le spectacle des sièges sociaux et des équipements culturels haut de gamme que l'on édifie à grands frais pour rehausser l'image de marque des capitales du capital ne devrait laisser aucun doute sur l'identité sociale de leurs destinataires. Il y a tout lieu de penser, à cet égard, que le « passage de la ville productive à la ville créative », pour reprendre l'une des thématiques en vogue du marketing urbain, achèvera de mettre hors jeu les classes sociales liées au stade précédent. C'est pourquoi, le droit à la ville — c'est-à-dire l'appropriation collective de l'espace urbain par les classes populaires, que ce soit pour en user ou pour le reconfigurer selon leurs besoins ou leurs désirs — continue à demeurer une utopie. Pour que celle-ci puisse devenir réalité, il faudrait porter un coup d'arrêt à la reconquête bourgeoise et néo-petite bourgeoise de la ville, autrement dit une révolution qui ne soit pas seulement urbaine mais sociale — pour ne pas dire socialiste. Ce qui impliquerait qu'une partie de la petite bourgeosie intellectuelle — en incluant, naturellement, des architectes et des urbanistes auxquels on pourrait associer des chercheurs en sciences sociales — rompe son alliance objective et souvent subjective avec la classe dirigeante, privée ou « publique », c'est-à-dire étatique, pour se solidariser avec les classes populaires, elles-mêmes à nouveau mobilisées, pour former un « peuple » ; en d'autres termes, pour passer d'un régime oligarchique à un régime véritablement démocratique au sens propre du mot, qui donnerait aux classes populaires une visibilité permanente dans l'espace urbain, et pas seulement quand elles « descendent dans la rue » pour résister, comme elles le font de temps à autre sans succès, à l'irrésistible.

* * *

EN LIBRAIRIE LE 7 OCTOBRE 2015

Internationalisation et transformation des systèmes éducatifs au Sud

sous la direction de Marie-France Lange et Nolwen Henaff

Afin de rompre avec la fragmentation traditionnelle de la réflexion scientifique sur l'éducation, ce numéro met en perspective de façon transversale et comparative des modalités de l'internationalisation des systèmes éducatifs .

n° 223 (3/2015) juillet-sept. 2015 (20 €)

La *Revue Tiers Monde* est publiée par l'Institut d'étude du développement économique et social (IEDES) de l'Université Paris 1 Panthéon-Sorbonne et les éditions Armand Colin.

Retrouvez toute la *RTM* en ligne :
- www.univ-paris1.fr/ufr/iedes/larevue/
- www.cairn.info/revue-tiers-monde.htm
- www.cairn-int.info/revue-tiers-monde.htm
- www.persee.fr/
- www.revues.armand-colin.com

DOSSIER

Marie-France Lange, Nolwen Henaff
Politiques, acteurs et systèmes éducatifs entre internationalisation et mondialisation

Anne Charlotte Triplet
Internationalisation et transformation du système éducatif en situation de post-conflit
Le cas de la Côte d'Ivoire

Hélène Charton
Gouvernement de l'école et communautés épistémiques au Sénégal
Trajectoires d'acteurs et circulation des normes et des modèles d'éducation en contexte international

Sophie Lewandowski
Les savoirs scolaires entre mondialisation, décolonisation et hybridation
Modèles de société et éducation à l'environnement en Bolivie

Marc Poncelet et al.
À la marge de l'internationalisation de l'enseignement supérieur… mais au cœur d'un marché universitaire national : l'université de Kinshasa (RDC)

Sylvie Didou Aupetit
Fourniture transnationale de services d´enseignement supérieur en Amérique latine
Une première approche de ce phénomène

Fatou Niang
La gestion du temps scolaire à l'école primaire au Sénégal
Entre normes internationales, politiques nationales et logiques locales

Saïd Ben Sedrine et al.
Les réformes de la formation des jeunes au Maghreb
Entre référentiels internationaux et recherche de cohérence sociétale

Sarah Fichtner
What's in the Gap and What's in a Copy?
Local Practices and Discourses of Competency-Based Education Reform in Benin

Rachel Solomon Tsehaye
Les stratégies scolaires face aux enjeux normatifs internationaux
Quelques exemples de Djibouti

Revue Tiers Monde - IEDES
Campus du Jardin d'agronomie tropicale
45 bis av. de la Belle-Gabrielle
94736 Nogent-sur-Marne Cedex - FR
tiermond@univ-paris1.fr

Faire face

Sophie WAHNICH

« On a beaucoup parlé de l'esprit du 11 janvier, il fut des peuples libres qui tombèrent de plus haut. »

Les événements des 7, 8, 9, 10 et 11 janvier 2015 ont été perçus en France et bien au delà comme une nouvelle cassure historique, analogue à celle du 11 septembre 2001, ce qu'on nomme en histoire un événement. Or ce qui caractérise un événement est sa capacité à rendre lisible sur un mode spécifique — celui de la surprise — une situation qu'il révèle plus qu'il ne l'installe. L'événement produit alors un effet de savoir qui introduit le sentiment d'un avant et d'un après. Il est venu trouer l'horizon d'attente et produire un nouveau champ d'expérience pour chacun des membres de la société où il a surgi. Car le propre de l'événement historique n'est pas seulement de fabriquer un passé, mais d'être infiniment marquant pour les générations futures, même si cette marque prend des formes toujours changeantes. Pour certains historiens, ce sont d'ailleurs ses conséquences sur le déroulement de l'histoire qui permettent de qualifier un événement d'historique. Sa capacité à agir sur les imaginaires sociaux, à en produire de nouveaux, que ce soit en France, en Europe ou dans le monde, en fait un événement en tant que tel.

Faire face à un événement, c'est donc tenter de faire face à ce qu'il nous apprend ou ce qu'il requiert de savoir pour tenter de comprendre ce qui a eu lieu et ce que cet événement peut engendrer dans son sillage.

Qu'est-ce qui a eu lieu en France, en janvier 2015 ? Les fils se croisent dans une chronique française où plusieurs scènes se déploient. Celle d'actes de violence de guerre, le 7 janvier, quand on a mis à mort une conférence de rédaction en affirmant venger le prophète et les blasphèmes proférés à son égard, dans un acte prémédité, commandité, revendiqué — par Al-Qaïda Yemen. Celle, intriquée à la première scène, d'une violence antisémite, quand une femme, Elia Cayat, d'abord épargnée en tant que femme, est tuée en tant que juive après avoir dit son nom. La prise d'otage à l'Hyper Cacher, entremêle aussi ces deux dimensions : le jihad, dont Amedy Coulibaly se réclamait, et l'antisémitisme, que manifeste son choix de faire mourir en ce lieu.

La réaction de la population française à ces deux premières scènes en inaugure une troisième, celle de manifestations de grande ampleur, les premières, spontanées, dès le 7 janvier, la dernière, celle du 11, qualifiée de marche républicaine, certes massive, mais confuse quant à son sens, car déployée à l'appel de partis politiques, de syndicats, d'associations, mais aussi du Premier ministre, au nom de l'union nationale : une sorte d'union sacrée de temps de guerre, justement. Enfin une quatrième scène se déploie, celle d'un polar à la française : des corps d'élite de la police et de la gendarmerie prennent en chasse les frères Kouachi, organisent la défense du site de la prise d'otage de Coulibaly, et finissent par tuer les trois principaux protagonistes de ce film d'action. Les tueurs sont tués et la *mimésis* évacue sans soubresaut les règles ordinaires de la justice pénale. Là aussi scène de guerre *in fine*.

Scènes de violence de guerre

1. Nommer non pas « terrorisme », « attentats » ou « crimes » la violence qui s'est déployée en ce mois de janvier, mais « violence de guerre » est un choix. Il n'est pas consensuel. Les armes employées étaient des armes de guerre, le mot jihad signifie « guerre sainte » ou effort sur soi, la guerre sainte étant la forme possible de cet effort sur soi demandé au musulman. Pourtant, nombreux sont ceux qui face à ces scènes ont préféré d'autres vocables. Pourquoi refuser le mot guerre ? Parce qu'il renvoie aux positions prises en 2001 par George W. Bush et que les guerres contre le « terrorisme » ont été contreproductives. Certains préfèrent encore parler de « poison [1] » et renvoient aux causes profondes, qui sont d'un autre ordre ; il faudrait effectivement y venir à ces causes sociales et politiques plus systémiques, les analyser. Mais justement…

2. En 2001, il s'agissait d'engager une guerre contre le terrorisme ; aujourd'hui, de fait, cette guerre est engagée, et elle l'est dans une configuration des plus complexes, tant est grande la difficulté à prendre la mesure de ce qui se jouait et se joue au Moyen-Orient entre révolutions du printemps arabe, consolidation, sous couvert de modération, du pouvoir islamique en Iran, impossible résolution du conflit israélo-palestinien… L'assistance à la Lybie insurgée, la non-assistance aux démocrates sy-

---

1. Voir par exemple l'éditorial du Plus de *L'Obs* du 16 janvier 2015, intitulé « "Charlie Hebdo" : le poison de l'islamisme infuse dans les quartiers. Sortons du déni ».

riens en 2011, l'envoi d'armes quand ces derniers ne sont déjà plus aux commandes de l'armée syrienne libre, le constat d'un affrontement terrible entre forces qui ne sont aucunement démocratiques aujourd'hui, en Syrie, l'imagination logique qui pourrait conduire à déléguer à l'Iran la responsabilité du maintien de l'ordre dans la région, tout ceci illustre l'inconséquence des positions au regard d'une soi-disant garantie démocratique, sans pour autant pouvoir se prévaloir de l'efficacité traditionnellement associée à la notion de *realpolitik*.

3. Or, la violence de la guerre sainte, ce n'est plus seulement Al-Qaïda. Une série d'événements antécédents (application de la Charia dans le Nord-Mali en 2012, enlèvement de lycéennes par Boko Haram au Nigéria, attaque contre l'école de Peshawar au Pakistan par les talibans...) nous en avait averti, mais l'émotion n'avait pas suscité l'alerte publique ici, en France ; ils n'avaient pas « fait événement ». Ceux du 7 au 11 janvier ont mis en lumière, pour qui, désormais, veut savoir, l'existence de toute une série d'organisations islamiques jihadistes qui s'en sont réjouies et l'ont affirmé haut et fort. Al-Mourabitoune, de Mokhtar Belmokhtar, groupe jihadiste actif dans la région de Gao, au Mali, et au nord du Niger, ayant des contacts en Tunisie, en Libye, au Soudan, en Égypte avec le Groupe des partisans de la maison sacrée, et avec Boko Haram (Nigéria), Al-Shabbaab (Somalie) et Jamaat al-Ahrar, une branche du Tehrik-e-Taliban (Pakistan), a salué et glorifié les attentats à Paris [2]. Amedy Coulibaly affirmait agir au nom de l'organisation jihadiste de l'État islamique — qui, pour sa part, n'a rien revendiqué, mais a qualifié les trois tueurs de « héros ». Si le Hezbollah et le Hamas ont condamné les violences commises à Paris, des scènes de liesse se sont déployées en leur faveur au Liban et dans certains quartiers d'Alger, et des déclarations de joie et de soutien ont circulé sur les réseaux sociaux.

Il ne s'agit donc pas, à mon sens, de vouloir ou non déclarer la guerre mais de prendre la mesure d'une situation de guerre. Car la France fait effectivement la guerre à ces organisations partout où elle envoie des soldats, mais aussi des tueurs ou des drones pour accomplir des assassinats ciblés, qui ne sont désormais inconnus que de ceux qui ne veulent pas savoir.

---

2. Cf. « Mokhtar Belmokhtar salue l'attentat contre Charlie Hebdo », *Challenges*, 12 janvier 2015. Al-Mourabitoune a, depuis, revendiqué l'attentat qui, le 7 mars 2015, a fait 5 morts dans un restaurant à Bamako (« Le groupe de Belmokhtar revendique l'attentat de Bamako », *Le Parisien*, 7 mars 2015), ainsi qu'un attentat-suicide contre une base de l'ONU dans le nord du Mali qui a fait 3 morts, le 15 avril (« Le groupe de Belmokhtar revendique l'attentat contre l'ONU au Mali », *Le Monde*, 17 avril 2015).

4. La CIA, on le sait, procède ainsi à des centaines d'« assassinats ciblés », grâce aux frappes de drones Predator, transformant l'agence d'espionnage en organisation paramilitaire au Pakistan comme en Afghanistan. Désormais, des membres du Congrès américain protestent contre une manière de faire la guerre qui ne permet plus le débat sur les opérations militaires en Irak, en Afghanistan, au Pakistan, en Libye et au Yémen. En France, le changement de régime d'action qui conduit à confondre espions et soldats commence tout juste à intéresser le public. Déclarer qu'il s'agit d'une guerre permettrait de réclamer le contrôle démocratique sur la guerre et de pouvoir accepter ou refuser ce nouveau régime d'action qui produit une certaine épargne de la mort, mais aussi, avec un effet boomerang, des contre-attaques. Il faut débattre de ce que veut dire aujourd'hui être un pays en guerre, alors que 63 % des Français seraient, paraît-il, d'accord sur l'idée de renoncer à certaines libertés publiques pour être protégés contre le terrorisme[3] : la volonté d'ignorer et de se dégager de toute responsabilité face à la guerre en cours semble bien présente en France. Bien sûr, on sait que François Hollande a pris la décision d'intervenir au Mali ; il l'a fait sans véritable débat public préalable — comme le lui permet la Constitution —, mais sans recourir au secret. On sait aussi que la guerre contre « l'État islamique » n'a pas été officiellement déclarée, qu'elle se mène, en partie, sous la forme de ce « *deep state* » où espions et combattants sont indistincts[4] sous prétexte de ne pas reconnaître le caractère étatique dudit État islamique. Mais était-il nécessaire de le reconnaître formellement pour débattre, chez nous, du bien-fondé de cette guerre et donner ainsi l'occasion à chaque Français de réfléchir à ce qu'elle implique, de prendre conscience de ce qui se fait en leur nom, et de l'image qui est désormais la leur dans le monde en tant que Français ?

5. De fait, la stupeur collective de janvier prouve bien que les Français ne savent pas ou ne veulent pas savoir quelle guerre est faite en leur nom ; qu'ils sont, majoritairement, à la fois pacifistes et en guerre. À la « lucidité-blessure », ils préfèrent un certain attentisme et la remise de soi à un État supposé protecteur. Lors de l'intervention au Mali, les Français ne s'intéressaient qu'à une seule conflictualité politique, celle suscitée par « le mariage pour tous ». Aussi importante cette question sociétale soit-elle, elle n'en a pas moins contribué à forclore d'autres enjeux politiques lourds, et pas seulement dans l'ordre socioéconomique. Les Français veulent se croire en paix.

---

3. Voir http://www.atlantico.fr/decryptage/63-francais-favorables-limitation-libertes-individuelles-pour-lutter-contre-terrorisme-yves-marie-cann-2089085.html.

4. Voir Vincent NIZOUILLE, *Les tueurs de la République*, Paris, Fayard, 2015.

6. En situation de danger, le pouvoir exécutif peut donc trouver des ressources de légitimité pourvu qu'il affirme pouvoir épargner la mort aux ressortissants de son pays. Mais l'épargne de la mort peut se payer au prix fort en démocratie. Nous le savons aussi d'expérience, c'est bien pour cela qu'il faut des débats. La question n'est pas neuve. Elle est même récurrente. Au cours du débat sur la guerre qui se tint à l'Assemblée nationale de l'automne 1791 au printemps 1792, Robespierre affirmait :

> « C'est pendant la guerre que le pouvoir exécutif déploie la plus redoutable énergie, et qu'il exerce une espèce de dictature qui ne peut qu'effrayer la liberté naissante. [...] C'est pour la guerre qu'ont été combinées par les nobles et les officiers militaires les dispositions trop peu connues de ce code qui, dès que la France est censée en état de guerre, livre la police de nos villes frontières aux commandants militaires et fait taire devant eux les lois qui protègent les droits des citoyens.[5] »

Robespierre affirme ainsi que toute nation en guerre est à la merci de l'exécutif. Nécessité faisant loi, le contrôle des pouvoirs n'existe plus et les rapports de pouvoir qui articulent le pouvoir législatif au pouvoir exécutif sont fondamentalement transformés. La situation de guerre s'apparente ainsi à une situation d'exception :

> « C'est pendant la guerre que la loi investit les commandants militaires du pouvoir de punir arbitrairement les soldats. [...] Dans les temps de troubles, les chefs des armées deviennent les arbitres du sort de leur pays et font pencher la balance en faveur du parti qu'ils ont embrassé. Si ce sont des Césars ou des Cromwells, ils s'emparent eux-mêmes de l'autorité.[6] »

Plutôt que de laisser se déployer la violence d'une guerre qui donne lieu « à des terreurs, à des dangers, à des complots », il faut restaurer la sagesse des lois et « se défier de l'exécutif » ; or « déclarer la guerre, c'est nous ôter notre seule ressource, le moyen de nous défier du pouvoir exécutif et il nous trahira... »[7].

Les mises en garde de Robespierre précédaient la guerre. Nous n'en sommes plus là ; la guerre est déclarée sans que le débat public ait été sollicité et sans qu'il se soit vraiment tenu. Aussi s'agit-il de retrouver ce que Robespierre appelait l'art de se défier de l'exécutif. Car celui-ci peut aussi bien tuer la liberté naissante que la liberté expirante. La liberté fragile.

---

5. ROBESPIERRE, 18 décembre 1791, *Œuvres complètes*, tome VIII, Société des études robespierristes, Paris, E. Leroux, 1910, p. 48.

6. *Ibidem*, p. 49.

7 *Le gardien de la Constitution*, n° 9, p. 110. ROBESPIERRE, *Œuvres complètes*, tome VIII., *op. cit.*, p. 38.

La défiance est, ici, le refus de se soumettre, le refus de devenir esclave du pouvoir exécutif, le refus de subordonner la liberté à l'exercice de ce pouvoir. Cette question de la défiance engage ainsi le mode sensible du contrôle de la séparation des pouvoirs et de la non-subordination du pouvoir législatif au pouvoir exécutif. Ce que la guerre produit, c'est l'impossibilité de maintenir ce rapport libre au gouvernement, de maintenir la décision comme construction complexe d'un accord entre ces deux instances de pouvoir, entre ces instances et le pays. Nous y sommes.

Les lois qui fondent notre sorte de *Patriot Act* (cyber-surveillance et incrimination pour apologie du terrorisme, loi sur le renseignement en préparation[8]) ne sont pas des dommages collatéraux de janvier. Elles sont nouées à une situation de guerre dont la mise en œuvre est bien antérieure. L'est également la déresponsabilisation effective du pouvoir législatif en matière de déclaration de guerre et de suivi de la guerre.

7. Parler de guerre serait se donner la possibilité de réactiver une demande de contrôle démocratique sur des événements lourds de conséquence, la possibilité de débattre de nos responsabilités plutôt que d'agir en enfants surpris que le monde soit si terrible et, ne cesse-t-on de répéter, si incompréhensible.

Ne pas en parler, préférer la notion d'actes criminels ou de poison, permet d'entretenir la confusion entre des régimes de justice et de droit applicables à des situations fort différentes : le « droit de la guerre » et le droit en temps de paix, une justice guerrière et la justice pénale. Si nous ne sommes pas en guerre, des criminels de nationalité française, quand bien même ils obéiraient à des lois étrangères, ne doivent pas être abattus comme des « combattants », mais arrêtés et, comme dans tout État s'affirmant « de droit », jugés pénalement. Or, ceux qui se refusent à parler de guerre n'ont pas interrogé la nécessité de cette liquidation sans autre forme de procès des jihadistes français. Là est la confusion. Nous ne serions pas en guerre, et c'est pourtant une sorte de droit de la guerre qui s'applique lorsque les assauts se soldent par l'exécution des preneurs d'otages. Avons-nous décidé en toute conscience que nous n'étions pas en guerre ? Et si tel est le cas, avons-nous renoncé délibérément à l'application des exigences les mieux établies de l'État de droit ? C'est là que le chiffre de 63 % cité plus haut, s'il a un sens, est inquiétant pour tout défenseur de l'État de droit — et je ne parle même pas ici de ce qu'il exprime de l'état de l'ethos démocratique en France.

---

8. Au moment où j'écris ce texte.

8. Ceux qui refusent de parler de guerre craignent l'amalgame entre islamistes et musulmans dans la désignation de l'ennemi ; ils craignent une union sacrée qui conduirait, de fait, à achever la forclusion de tout débat politique démocratique. Pour juger si leurs craintes sont fondées, il faut quitter la scène guerrière et interroger les scènes manifestantes.

Scènes manifestantes

9. Le 7 janvier en tout début d'après-midi, un *hashtag* circule de téléphone portable en téléphone portable : #jesuischarlie. Y est associé un appel à venir manifester place de la République le soir même, à partir de 17h.

Très tôt la place est saturée de monde. La revendication est celle du maintien de la liberté d'expression, celle de ne pas céder à la peur et de s'unir pour faire face à l'adversité. Certains chantent la Marseillaise, mais ils sont rabroués par d'autres ; des gestes qui s'apparentent à des rituels de deuil se déploient au pied de la statue de la République, bientôt recouverte de draperies et de bougies. Les manifestants sont plutôt Parisiens, bien vêtus, calmes et affligés, abasourdis, mais dans la nécessité vécue d'avoir répondu présents. De nombreuses villes en France connaissent des manifestations analogues, certaines ont lieu également à l'étranger, notamment à Londres, Montréal, Berlin… Il n'y a pas de slogans politiques ; le sentiment s'exprime qu'une profession a été agressée dans sa fonction de maintenir dans l'espace public la plus grande liberté d'opinion, mais rien ne suggère que ce dont il s'agit plus précisément, c'est de la liberté de blasphémer.

Ceux qui s'affirment alors « Charlie » ne sont pas tous des lecteurs de *Charlie hebdo*, mais des individus profondément choqués par ce surgissement de la violence dans l'espace public. Il s'agit de se réunir et, évoquant un rituel de deuil, dans le silence et le recueillement de chacun, de ressouder un sentiment d'appartenance à une même communauté. Dans son analyse de tels rituels, Marcel Mauss explique qu'une « catégorie considérable d'expressions orales de sentiments et d'émotions n'a rien que de collectif ». Mais, ajoute-t-il :

> « Disons tout de suite que ce caractère collectif ne nuit en rien à l'intensité des sentiments, bien au contraire […], mais toutes ces expressions collectives simultanées, à valeur morale, et à force obligatoire, des sentiments de l'individu et du groupe, ce sont plus que de simples manifestations. […] Il faut les dire, mais s'il faut les dire c'est que tout le groupe les comprend. On fait donc plus que manifester ses sentiments, on les manifeste aux autres, puisqu'il faut les leur mani-

fester. On se les manifeste à soi en les exprimant aux autres et pour le compte des autres. C'est essentiellement une symbolique.[9] »

Dans ce cas, la représentation collective du sentiment s'impose avec force et ne nécessite plus l'intervention des subjectivités individuelles. Plus exactement, chacun peut exprimer ce qu'il veut, voire ne rien exprimer du tout personnellement, rien ne vient déplacer la forme collective d'expression des sentiments. Marcel Mauss parle alors d'« expression obligatoire des sentiments[10] ». Certes, on pouvait ne pas se rendre à l'appel du *hashtag*, mais s'y rendre permettait ainsi de *refaire communauté*, après la violence déployée, dans une expression obligatoire des sentiments.

Une communauté meurtrie se reconsolide dans le deuil partagé.

Reste à savoir de quoi il s'agissait de faire le deuil. Bien sûr, pour partie, des personnes décédées, mais sans doute aussi de la quiétude ordinaire d'une vie d'Occidental. Chez nous aussi la mort violente peut frapper, et c'est bien de cela que chacun prenait alors la mesure.

Entre le 7 et le 11 janvier, en France et dans le monde, chaque jour a vu son lot de manifestations. Celle du 11 janvier, quant à elle, a pris une tournure différente.

10. Si elle devait permettre à tous ceux qui n'avaient pas pu se réunir les jours précédents de venir exprimer leur deuil (le mot n'a pas vraiment été prononcé, mais les couleurs grise, noire et blanche associées à la communication autour et tout au long de l'événement le marquaient fortement), cette manifestation répondait aussi à deux autres injonctions : celle des partis politiques, syndicats et associations sous le régime d'action de l'espace reconstitué de la société politique et civile, celle du Premier ministre qui appelait à un acte d'union républicaine. La manifestation a d'ailleurs été qualifiée de « marche républicaine » par l'État. À travers ce syntagme, un autre imaginaire se déploie, car marcher et manifester ne sont pas exactement la même chose. Les dernières « marches » restées en mémoire sont la Marche pour l'égalité de 1983[11] — dont les commémorations en 2013, où l'État a maladroitement tenté de s'immiscer,

9. Marcel MAUSS, *Essais de sociologie*, Paris, Éditions de Minuit, 1969, p. 88.

10. *Ibidem*.

11. Aux lendemains de violents affrontements, dans le quartier des Minguettes, à Vénissieux, et dans un contexte d'émergence de plus en plus manifeste du Front national, une marche pour l'égalité et contre le racisme réunissant une petite vingtaine de personnes, dont 9 jeunes issus des Minguettes, s'était élancée depuis Marseille, le 15 octobre 1983, sans connaître beaucoup d'écho. Elle s'était conclue à Paris, le 3 décembre, par un rassemblement de plus de 100 000 personnes.

ont produit un résultat pour le moins mitigé [12] —, les marches des chômeurs et précaires qui, de station en station, s'apparentent à des pèlerinages, la Marche blanche en Belgique, qui disait le désarroi face aux crimes sexuels commis sur des enfants. Appeler à une marche républicaine plutôt qu'à une manifestation, en ce qu'elle évoque l'idée d'union sacrée, renvoie donc, paradoxalement, à l'idée d'un événement apolitique — le *conflit*, propre au politique, en étant précisément évacué. Cela n'aura été troublé que par le refus de cohabiter avec le Front national. Mais le républicanisme prend soudain une drôle de tournure, lorsque 44 chefs d'État sont accueillis pour défiler en tête de cortège aux côtés du président de la République française et du Premier ministre. La marche républicaine apparaît ainsi, simultanément, comme une démonstration de puissance/impuissance du pouvoir exécutif, dans un mélange détonnant et surprenant. L'union sacrée est là, en effet, mais pas celle du peuple : celle des exécutifs du monde entier.

11. Au cours de cette marche, les énoncés d'identification et les manières de les diffuser se sont multipliés, dans une apparente harmonie démocratique. Des affichettes portant le slogan « Je suis Charlie, juif, flic, musulman, mais surtout républicain » furent distribuées sans qu'on sache par qui (elles n'étaient pas signées), la figure englobante du « républicain » permettant d'associer des figures singulières hétérogènes, ceux qui sont morts, ceux qui sont morts et qui risquent leur vie, ceux qui sont les cibles de cette violence de guerre, ceux contre qui l'on craint que la vindicte ne se déchaîne. Là encore il s'est agit de ressouder une communauté nationale meurtrie en la qualifiant de républicaine. Était affirmée là l'idée que cette violence ne produirait pas de segmentation sociale entre groupes n'ayant pas la réputation de savoir toujours parfaitement cohabiter.

Le philosophe du XVIIIe siècle Shaftesbury affirmait que l'intervention du « magistrat » comme figure incarnant l'État était requise dans les configurations potentiellement explosives et dissolvantes du lien social. Son rôle était alors de réguler les conflits potentiels de conventions. Dans un contexte de guerre civile religieuse, Shaftesbury réfléchissait à la possibilité de faire tenir ensemble un principe commun, unitaire et obligatoire et un pluralisme de conventions. Cette articulation entre des principes communs intangibles et une multiplicité de conventions morales segmentées

---

12. Lire par exemple « Marche pour l'égalité : la belle cacophonie », *Politis*, 26 novembre 2013.
(Consultable sur http://www.politis.fr/Marche-pour-l-egalite-la-belle,24660.html)

devait, dans un domaine où se confondent encore le politique et le religieux, permettre de réguler le religieux et d'amorcer une véritable distinction entre politique civile et morale religieuse. La juxtaposition indissociable de multiples religions révélées et d'une religion civile unique devait permettre de garantir à la fois l'unité sociale et le pluralisme religieux de cette même société.

Mais de telles expressions obligatoires des sentiments orchestrées par les politiques publiques sont-elles compatibles avec le libre arbitre cher à l'homme démocratique ? Pour le dire à la manière de Habermas, est-il possible d'articuler une adhésion à des principes moraux qui reposent sur des processus émotifs d'identification à effet d'obligation morale, à un rapport critique à l'histoire d'une part, et à des processus de subjectivation politique qui reposent sur des expériences du monde vécu d'autre part ?

Dans le contexte de janvier 2015, l'espèce de religion civile ébauchée dans l'« union sacrée » autour d'exécutifs de nombreux États n'est-elle pas la négation d'un autre républicanisme, celui qui repose sur l'inventivité et la responsabilité des citoyens, présentes le 7 janvier et noyées le 11 dans un événement devenu confus en ce qu'il ne permettait plus de distinguer les citoyens répondant à l'appel des citoyens affirmant leur propre nécessité politique et symbolique. On peut douter, en tout cas, que le « républicanisme des exécutifs » puisse, dans les faits, ressouder la communauté déchirée.

12. L'union sacrée des peuples, au sens pluriel où l'entendait le XVIIIe siècle anglais puis révolutionnaire français, n'a pas eu lieu. Ceux qui n'étaient pas « Charlie » (on n'a pas osé dire ceux qui n'étaient pas républicains) n'ont pas défilé. La marche était blanche plus que multicolore ou multiculturelle. Certains ont refusé d'observer, à l'école, la minute de silence décrétée. D'autres s'en sont offusqués. De fait, le conflit des sentiments l'a emporté sur l'union et l'expression obligatoires, étatiques et sacrées. Mais ce conflit a aussi été disqualifié, dénié. Or, il faudrait entendre et voir ce qu'une marche blanche et républicaine peut signifier, aujourd'hui, dans notre république cinquième du nom.

La république c'est comme la mobylette, ça marche au mélange disaient les manifestants de la seconde Marche pour l'égalité en 1984. Mais la mobylette est restée en rade et certains de ceux qui avaient alors cru à la possibilité d'une citoyenneté à parts égales se sont parfois radicalisés du côté d'une critique de la République. Critique virulente et parfois délétère : contre la question du genre enseignée à l'école, contre le métissage, contre le mariage pour tous, etc. Pour cette génération, l'échec, la déception ont produit une méfiance instinctive et politique à l'égard de la qualification républicaine.

Il faut alors remonter plus loin en amont et lire les travaux de Todd Shepard [13] sur ce que la guerre d'Algérie a fait à la République française. Elle l'a blanchie. Elle a récusé l'apport des populations issues des colonies et ne s'est prononcée en faveur de l'élection du président de la République au suffrage universel qu'après les avoir écartées, qu'elles fussent noires ou arabes. Et Todd Shepard de citer Michel Debré qui, dans un entretien à Paris-Match, défendait le suffrage universel dans ces termes :

> « Le suffrage universel ne pouvait pas se concevoir en 1958. Le corps électoral était le corps électoral de l'Union française, avec tous les Africains et les musulmans d'Algérie. »

Si, en mars 1962, les accords d'Évian qui mettaient fin à la guerre d'Algérie stipulaient le droit pour toutes les personnes d'Algérie de garder la nationalité française, en juillet, une ordonnance déclarait que « les personnes de statut civil de droit local originaires d'Algérie ainsi que leurs enfants [pouvaient], en France, se faire reconnaître la nationalité française » à condition de fournir « une déclaration acceptée par le juge responsable dans leur aire d'habitation dans la République française ». On retirait ainsi, de fait, la nationalité française aux Français musulmans d'Algérie. On ne la leur redonnera que parcimonieusement et de manière discrétionnaire.

Le 3 juillet 1962, une ordonnance présidentielle mettait fin aux mandats électoraux représentatifs des 55 élus d'Algérie dont celui du vice-président de l'Assemblée nationale, Saïd Benaisse Boualam. L'exclusion brutale des harkis, des députés d'Algérie, la marginalisation de Gaston Monnerville, président du Sénat, noir et d'origine guyanaise, exprimaient la faillite d'un creuset français multiculturel. Quant à l'exclusion du vice-président de l'Assemblée, qui avait vaillamment tenté de lutter contre l'emprise programmée du pouvoir exécutif sur le pouvoir législatif [14], elle signait la victoire de cette République exécutive qui, de fait, devenait une République blanche.

La France, interpellée sur son déni d'égalité et d'humanité par des intellectuels de gauche (Jean-Paul Sartre, Franz Fanon, mais aussi Claude Lévi-Strauss), avait fait le choix de l'inégalité contre-révolutionnaire. On assistait en quelque sorte à une racialisation ou un blanchiment du nom

---

13. Lire Todd SHEPARD, *Comment l'indépendance algérienne a transformé la France*, Paris, Payot, 2008 [1962].

14. Saïd Boualam avait notamment voté, le 2 février 1960, contre un projet attribuant au gouvernement des pouvoirs spéciaux.

Français. Blanchiment, car le nom Français n'a pas toujours eu, en République, cette couleur ou plus exactement cette connotation raciale. La Ve République tournait, en effet, le dos à l'esprit des Lumières et de la Révolution française qui avait consacré, dans l'article 1 de la Déclaration des droits de l'homme et du citoyen, l'universalité de la condition politique du citoyen en France, sans distinctions de classe, de race, d'ordre :

> « Les hommes naissent et demeurent libres et égaux en droits. Les distinctions sociales ne peuvent être fondées que sur l'utilité commune. »

N'est-ce pas cette Ve République-là qui a marché ce 11 janvier ?

« Ceux qui survivent aux grands crimes sont condamnés à les réparer » affirmait Saint-Just en 1794. Plusieurs crimes historiques en France sont de l'ordre de l'irréparable : l'esclavagisme, le colonialisme et l'extermination des juifs aux côtés des nazis. Or, l'expression obligatoire des sentiments orchestrée par le pouvoir exécutif ne permet pas de penser un quelconque rapport critique à l'histoire. Il s'agit moins, dans ce cas-là, de penser que de se conformer.

13. Ceux qui réclament un tel rapport critique sont soit explicitement silenciés, soit peu entendus. Silenciée, Marceline Loridan-Ivens quand elle exprime le fait que la marche n'aurait pas eu la même ampleur si seuls des juifs avaient été tués [15]. Silenciés ceux qui ont refusé d'adhérer à la sacralité proposée. Silenciés ceux qui ont pointé la nécessité de reconnaître la guerre de fait, dont l'issue serait déterminante, guerre interne à l'islam et pas seulement guerre externe.

C'est ce qu'Étienne Balibar, dans une tribune publiée dans *Libération* le samedi 10 janvier, exprimait en ces termes :

> « Notre sort est entre les mains des musulmans, si imprécise que soit cette dénomination. Pourquoi ? Parce qu'il est juste, bien sûr, de mettre en garde contre les amalgames, et de contrer l'islamophobie qui prétend lire l'appel au meurtre dans le Coran ou la tradition orale. Mais cela ne suffira pas. À l'exploitation de l'islam par les réseaux jihadistes — dont, ne l'oublions pas, des musulmans partout dans le monde et en Europe même sont les principales victimes — ne peut répondre qu'une critique théologique, et finalement une réforme du "sens commun" de la religion, qui fasse du jihadisme une contrevérité aux yeux des croyants. Sinon, nous serons tous pris dans le mortel étau du terrorisme, susceptible d'attirer à lui tous les humiliés et offensés de notre société en crise, et des politiques sécuritaires, liberticides, mises en œuvre par des États de plus en plus militarisés. Il y a donc une responsabilité des musulmans, ou plutôt une tâche qui leur incombe. Mais c'est aussi la nôtre, non seulement parce que le "nous" dont je parle, ici et maintenant, inclut par définition beaucoup de musulmans, mais

15. Lire, par exemple, « Auschwitz 70 ans après : donner tort à Marceline Loridan », *Rue89*, 27 janvier 2015.

> aussi parce que les chances d'une telle critique et d'une telle réforme, déjà ténues, deviendraient carrément nulles si nous nous accommodions encore longtemps des discours d'isolement dont, avec leur religion et leurs cultures, ils sont généralement la cible.[15] »

Balibar est le seul, pour avoir toujours tenu les deux bouts de l'argument, à n'avoir pas été taxé d'islamophobie pour de tels propos. C'est le seul du côté des militants anti-islamophobie à avoir explicité la question de ce « jihad » qui fait peur.

Quant à Fethi Benslama, qui avait publié au printemps un ouvrage intitulé *La guerre des subjectivités en Islam*[17], on l'a peu sollicité pour penser une situation qui relève pourtant bien aussi de cette guerre-là. On n'a guère entendu non plus ceux qui voudraient réfléchir sur le double droit au blasphème et à la liberté d'opinion, même religieuse, l'incantation laïque ayant entravé la possibilité de penser un réglage, en situation, de droits avant tout pragmatiques. Mais ça peut encore venir me dira-t-on et Robespierre peut encore nous chuchoter de bons conseils. Face aux mascarades révolutionnaires déchristianisatrices, il avait pris une position qui visait à concevoir un rapport possible entre croyants et incroyants — ce qui ne voulait pas dire un respect immuable pour le fait religieux en soi quand il devient intolérance enthousiaste :

> « Plus les convulsions du fanatisme expirant sont violentes, plus nous avons de ménagements à garder. Ne lui redonnons pas des armes en substituant la violence à l'instruction. Pénétrez-vous de cette vérité, qu'on ne commande point aux consciences.[18] »

Quant aux causes historiques de nos maux, il faut bien sûr les mettre au pluriel, car les poisons sont multiples et se nourrissent les uns les autres ; et le néolibéralisme nourrit toutes les positions identitaires et se protège en s'affirmant anti-fondamentaliste. Mais cela peut-il faire oublier que le compte n'y est pas ? Ni du côté de l'État de droit, ni du côté de la possibilité critique, ni du côté de l'ethos démocratique.

Refuser le mot « guerre », ou simplement refuser d'entendre ce que veut effectivement dire « jihad » fait écho à l'impossible retour critique sur notre histoire française qui a interdit à plusieurs reprises l'existence d'une communauté. L'irresponsabilité d'aujourd'hui consonne avec le refus d'assumer la responsabilité de nos « hier » multiples et feuilletés. Si

---

16. Étienne BALIBAR, « Trois mots pour les morts et pour les vivants », *Libération*, 9 janvier 2015.

17. Fethi BENSLAMA, *La guerre des subjectivités en Islam*, Paris, Lignes, 2014.

18. Cité dans Ernest HAMEL, *Histoire de Robespierre. D'après des papiers de famille, les sources originales et des documents entièrement inédits*, tome III, Paris, [s.é.], 1867, p. 212 (consultable sur https://archive.org/details/histoirederobes00unkngoog).

nous devons vivre avec « l'irréconcilié [19] », ce reste impossible à résorber provenant de ces histoires irréconciliables qui se rejouent et se rejoueront sans cesse, alors le deuil ne suffit pas, la remise de soi sacrée encore moins ; et le déni de la guerre n'est pas non plus une réponse adéquate. Il faut au moins être méditatif et assumer la part mélancolique de notre ethos démocratique, refuser de faire le deuil des Lumières et savoir, d'une conscience à nouveau historique, que la République est un effort, non un donné. Un effort pour tendre vers le bonheur et la liberté, la justice ici bas, l'équité.

La République consonne avec l'utopie, pas avec la soumission à un ordre mondial qui fabrique une guerre civile mondiale. L'effort nécessaire est donc susceptible d'impliquer, de ce fait, de savoir faire face à ce qui se nomme « guerre ». Et la question se pose alors au quotidien : enseigner les Lumières sur un mode optionnel est-ce vraiment être républicain ? Laisser l'Allemagne, la France, les institutions européennes humilier la souveraineté du peuple grec, est-ce vraiment être républicain ? Laisser mourir en Méditerranée les « damnés de la mer » est-ce vraiment être républicain ? Gouverner par la peur et imposer une « loi sur le renseignement » liberticide, est-ce vraiment être républicain ?

Vouloir l'épargne de la mort en échange d'une soumission à nos exécutifs, ce n'est certes pas être républicain. Là est le poison, ce que les révolutionnaires français les plus hardis appelaient la corruption de l'esprit public.

Alors oui, encore un effort pour être vraiment républicains..., sans faire le deuil de la Révolution française, dans la complexité de ses échelles intriquées du politique, du local au cosmopolitique, où la responsabilité individuelle est réciproque et, ainsi, engage, de proche en proche, l'avenir de tous. Faire l'effort de la quête assumée et lucide d'un avenir tout autre, fut-il, pour une part, mélancolique.

Avril 2015

* * *

19. L'expression est de Marie CUILLERAI, « L'irréconcilié, histoire critique aux marges de l'amnistie », in Sophie WAHNICH (dir.), *Une histoire politique de l'amnistie*, Paris, Puf, 2007, p. 93-120.

Notes critiques

Bruno AMBROISE

À propos de Fabian MUNIESA, *The Provoked Economy : Economic reality and the performative turn* (Routledge, 2014).

« J'achète ! » Prononcé dans une salle des ventes, lors d'une vente aux enchères publiques, cet énoncé équivaut naturellement à la réalisation d'une transaction ou d'un échange. L'énoncé ne consiste pas simplement à dire que j'achète, à l'affirmer, mais bien plus radicalement à *réaliser* l'échange. Bien sûr, cette efficacité a des conditions très particulières qui tiennent notamment à la situation, au cadre très singulier et déterminé par des règles assez strictes au sein duquel a lieu l'échange discursif : il faut que l'énoncé soit prononcé par une personne appropriée (considérée comme un acheteur), vis-à-vis d'un vendeur potentiel (ou un commissaire priseur), à propos d'une chose proposée aux enchères, dans un lieu adéquat, dans un cadre légal qui autorise les enchères, etc. Mais une fois ces conditions respectées, l'énoncé permet bel et bien de faire des choses, de modifier le réel : un achat est réalisé. J. L. Austin qualifia, dans des leçons données à Oxford et Harvard dans les années 1950 [1], les énoncés dotés de cette efficacité de « performatifs ». Depuis, on a pris l'habitude, dans les sciences sociales, de qualifier d'énoncés performatifs les énoncés qui modifient le réel à ce titre et de parler de leur « performativité ».

Les énoncés dits performatifs ont ainsi une caractéristique particulière qui permet de les identifier par rapport aux énoncés constatifs (ou « descriptifs » et qui leur vaut un formidable succès dans la littérature contemporaine : ils semblent réaliser cela même dont ils parlent ! En effet, les premiers exemples donnés par Austin (mais déjà relevés par A. Reinach en 1913 [2]) sont ceux de la promesse, du mariage ou du baptême :

1. Éditées et publiées sous le titre *How To Do Things With Words*, Oxford, Oxford University Press, 2nd ed., 1975 ; trad. fr. G. Lane, *Quand dire c'est faire*, Paris, Seuil, 1970.

2. Voir Adolf REINACH, « Die apriorischen Grundlagen des Bürgerlichen Rechtes », *Jahrbuch für Philosophie und phänomelogische Forschung*, t. 1, 1913, p. 685-847 ; trad. fr. de R. de Calan, *Les fondements* a priori *du droit civil*, Paris, Vrin, 2004.

autant d'énoncés qui, tout en parlant de quelque chose, réalisent ce quelque chose dès lors qu'ils sont prononcés dans les bonnes circonstances. Quand je dis « je promets », je réalise une promesse qui n'existe pas préalablement à mon énoncé : c'est mon énoncé qui l'amène au jour. Il en va de même, de manière évidente, avec le mariage, le baptême, mais aussi le vœu, le legs, l'interdiction, etc. Tous ces énoncés disent bien quelque chose — ils sont *à propos de* quelque chose (ou y font référence) — qu'ils contribuent à faire exister. Leur efficacité consiste ainsi, semble-t-il, à réaliser ce qu'ils disent. C'est cette propriété étonnante de certaines paroles qui en est venue à être qualifiée de performative.

Or, comme on l'a vu avec notre exemple, on peut rencontrer ce type d'énoncé dans le domaine de l'économie. Il doit donc être intéressant d'étudier ce qu'ils révèlent à son propos : que veut dire le fait que l'économie donne lieu à des énoncés qui semblent réaliser ce dont ils parlent ? Au moins trois questions subséquentes se posent : quels sont les énoncés économiques qui modifient le réel ? Comment déterminer leur efficacité et leur fonctionnement ? Enfin, quelle est l'étendue de leur pouvoir ? Car la tentation existe de considérer que la réalité économique pourrait bien, en grande partie, être le résultat performatif d'énoncés économiques. Cette dernière idée a en effet connu un récent succès, notamment dans l'analyse du fonctionnement des marchés financiers, où la mise au point de nouvelles techniques économiques a véritablement contribué à l'existence de certains marchés. Les analyses novatrices qui révèlent cet aspect instituant permettent alors de s'inscrire en faux contre le discours naturalisant de la science économique orthodoxe, considérant que celle-ci se borne à découvrir des faits, sinon des « lois » quasi naturelles.

Fabian Muniesa s'inscrit dans cette ligne de recherche particulièrement stimulante et nous propose un livre ambitieux dont le titre, *The Provoked Economy : Economic reality and the performative turn*, est suffisamment éloquent. Il s'agit pour lui de montrer que la mobilisation de la théorie de la performativité permet de rendre compte de la construction d'une partie (au moins) de la réalité économique, pour proposer, *in fine*, un renouvellement du discours critique sur l'économie. Livre ambitieux, provocateur et souvent charmeur, il s'offre comme une tentative de synthèse des recherches sur la question, car « une appréciation convaincante de l'esprit du capitalisme contemporain et de ses problèmes doit porter une attention renouvelée [...] aux performatifs » (p. 127) Au regard de l'intérêt soutenu suscité par cette nouvelle sociologie de l'économie, appelée « performativiste[3] », les espoirs fondés sur la parution d'un livre promettant d'en clarifier tout à la fois les enjeux et la fécondité étaient grands.

Or, le lecteur risque d'être déçu. Car on ne comprend pas, à la lecture du livre, en quoi le capitalisme contemporain gagnerait une intelligibilité nouvelle à être traité en termes de performativité. Ou, plus exactement, si l'on comprend bien pourquoi et comment certaines activités économiques sont « provoquées », on ne voit pas ce qui permet de qualifier cette provocation de performative, sauf à ajouter de la confusion aux descriptions très pertinentes fournies par le livre.

L'auteur n'est en effet jamais aussi bon que lorsqu'il décrit des cas précis d'activités économiques, qu'il fasse de l'ethnographie des banques d'affaires ou nous raconte des manuels de formation des *businessmen*, ou encore qu'il nous livre ses expériences de testeur de parfums — passages qui livrent quelques pages passionnantes et parfois amusantes, révélant un talent d'écrivain permettant d'éclairer concrètement les phénomènes dont il veut nous parler. Mais il faut, pour parvenir à ces pages, avoir assez de courage (ou de magnanimité) pour lire un premier chapitre où la prétention théorique, immense, se confond avec la confusion la plus totale : l'auteur entend ainsi nous fournir « quelques rudiments théoriques » en 20 pages dans lesquelles il réussit l'exploit de mobiliser plus de 110 références (!), allant de Platon à Heidegger, de W. James à W. Reich, sans nous présenter vraiment aucune des idées évoquées, sans parvenir (ni d'ailleurs chercher) à donner une quelconque cohérence à l'ensemble de ces idées[4], ni surtout comprendre, *in fine*, ce qu'est l'efficacité performative[5]. Ainsi, si l'auteur emprunte le concept à Austin, il prétend le modifier à partir des ressources offertes par d'autres théoriciens, qu'il s'agisse de J.-F. Lyotard ou de G. Deleuze. Mais la source du problème du livre réside peut-être déjà là, car il n'est pas anodin de confondre de manière récurrente « performativité » avec « performation ». En effet, si on utilise « performatif » pour dire « réalisation », on perd l'usage discriminant du concept et on parle de manière floue : autrement dit, le

3. Qualificatif donné par N. Brisset à ce courant dans une thèse dont il est l'objet principal : *Performativité des énoncés de la théorie économique : une approche conventionnaliste*, Thèse de Doctorat de l'Université de Lausanne et de l'Université Paris 1 - Panthéon Sorbonne, 2014.

4. Reconnaissons qu'au regard de l'extrême diversité des idées invoquées, c'est une tâche totalement impossible ; mais il est dommage que l'auteur ne s'en rende pas compte.

5. Où l'on se demande si « l'effet catalogue » ainsi produit vise à « faire science » ou à impressionner le lecteur. Dans les deux cas, c'est raté.

gain en intelligibilité des phénomènes étudiés est nul, sinon négatif. On admettra que c'est gênant pour un livre entièrement consacré à élucider la performativité en économie[6].

Ce risque, patent dans les deux premiers chapitres, transparaît également dans les chapitres consacrés aux études de cas, qui restent cependant intéressants en raison des phénomènes concrets qu'ils mettent au jour. Car il faut insister sur le fait que le livre est très riche et que la confusion théorique de la première partie (qui comprend les deux premiers chapitres) témoigne aussi de cette richesse.

Précisons déjà que Muniesa s'inscrit dans la filiation de l'anthropologie des sciences et des techniques développée par M. Callon puis par B. Latour, dont l'intérêt le plus central tient probablement à une volonté de dénaturaliser les pratiques scientifiques et, en l'occurrence, les pratiques des économistes, au sens large du terme, soit en un sens qui inclut tant les universitaires que les experts ou les praticiens des méthodes économiques qui cherchent à les mettre en œuvre dans le monde économique lui-même. L'idée est ainsi qu'il n'y a pas de rupture nette, ni naturelle, entre la pratique de la science économique et la mise en pratique des outils qu'elle développe.

Situant la question de la performativité dans ce cadre, Muniesa envisage de préciser en quoi elle aide à mieux comprendre certains processus économiques et, ce faisant, à les dénaturaliser. L'idée est bien de montrer que les réflexions économiques, telles qu'elles s'instancient dans des modes de calcul, des définitions opératoires ou des procédures de calcul, déterminent en fait le réel économique qu'elles prétendent simplement décrire — de telle sorte qu'une bonne partie des activités économiques adviendraient des pratiques réflexives. C'est à cette fin qu'il va mobiliser l'idiome de la performativité en rappelant les usages multiples qui en sont faits actuellement dans plusieurs sciences sociales (qui vont des études de genre à la gestion)[7]. Sans nous offrir de véritable définition conceptuelle du terme, il considère qu'il s'inscrit dans une perspective vaguement prag-

---

6. Beaucoup plus modeste, l'article de synthèse écrit en 2009 par Fabian Muniesa et Michel Callon est, de fait, plus convaincant, tout en restant problématique. Voir Fabian MUNIESA et Michel CALLON, « La performativité des sciences économiques », in Philippe STEINER et François VATIN (éds.), *Traité de sociologie économique*, Paris, PUF, 2009, p. 289-324.

7. Et l'on se demande si l'invocation d'une soi-disant « révolution performative » dans les sciences sociales n'a pas pour objet central de provoquer — et légitimer — ladite révolution en la disant, dans un mouvement qui, pour le coup, aurait beaucoup à voir avec de la performativité.

matiste en ce que cette tradition considérerait que la signification relève d'un processus et donc, croit-on comprendre, de l'action[8]. Il est probable que l'auteur confonde ici « pragmatisme » et « pragmatique » mais cela ne l'empêche pas de proposer hardiment une synthèse des différents usages du terme, en identifiant quatre groupes d'usages selon leur thématique centrale. Le premier groupe d'études mettrait l'accent sur la réalisation (ou encore la « performance ») technique quand le deuxième groupe insisterait plus sur la capacité instituante de la science (en confondant gaillardement la capacité à préparer le terrain, à mettre en place, à réaliser, etc.) ; le troisième groupe, dont on se demande au premier abord le rapport avec la question traitée, insisterait sur l'« *enactment* », soit le fait de jouer comme un acteur, d'accomplir une performance comme on le fait sur une scène ; enfin le dernier groupe d'études reviendrait sur l'efficacité des signes, en tant qu'elle correspondrait à une conception tout à la fois sémiotique et matérialiste[9].

Une fois posé ce cadre, Muniesa avance en toute modestie (et en moins de dix pages) des réponses provisoires à plusieurs problèmes philosophiques générés par la question de la performativité, tels qu'ils seront convoqués dans la suite de l'ouvrage. Ces problèmes sont ceux de la description, du simulacre, de la provocation (au sens de contribuer à mettre au jour) et de l'explicitation. Tous affectent la compréhension de la performativité, que l'on considère qu'elle soit la réalisation d'une description, que son explicitation l'accentue, qu'elle se réalise *via* la répétition simulée de son advenue ou par des effets provoqués. Ces problèmes servent essentiellement à indiquer les problématiques traitées dans les cas concrets examinés par la suite, où réside tout l'intérêt de l'ouvrage.

Car, dans les cinq chapitres suivants, bien plus réussis parce que beaucoup plus précis, l'auteur nous fournit autre chose que de simples illustrations d'une théorisation brouillonne : c'est là que réside le fond de l'ouvrage, dans les multiples incursions ethnographiques qui voient le réel économique se construire en raison de l'intervention discursive et technique des agents économiques. Sans pouvoir les présenter de manière exhaustive, résumons les idées centrales que l'on y trouve.

---

8. Je laisse ici aux historiens du pragmatisme le soin de s'indigner du traitement réservé aux idées de Peirce, James et Dewey dans le livre.

9. Il est difficile d'en dire plus car l'auteur lui-même ne développe pas la question.

Le troisième chapitre s'ingénie à nous faire pénétrer dans la vie, au premier abord très lointaine, d'une banque d'investissement, la Toth Bank (il s'agit d'un nom d'emprunt). Décrivant les diverses strates d'activités qui composent le fonctionnement de la banque, Muniesa nous fournit un luxe de détails sur la façon dont les opérations financières dépendent étroitement de la description qui en est donnée. En effet, l'objet financier central qui s'échange dans ce milieu consiste essentiellement en un contrat qui n'est autre chose qu'un texte décrivant les opérations qu'il rend possibles, mais également la façon dont les opérations doivent se passer pour être rendues possibles. Soulignant le rôle central du document écrit — ce qui n'est pas sans rappeler les travaux de B. Fraenkel [10] — et du téléphone, l'auteur montre bien la dimension centrale des échanges dans la construction du fonctionnement de la banque d'investissement. Ces échanges interviennent de manière décisive, notamment dans l'évaluation de la valeur d'un produit : car celle-ci dépend en dernière instance de la description qu'on en donne, qui est toujours le résultat d'une sorte de négociation entre différentes descriptions possibles. Autrement dit, Muniesa nous offre une vision constructiviste radicale du fonctionnement de l'évaluation des opérations financières qui, très informée, paraît assez convaincante. Sa conclusion, attendue, l'est probablement moins :

> « La valeur dépend de l'évaluation et l'évaluation est un processus actif, performatif qui est censé servir des objectifs particuliers et obéir à différentes configurations. [...] Il faut garder à l'esprit la façon dont la caractère performatif de la description des choses économiques opère de manière générale : on peut considérer que ces choses ne sont rien de plus, ni rien de moins, que l'accumulation de couches de description. » (p. 31)

Un problème central qui transparaît ici est que l'ensemble de ces pratiques sont immédiatement qualifiées de « descriptions » — qualificatif qui autorise tout le raisonnement successif. Il est pourtant hardi de considérer que toute pratique scripturaire est immédiatement descriptive (et donc *parle du* monde), même si l'on veut bien admettre qu'elle s'inscrit dans un horizon sémiotique.

Le quatrième chapitre s'attaque de manière directe au naturalisme de la science économique quand celle-ci prétend « découvrir » les prix, comme si ceux-ci étaient naturels. On retrouve l'idée d'une « vérité » du marché à atteindre. Or, Muniesa montre bien comment est fabriquée la découverte de ces soi-disant « faits économiques », précisément à travers une automatisation (*via* l'ordinateur) des processus de calcul et de déter-

---

10. Voir notamment Béatrice FRAENKEL, *La signature*, Paris, Gallimard, 1992.

mination des prix. S'appuyant sur l'exemple bien connu de l'introduction du marché des fraises en Sologne [11], il rappelle que l'appel aux outils informatiques ne consiste pas à s'en remettre à des outils technologiques qui trouveraient mécaniquement le « prix véritable » mais bien plutôt aux hypothèses implicites mises en place dans la construction des modes de calcul. En ce sens, le prix obtenu n'a rien de naturel — même si l'absence supposée d'intervention humaine le dissimule — et n'a par ailleurs rien d'univoque.

La conclusion de Muniesa va cependant plus loin que la simple insistance sur le caractère construit et donc artificiel du prix ainsi obtenu : il ajoute, de manière problématique, qu'« un algorithme de découverte des prix en fait énonce quelque chose. Il produit des signes qui signifient ce que le marché est censé dire » (p. 69). De telle sorte que « les prix du marché sont des résultats performatifs. Les technologies utilisées par le marché produisent les prix et cela s'applique aussi bien aux configurations algorithmiques qu'aux configurations conversationnelles propres aux actes de parole réalisés dans les interactions en face à face » (p. 75). Cette proposition audacieuse repose là encore sur l'idée que les techniques de calcul énonceraient de manière performative ce dont elles parlent. Or, cela suppose que celles-ci *disent* quelque chose à propos du monde et, ce faisant, le réalisent. Mais on pourra objecter que ce n'est pas parce qu'un calcul produit un résultat — chose qui, en soi, n'a rien de surprenant — que le résultat est performativement produit dans le réel. Notamment parce que les calculs n'assertent rien du tout. Ici, il manque probablement un niveau d'analyse qui expliquerait comment les résultats des calculs sont utilisés pour ensuite faire valoir leur supposée vérité à travers certains actes de parole, éventuellement performatifs.

Le chapitre cinq est probablement le plus amusant et celui qui se lit avec le plus de plaisir. Il s'attarde sur la façon dont les chercheurs et les économistes cherchent à « trouver » les préférences des consommateurs à travers des tests. Là encore, à travers son expérience de testeur de parfums, Muniesa va déconstruire le présupposé naturaliste qui voudrait qu'à travers ces tests, les chercheurs découvrent des préférences naturelles. Bien plutôt, comme l'auteur le montre de manière lumineuse, les préférences des testeurs sont précisément construites par les tests et ceux-ci ne découvrent que ce qu'ils ont réussi à produire chez les testeurs, à travers

11. Voir Marie-France GARCIA, « La construction sociale d'un marché parfait : le marché au cadran de Fontaine-en-Sologne », *Actes de la recherche en sciences sociales*, 1986, n° 65, p. 2-13.

la création d'attentes et de compétences nouvelles. Si bien que, d'une certaine façon, les instruments produits pour mesurer l'état du marché construisent en fait le marché qu'ils devaient mesurer : le marché se construit par la mise en place d'études qui tendent à « simuler » le marché. L'exposé est ici tout à fait convaincant... à ceci près qu'il s'égare quand il entend repérer de la performativité dans le processus :

> « Je considère que le fait d'être un consommateur tout comme celui d'avoir une préférence sont tous deux des réalisations performatives qui sont obtenues au moyen d'un instrument marketing. » (p. 79)

Car, là encore, il ne suffit pas d'observer la production d'un effet nouveau pour pouvoir le qualifier de performatif.

Les deux derniers chapitres, tout à fait passionnants, se penchent, d'une part, sur l'éducation du *businessman* et, d'autre part, sur la mise en place des indicateurs de performance dont témoigne l'instauration de la LOLF dans l'administration française. Partant d'une analyse précise des manuels de *business* et de la méthode d'apprentissage par cas mise en place dans les *business schools*, Muniesa montre que l'on devient un *businessman* par une véritable transformation de soi. Empruntant au dernier Foucault, il scrute la façon dont un *businessman* se forge moins des compétences ou des savoirs qu'une façon d'être qui le rend capable de réagir *comme businessman* dans les situations économiques qui requièrent une forme de courage et de réactivité. Il s'agit donc d'une véritable opération de « transformation de soi » qui sous-tend la capacité à gagner de l'argent, dès lors évaluée comme un potentiel. L'homme d'affaires véritable est ainsi moins celui qui gagne de l'argent (ce qu'il est aussi) que celui qui a une personnalité offrant le potentiel d'en gagner plus encore dans l'avenir. Cette description de l'homme d'affaires, qui n'est pas sans rappeler le M. Weber de *L'éthique prostestante et l'esprit du capitalisme*, devient toutefois problématique quand Muniesa s'évertue à qualifier l'opération de transformation de soi de « performative » (p. 103), alors que seule une énonciation peut l'être si l'on suit la conceptualisation d'Austin. Or, comme nous le montre Muniesa lui-même, l'éducation des corps et des esprits, telle qu'elle a lieu dans les *business schools*, ne consiste précisément pas à transformer les personnalités au moyen de discours mais de pratiques, de mise en situation, etc.

Quant à l'analyse de la mise en place de la LOLF à travers des indicateurs de performance, elle est probablement celle qui apporte le moins d'informations inédites, tant les études se sont multipliées sur cet aspect de la transformation de la vie politique française. Là où Muniesa se distingue, c'est précisément quand il voit dans ce processus de la performativité, qui tiendrait à ce que les indicateurs utilisés pour mettre en place la réforme seraient des outils sémiotiques visant à réaliser ce qu'ils décrivent. Mais Muniesa insiste, en fait, plus ici sur l'aspect de « performance » des indicateurs, qui permet d'expliciter les effets qu'ils ont sur le réel économique et administratif, en l'amenant à se conformer aux objectifs visés par les indicateurs. En ce sens, ce chapitre se clôt sur une assimilation qui parcourt tout le livre et permet d'en interroger la portée : peut-on impunément considérer que toute « performance » se ramène à de la « performativité », ou que toute « performativité » est une forme de « performance » ?

Cette assimilation, qui permet à Muniesa de subsumer sous le même terme des phénomènes on l'a vu très divers, s'éclaire dans les quelques passages de la fin du livre où l'auteur essaie visiblement de ramasser l'ensemble des aspects dégagés en une définition synthétique de la performativité. Le problème conceptuel apparaît alors dans son évidence quand l'auteur semble tout bonnement confondre, d'une part, technique et langage (de manière parfois tout à fait assumée, mais très peu argumentée) et, d'autre part, performativité et artificialité. Trois citations seront à ce titre éloquentes :

> « Ces techniques sont, bien sûr, performatives en un sens très évident : elles se réfèrent à ce qu'elles provoquent. » (p. 79)

> « Alors que, parfois, les praticiens du marketing se débattent pour saisir une réalité indiscernable et insaisissable, d'autres fois, la réalité du comportement du consommateur, des tendances du marché et du désir d'achat est conçu explicitement comme étant l'objectif de leur travail. Leur boulot est d'être performatifs. On rencontre en effet une interprétation de l'idée de performativité largement partagée dans les sciences sociales du marketing : l'idée que le marketing est performatif parce qu'il produit des effets sur les marchés. » (p. 80)

> « Les *business schools*, les firmes de consultants, les corporations, les banques d'investissement, les *start-ups*, les agences conduisant des recherches sur le marché, les administrations publiques et les autres lieux de la vie des affaires se caractérisent par des habitudes, des idiomes et des instruments qui constituent une part significative de la réalité des affaires. Cela comprend des techniques de simulation de situations économiques, des méthodes d'explication de problèmes économiques, des instruments d'évaluation des efforts accomplis et des moyens pour présenter les résultats du *business*. Mais la simulation, l'explication, l'évaluation et la présentation ne consistent pas simplement à rendre compte d'une réalité extérieure. Elles consistent aussi, du moins en partie, à modeler, promulguer, provoquer et réaliser les réalités du *business* qu'elles signifient. Bref, elles sont performatives. » (p. 127)

On le voit dans ces passages, tout l'attrait de la sociologie performativiste réside dans l'assimilation de dispositifs, qui entremêlent des éléments discursifs à des opérations technico-scientifiques, à des opérations linguistiques performatives. Autrement dit, c'est parce que l'auteur considère que les opérations techniques énoncent des choses sur le monde qu'il peut en venir à considérer que leurs effets sont performatifs. Or, cette analyse perd beaucoup de son intérêt — si ce n'est dans ses découvertes empiriques, du moins sur le plan de l'analyse conceptuelle — lorsqu'on rappelle qu'il n'y a de performativité que des énoncés et que les opérations décrites par Muniesa, qui relèvent pour la plupart de l'ordre technique ou comportemental, ne consistent pas en la production d'énoncés portant sur le monde. On ne peut écrire ingénument que les techniques se réfèrent à ce qu'elles provoquent sans jouer sur le sens des mots et transformer le fait que les techniques s'appliquent à des réalités, en contenu intentionnel de celles-ci. Or, une technique ne dit bien sûr rien *à propos* du monde et ce n'est pas en raison de ce qu'elle dit qu'elle le transforme, mais bien plutôt parce qu'elle a un effet causal [12].

À force de transformer tout élément réel en médium discursif, la sociologie performativiste court donc le risque de perdre le moindre rapport avec le réel et d'oublier que la performativité du discours, *dont l'intérêt conceptuel et explicatif tient précisément à ce qu'elle se distingue de l'efficacité causale habituelle*, est, d'une part, une efficacité du discours et, d'autre part, n'a lieu qu'en fonction de conditions matérielles très concrètes : il ne suffit pas de dire qu'une chose doit être telle pour qu'elle le devienne. (Car même à supposer que les calculs techniques qui ont cours en économie portent sémantiquement sur le monde, ils n'ont certainement pas à eux seuls le pouvoir magique de transformer le monde.) Dès lors, il serait dommage de sacrifier à la mode d'un idiome la diversité des effets produits — et donc « construits » — dans le domaine économique, et de perdre la spécificité de l'analyse du pouvoir symbolique des énoncés économiques performatifs [13] pour la confondre avec l'analyse, certes nécessaire, des dispositifs qui réussissent à réaliser — qu'on préférera à « performer » — toute une part de ce que l'économie est censée décou-

12. On a parfois l'impression que l'auteur est tellement étonné que les techniques produisent des effets, qu'il recherche un terme pour qualifier cet événement, lequel n'a pourtant rien d'inédit : une technique a précisément pour objet d'être efficace et de modifier le réel, qu'elle requiert ou pas le langage. Parmi ses 110 références, l'auteur aurait dû relire Aristote.

13. Voir notamment Pierre BOURDIEU, *Langage et pouvoir symbolique*, Paris, Seuil, 2001.

vrir. C'est en mêlant, sans confondre, les deux types d'analyse qu'on accroîtra véritablement nos capacités critiques.

(CNRS, CURAPP-ESS)

*   *   *

Sciences sociales et santé

Vol. 33, n° 3

Septembre 2015

Revue trimestrielle

Sommaire

Aude Béliard
Aurélie Damamme
Jean-Sébastien Eideliman
Delphine Moreau
« C'est pour son bien ». La décision pour autrui comme enjeu micro-politique

Aude Béliard
Solène Billaud
Assurer la relève. Une approche micro-politique des processus de transmission de la tutelle de personnes handicapées

Céline Borelle
Le traitement de la subjectivité du destinataire de soin comme opérateur micro-politique. Le cas des enfants diagnostiqués autistes

Antoine Hennion
Pierre A. Vidal-Naquet
« Enfermer Maman ! » Épreuves et arrangements : le *care* comme éthique de situation

Ana Marques
Est-il légitime de ne pas décider pour autrui ? Le travail politique autour d'une Équipe mobile de psychiatrie-précarité

Tarifs d'abonnement 2015 (4 numéros par an)

	FRANCE	UE ET SUISSE	AUTRES PAYS
Étudiants	87 €	103 €	111 €
Particuliers	119 €	135 €	143 €
Institutions	276 €	292 €	300 €

Le paiement est à effectuer à l'ordre de John Libbey Eurotext et doit être adressé à :
Éditions John Libbey Eurotext - 127, avenue de la République
92120 Montrouge
01.46.73.06.60
contact@jle.com

Sciences Sociales et Santé

publié par l'Association pour le Développement des Sciences Sociales de la Santé (ADESSS) et soutenue par l'Institut des Sciences Humaines et Sociales du Centre National de la Recherche Scientifique (CNRS)

Une dissonance cognitive bien ordonnée : les économistes et la crise du néolibéralisme *

Grégory SALLE

« Pendant des années, j'ai travaillé en tant qu'enseignant en économie théorique. J'aimerais croire que j'ai gagné ma vie honnêtement, mais j'ai souvent des doutes. » (Joan Robinson, 1960)

Comment se fait-il que le néolibéralisme soit sorti indemne, et même renforcé, de la crise économico-financière ouverte en 2007-2008 ? Comment expliquer que la situation profite davantage aux discours et porte-parole de droite qu'à ceux de gauche ? Et secondairement, comment est-il possible que les économistes orthodoxes dominants n'aient pas été discrédités une bonne fois pour toutes, comme il aurait été raisonnable de s'y attendre, continuant même à faire autorité avec un aplomb insensé ? Telle est l'énigme qui motive ce livre dédié aux « néolibéraux de tous les partis », en reversement parodique de la dédicace hayekienne de la *Route de la servitude*, adressée aux « socialistes de tous les partis ». Philip Mirowski, connu entre autres pour un livre d'épistémologie économique de facture plus classique [1], n'est certes pas le premier à soulever le paradoxe (il cite — et critique — par exemple un livre de Colin Crouch éloquemment intitulé *The Strange Non-Death of Neoliberalism*). Mais il le fait avec une vigueur particulièrement incisive.

Le titre annonce ce qui est en effet la force motrice du livre : sa verve. Loin de tout académisme, la plume de Philip Mirowski est percutante et drôle, souvent ironique, parfois féroce. Rentre-dedans, son style n'en est

* À propos de Philip MIROWSKI, *Never Let a Serious Crisis Go to Waste. How Neoliberalism Survived the Financial Meltdown*, Londres/New York, Verso, 2013.

1. Philip MIROWSKI, *More Heat than Light. Economics as Social Physics, Physics as Nature's Economics*, Cambridge University Press, 1991. On en retrouve la marque ici, notamment dans les chapitres 5 et 6, les plus centrés sur la théorie économique elle-même ; l'auteur qualifie d'ailleurs la crise de « phénomène épistémologique ».

pas moins « littéraire » : volontiers imagé, il fait appel à diverses métaphores, jeu de mots ou mots-valises (ainsi « *quantifornication* »), sans craindre de recourir à un registre familier. *Never Let a Serious Crisis Go to Waste* est l'œuvre d'un économiste aussi taquin qu'érudit, qui, à l'occasion, cite Antonin Artaud ou fait un clin d'œil à Philip K. Dick (dans le sous-titre « *Do Zombies Dream of Eternal Rest ?* »), établit ici et là des comparaisons avec divers films plus ou moins populaires, tout en insérant des expressions latines, françaises ou allemandes à des fins humoristiques. Difficile de trouver des équivalents en français, car c'est aussi un style ancré dans la langue anglo-américaine (on pense parfois à la vigueur caustique de Charles Wright Mills). Pour en donner une idée approximative, on peut cependant évoquer un style rappelant tour à tour Frédéric Lordon, le premier livre « grand public » de Bernard Maris[2], le Emmanuel Todd de *L'illusion économique* ou *Après la démocratie*[3], ou celui méconnu de Michel Musolino intitulé, plus de quinze ans avant celui de Steve Keen, *L'imposture économique*[4], dans lequel on trouvait la citation de Joan Robinson placée ici en épigraphe — nul doute que Mirowski la connaît et la trouve à son goût. Quoi qu'il en soit, on comprend que le combat contre la pensée néolibérale, et plus largement contre le *mainstream* économique hégémonique dans les départements d'économie des universités, vecteur d'un langage appauvri et stéréotypé, passe aussi par le style. On trouve de quoi sourire même dans ce qui a le plus l'apparence du sérieux, les graphiques, en tout cas le premier d'entre eux, « Hilarity at the Federal Reserve », qui comptabilise le nombre de fois où les transcriptions des réunions de la banque centrale états-unienne (la FED) tenues entre 2011 à 2006 indiquent « rires » (résultat : une évolution en dents de scie mais guidée par une nette tendance à la hausse…).

L'entrée en matière — un premier chapitre servant d'introduction intitulé « *One More Red Nightmare : The Crisis That Didn't Change Much of Anything* » — révèle d'emblée la veine mordante qui anime le livre, tout en posant en même temps le mystère à résoudre : tout sauf épuisé, le néolibéralisme apparaît en pleine forme, comme revigoré par une crise dont il est pourtant responsable. Le livre commence par l'évocation d'une

2. Bernard MARIS, *Des économistes au-dessus de tout soupçon ou la grande mascarade des prédictions*, Albin Michel, 1990. Livre d'ailleurs longuement recensé (et critiqué) par Renate di Ruzzo dans *L'homme et la société*, n° 98, 1990, p. 135-139.

3. Emmanuel TODD, *L'illusion économique. Essai sur la stagnation des sociétés développées*, Gallimard, 1999 [1998] ; *Après la démocratie*, Gallimard, 2008.

4. Michel MUSOLINO, *L'imposture économique. Bêtises et illusions d'une science au pouvoir*, Textuel, 1997.

scène de film d'horreur de série B dans laquelle, lorsque le personnage croit se réveiller d'un vilain rêve, il se retrouve en fait dans un second cauchemar, encore plus épouvantable que le précédent. C'est la situation dans laquelle nous sommes, indique par là P. Mirowski : on a cru sortir du délire néolibéral... et en fait non — bien au contraire. Contre toute attente ou du moins contre toute raison, c'est même encore pire qu'avant. Contrairement à la crise des années 1930 qui avait suscité chez les libéraux une révision doctrinale (c'est là l'origine du néolibéralisme, et le « néo » est d'importance), c'est comme si rien ne s'était passé, les penseurs de marché faisant preuve d'un conformisme atterrant. P. Mirowski y voit un phénomène typique de « dissonance cognitive » (il parle ailleurs d'un syndrome du déni), attitude selon laquelle les démentis apportés par le réel ont pour effet paradoxal de renforcer l'ardeur des croyants. Tout le chapitre file alors la métaphore du zombie (en référence à un livre avec lequel P. Mirowski engage un dialogue critique [5]) en multipliant les *punchlines* (« *Neoclassical economics resembles a catechism for the undead who have palsied difficulty counting to ten* », parmi bien d'autres).

Mais l'humour ne suffit pas, prévient l'auteur. Même si certaines phrases prononcées par des économistes haut placés prêteraient à rire (et les exemples donnés dans le livre sont légion), la situation est trop grave pour qu'on s'en tienne là. D'autant que cette situation ne doit pas grand-chose au hasard ou à la malchance. Le triomphe en quelque sorte absurde des néolibéraux procède d'une stratégie qu'il importe de dévoiler. Ils ont lu Carl Schmitt, ou c'est tout comme. Et, au-delà de l'improvisation conjoncturelle, il y a bien une réponse néolibérale aux grandes crises (P. Mirowski utilise ponctuellement l'expression de « *standard-issue Neoliberal Playbook* »), conçue comme telle. En six chapitres rondement menés, la verve de l'écriture sert ainsi une démonstration au rouleau compresseur, surtout à mesure qu'elle avance et donne lieu à toujours plus d'éléments de preuve sous forme de citations, tableaux, graphiques, sans parler de notes assez fournies, donnant quelquefois lieu à des développements secondaires outre les sources qui y sont mentionnées.

Pour conduire cette démonstration, l'auteur de *More Heat than Light* doit en premier lieu aller contre l'idée selon laquelle le néolibéralisme serait quelque chose de trop composite, de trop hétérogène, de trop pluriel pour être appréhendé comme un mouvement unifié. Les néolibéraux ont évidemment intérêt à accréditer la thèse de cette inexistence (selon

---

5. John QUIGGIN, *Zombie Economics : How Dead Ideas Still Walk Among Us*, Princeton University Press, 2010.

laquelle il s'agirait d'un mot vide, voire d'un terme polémique fabriqué de toutes pièces par l'opposition de gauche) pour mieux l'imposer en réalité. D'où l'effort de l'auteur, dans les premiers chapitres, pour caractériser le néolibéralisme en tant que tel. Ce n'est sans doute pas sur ce point que *Never Let a Crisis...* apporte le plus, en dépit de passages stimulants, comme la critique approfondie de la théorisation du néolibéralisme par Michel Foucault, qu'il présente dans le chapitre 3 comme une sorte de faux ami après lui avoir fait crédit de sa perspicacité précoce ; une critique équilibrée à défaut d'être pleinement convaincante, notamment sur l'idée qu'il prête à l'auteur de *Naissance de la biopolitique* quant au marché comme lieu de véridiction. De manière générale, le lecteur familier des controverses interprétatives entre les travaux de François Denord, de Pierre Dardot et Christian Laval, de Loïc Wacquant et de Serge Audier, notamment, n'apprendra rien de fondamental, dans la mesure où l'essentiel des méprises pointées par l'auteur sont déjà dissipées (sur la différence entre libéralisme et néolibéralisme par exemple) et l'état des désaccords clarifiés. En outre, si P. Mirowski discute à l'occasion, souvent pour s'en démarquer, des auteurs comme Naomi Klein, David Harvey, Thomas Frank ou David Graeber, pour s'en tenir à des auteurs partiellement traduits en français, c'est sans toujours entrer dans le détail de ce qui le distingue d'eux, comme s'il accentuait les différences au détriment des points de convergence. C'est sur la contextualisation états-unienne de la période récente que le livre se distingue le plus, dans son ambition de livrer une histoire intellectuelle de la crise à court terme — l'amnésie est si vite arrivée... — mais plongeant ses racines dans le temps long.

Une part importante du livre est alors consacrée à peindre au vitriol les errements, intéressés ou non, des intellectuels en général et des économistes en particulier. Contre une certaine représentation populaire d'universitaires vus comme des savants un peu verbeux et coupés du monde, donc inoffensifs, ils ont en effet joué un rôle clef dans la revitalisation paradoxale du néolibéralisme. C'est l'objet des chapitres 4 et 5, le premier insistant sur l'aspect sociologique et le second sur l'aspect doctrinal. En lisant P. Mirowski, on ne peut évidemment s'empêcher de penser à la situation française sur ce plan et, en particulier, aux diagnostics réalisés par l'Association française d'économie politique (AFEP). Là-bas comme ici, en pire sans doute, les économistes néoclassiques sont sortis indemnes de la crise et même confortés dans leur position, comme s'ils étaient invincibles, alors même qu'ils ont donné une image indigne d'une profession respectable en se livrant notamment à une auto-absolution consternante. La meilleure preuve de leur force est que même ceux qui étaient passés complètement à côté de la crise ont pu déclarer ensuite qu'ils avaient tout compris, sans que cela leur vaille le moindre ennui. Il y a bien eu un début d'indignation à leur égard, mais il est retombé comme un soufflé. P. Mirowski relate pourtant une véritable débâcle intellectuelle dont il donne de nombreux exemples édifiants. Et il le fait en rapportant la situation présente à la manière dont les néoclassiques ont délibérément laminé les hétérodoxes en excluant l'histoire, la philosophie, les sciences sociales de l'intelligibilité économique au profit d'une mathématisation vide de sens, ceci expliquant aussi leur manque de clairvoyance. L'auteur de *More Heat than Light* donne des explications d'une invincibilité moins étonnante qu'il n'y paraît quand on la rapporte à ses conditions de possibilité. Il évoque notamment une immunité procédant des liens entre les économistes et la FED et plus largement le secteur financier (sans parler des firmes privées — conflits d'intérêt ? Connais pas), allant jusqu'à parler d'un « *academic-governmental-financial complex* », ainsi que la restructuration néolibérale des universités (développé dans un autre livre, intitulé *Science-Mart* par analogie avec l'entreprise Wal-Mart[6]), sans parler des aveuglements théoriques (volontaires ou non) liés à la logique interne de leur profession de foi « scientifique ». Ce faisant, P. Mirowski ne se bat pas contre des moulins à vent et il n'hésite jamais à donner les noms de ses cibles.

La mollesse ou la démission de la gauche n'est pas pour rien dans la situation désolante que nous traversons, et P. Mirowski ne ménage pas ses critiques envers la gauche raisonnable, pondérée — Paul Krugman et Joseph Stiglitz en tête, à l'encontre desquels il décoche quelques flèches acides à propos de leur inconséquence théorique, comme si la microéconomie de la théorie standard n'était pas à la racine du problème —, brocardant son goût coupable pour une « régulation » dénuée de sens. Les médias en prennent aussi pour leur grade, qui continuent à inviter, parfois même dans des *talk-shows* à tonalité apparemment « critique », ceux qui ont fait preuve de leur faillite. De même, n'épargnant personne, P. Mirowski n'est pas tendre avec les mouvements de contestation type *Occupy Wall Street* (mouvement qui n'a pas vraiment occupé Wall Street mais se déroulait plus loin, rappelle-t-il au passage), qu'il accuse de mal connaître son ennemi, de manquer d'une boussole idéologique claire, de s'enfermer dans des partis pris « basistes » inconséquents, mais aussi de reproduire

6. Philip MIROWSKI, *Science-Mart. Privatizing American Science*, Harvard University Press, 2011.

des schémas ou d'employer des techniques produites par le néolibéralisme, à commencer par les réseaux sociaux, vecteurs par excellence de la subjectivation néolibérale.

Ceci étant, les néolibéraux, insiste l'auteur, n'ont pas ou pas seulement gagné par défaut. Ils agissent stratégiquement. C'est à dévoiler cette stratégie, qu'il décrit en forme de « poupée russe » tout au long de l'essai, que s'emploie l'auteur, en retraçant l'action de ce qu'il nomme avec ironie la « *Neoliberal Thought Collective* » (abrégée NTC), dans la foulée de l'ouvrage collectif sur ce thème qu'il avait codirigé quelques années plus tôt [7], à l'instigation de la Société du Mont-Pèlerin (SMP). Pour ce faire, il reconstitue la logique des contradictions apparentes, comme le fait que la SMP soit une société de rationalistes promouvant l'ignorance comme une vertu, de même qu'un groupe se comportant de manière non libérale (*illiberal*) — fonctionnant sur un mode quasi léniniste, glisse-t-il quelque part — pour prôner le libéralisme.

Il souligne à cet égard deux éléments. Le premier est l'existence d'un double discours politique : une version exotérique pour les masses, une version ésotérique pour les élites. Le fait de proclamer le souhait d'un retrait de l'État tout en œuvrant en réalité en faveur d'un interventionnisme étatique — mais pas n'importe lequel : un interventionnisme mis au service des possédants et plus largement de l'extension de l'emprise marchande — en est l'illustration typique. Un second élément est la production délibérée de l'ignorance, domaine de l'« agnotologie [8] ». Les porte-parole du néolibéralisme sont passés maîtres en la matière, comme le montre l'auteur dans des développements sur le « *murketing* [9] ». On flatte par exemple la clairvoyance des consommateurs pour mieux les manipuler, ce dont P. Mirowski donne plusieurs exemples, parmi lesquels les illusions du commerce dit « équitable ». La multiplication de pseudo-débats et controverses de façade (ou « controverses Potemkine » comme Mirowski s'amuse à l'écrire) participe de la même logique, bien diffé-

---

7. Philip MIROWSKI et Dieter PLEHWE (eds.), *The Road from Mont-Pèlerin. The Making of the Neoliberal Thought Collective*, Harvard University Press, 2009.

8. Sur cette notion, voir Mathias GIREL, « Agnotologie : mode d'emploi », *Critique*, n° 799, 2013, p. 964-977. Notons que si le terme désigne « *l'étude des diverses formes de l'ignorance, que celle-ci soit comprise comme une frontière de la connaissance, ou qu'elle soit produite de façon inopinée* [...], *ou encore que la production d'ignorance soit le but explicitement visé, élément d'une stratégie* » (*ibidem*, p. 966), et se veut donc une discipline, P. Mirowski tend à l'employer comme la production de l'ignorance à des fins stratégiques elle-même.

9. Mot-valise qui joue sur *murk/murkiness*, l'obscurité.

rente de la propagande à l'ancienne. Ce n'est pas que la vérité soit cachée ; c'est qu'elle est étouffée par une manière méthodique d'instiller le doute qui, sous couvert de distanciation, fait écran à tout effort de clarification.

Never Let a Serious Crisis Go to Waste ne s'arrête pas là. Avant d'en arriver à sa charge contre les économistes de profession, l'auteur a dû proposer au préalable une analyse de la prégnance intellectuelle, corporelle, technique du néolibéralisme. C'est cet « *everday neoliberalism* » qui fait l'objet du chapitre 3, un néolibéralisme « au quotidien » dont la force est d'être comme insensible parce que banal, impensé, intime ou du moins vécu comme tel par une technologie puissamment individualisante. P. Mirowski livre ici des réflexions sur le sujet, le moi, l'identité personnelle (*self/selfhood*) à l'âge néolibéral, fait d'un mélange de dissolution-fragmentation et de narcissisme qui entrave la contestation de la crise et de ses effets. Il fustige en même temps le « théâtre de la cruauté » d'un système qui stigmatise, culpabilise, voire criminalise les pauvres. De façon générale, il s'agit ainsi de s'en prendre aux schèmes et réflexes mentaux sous-jacents au triomphe néolibéral, à sa base ontologique, et non seulement à ses manifestations empiriques. D'où la tentative de clarification évoquée plus haut d'un néolibéralisme qui ne se borne pas à être une pensée ou un programme, mais a pris l'ampleur d'une vision du monde (et même d'une « *Theory of Everything* », soit une théorie de tout et n'importe quoi).

Somme toute, l'ouvrage touche à la question qui est au cœur du dossier de ce numéro, celle de la « performativité », ainsi, par exemple, le fait que les produits dérivés découlent de l'hypothèse des marchés efficients. Il est fait allusion à cette approche dans deux ou trois passages de l'ouvrage — on se souvient que P. Mirowski, en compagnie de son collègue Edward Nik-Khah, a participé au volume *Do Economists Make Markets ?* en y faisant entendre une voix dissidente [10]. Il reproche ici à nouveau aux « études sociales de la finance » (et en particulier à Donald MacKenzie) de coller outre mesure aux explications orthodoxes tout en donnant du crédit aux explications internalistes et excessivement techniques de la crise financière, manquant en cela le *big picture*, c'est-à-dire l'économie politique. Cela n'empêche pas l'auteur de consacrer certains passages à des dimensions techniques, par exemple sur le score/algorithme « FICO » (pour *Fair, Isaac, and Company*). Ce n'est pas pour rien

10. Voir l'introduction du présent dossier.

que Philip Mirowski est l'auteur d'un imposant volume intitulé *Machine Dreams : Economics Becomes a Cyborg Science* [11]. Mais on ne peut s'en tenir aux idées et même à leur matérialisation technique, ajoute-t-il : il faut prendre en compte le fait que les économistes étaient en pratique aux commandes des choix économiques, comme il le montre en établissant des connexions entre l'université et le pouvoir politique. Cela peut paraître moins sophistiqué que l'approche par le performatif ; mais est-ce que ça ne nous en dit pas plus sur les rapports de force concrets qui constituent le réel ?

Never Let a Crisis Go to Waste débute par une énigme ; il s'achève par sa résolution, tranchée comme le reste du livre. Le récapitulatif final est présenté en six points qu'on peut synthétiser ainsi : (1) à titre individuel, un phénomène de dissonance cognitive qui fonctionne par définition par auto-alimentation ; (2) à titre collectif, loin d'adopter une position défensive devant une crise qui en principe discréditait leurs vues, les économistes dominants ont au contraire redoublé d'efforts impérialistes dans le champ académique et plus largement intellectuel ; (3) la prégnance d'un néolibéralisme en quelque sorte culturel qui, profondément ancré socialement, a fourni des premiers cadres de perception et de compréhension erronés au début de la crise avant même la contre-offensive précédemment mentionnée ; (4) une « fabrique de l'ignorance à l'échelle industrielle » bien faite pour noyer le poisson, à coups de controverses stériles ou d'arguties semant la confusion et saturant l'espace public (il en va ainsi, explique l'auteur dans la dernière partie du livre, pour la crise économique comme pour la crise climatique, autre défi d'une vive actualité) ; (5) une sorte d'OPA néolibérale sur les mouvements de protestation eux-mêmes, qui opère à la fois par le haut et par le bas et désamorce une opposition sociale structurée et réellement porteuse d'alternatives politiques ; (6) enfin, une stratégie de réponse à la crise opérant tous azimuts, du déni à court terme jusqu'aux efforts de transformation, cautionnés scientifiquement, de la logique même des rapports sociaux. On peut contester cette thèse, mais le livre de P. Mirowski a au moins le grand mérite d'en soutenir une, et avec la plus grande clarté. Et l'on n'a ici présenté que des grandes lignes d'un livre assez épais (près de 400 pages), qui contient de nombreux développements à caractère épistémologique et/ou politique sur divers aspects allant du rôle de la prédiction en économie jusqu'au *geoengineering*.

---

11. Philip MIROWSKI, *Machine Dreams : Economics Becomes a Cyborg Science*, Cambridge University Press, 2002.

Philip Mirowski est parfois emporté par sa fougue, comme lorsqu'il frôle le point Godwin en affirmant que chez Hayek et les néolibéraux, la figure du *Führer* chère à Carl Schmitt est remplacée par celle de l'entrepreneur. On peut peut-être lui reprocher, comme le fait Paul Heideman dans la revue *Jacobin* [12], l'absence d'une théorie de la structure contemporaine du capitalisme et de son fonctionnement concret, sans laquelle on ne peut tout à fait comprendre ce qui se joue sur le terrain de la bataille d'idées. Mais l'on ne peut pas tout faire, et l'auteur de *Machine Dreams* liste lui-même, dans les dernières pages, un certain nombre d'enjeux concernant les mécanismes de la crise elle-même qu'il a volontairement laissés de côté ou abordés seulement à la marge, mais qui méritent également développement. On ressort revigoré de la lecture de *Never Let a Crisis Go to Waste*, et avec l'envie de transposer sa description à la situation française, où l'inamovibilité médiatique des « économistes à gages [13] » ne semble pas moins spectaculaire qu'aux États-Unis.

*　　*　　*

12. Paul Heideman, « Bulletproof Neoliberalism », *Jacobin*, juin 2014, URL : https://www.jacobinmag.com/2014/06/bulletproof-neoliberalism/

13. Voir Serge HALIMI, Renaud LAMBERT et Frédéric LORDON, *Économistes à gages*, *Le Monde diplomatique*/Les Liens qui Libèrent, 2012.

L'homme et la société
Revue internationale de recherches et de synthèses en sciences sociales

Les mille peaux du capitalisme I

N° 193-194 – 2014/3-4

Le capitalisme actuel paraît avoir perdu la lisibilité qui semblait le caractériser durant la période précédente au profit d'une diversité de configurations et de pratiques rassemblées derrière les termes de *postfordisme, postindustrialisme* ou de *postmodernité*. Ce « post » fonderait la prophétie d'une économie nouvelle (autoentrepreneuriat, travail à domicile, développement durable, responsabilité sociale des entreprises, etc.), dont l'originalité reste à interroger. Il recouvre une dimension de *mise au passé*, permettant de ne pas tenir compte de réalisations parfois anciennes dans ces domaines présentés comme neufs. Mais, au prix d'un enterrement de l'idée même de progrès, l'enjeu de ce phénomène est bien la perpétuation du capitalisme, qui, tel de nombreuses espèces animales, mue par renouvellement de son apparence externe et abandon de l'une de ses *mille peaux*.

Sommaire :

Éditorial. « Anthropocène » ?

* * *

Olivier Dard, Claude Didry, Florent Le Bot et Cédric Perrin : Les mille peaux du capitalisme (I)
Laurent Herment : Le capitalisme agraire au XIXe siècle : le champ des possibles
Cédric Perrin : Le développement durable en perspective historique : l'exemple des tanneries
Elsie Viguier : Développement durable, consumérisme politique et marketing « vert » : De nouvelles sources de justification du capitalisme ?
Pauline Barraud de Lagerie : L'éternel retour du *sweating system* ?
Thomas Zanetti : Responsabilité sociale et implication territoriale contemporaine de Michelin à Clermont-Ferrand : une réactualisation du système d'encadrement paternaliste du début du XXe siècle ?
José A. Miranda : Entre économie de la fonctionnalité et monopole : la *United Shoe Machinery Company* dans le première moitié du XXe siècle
Alexandre Fernandez : De l'illusion « post-mécaniste » à l'illusion « post-industrielle »

* * *

Hors dossier

Pascale Absi, Laurent Bazin et Monique Selim : Les dominations enchevêtrées. Investissements épistémologiques de l'anthropologie du travail
Ivan Sainsaulieu : Retour sur la notion de « base syndicale ». Le milieu CGT des banques en tensions

Note critique

Michel Kail
Bombardement, drone, politique

Comptes rendus

Résumés/Abstracts

Tables

* * *

Rédaction : Jean-Jacques Deldyck - Université Paris-Diderot Paris 7 - Boîte courrier 7027 - 75205 Paris Cedex 13
Tél. : 01 57 27 64 86 - e-mail : deldyck@univ-paris-diderot.fr
Abonnement et vente au numéro : Éditions L'Harmattan, 5-7 rue de l'École Polytechnique 75005 Paris
http://www.librairieharmattan.com - diffusion.harmattan@wanadoo.fr

Revue des revues

Thierry POUCH

Espaces et Sociétés, « Agriculture et Ville », Érès, 2014, n° 158-3.

Du fait de la place qu'occupe historiquement l'agriculture dans la société française, de nombreuses recherches et enquêtes se sont régulièrement penchées sur l'identité professionnelle des agriculteurs, sur la dimension spatiale des activités de production, sur les rapports agriculteurs et politique... Au travers de politiques agricoles, l'après-guerre a consacré l'avènement de l'agriculture que l'on qualifie encore régulièrement mais abusivement de « productiviste ». Le modèle de l'exploitation familiale qui s'est imposé a permis à la France, et plus largement à l'Europe, d'atteindre en un temps très court, dans un premier temps, l'autosuffisance alimentaire et, dans un second temps, d'accéder au rang de grande puissance exportatrice de produits agricoles et alimentaires.

C'est ce modèle qui est depuis le début des années 1990 remis en cause. Il l'est de multiples façons. L'une d'entre elles a trait aux répercussions environnementales de la production dite intensive, à la spécialisation des bassins de production et à la coupure entre les agriculteurs et le reste de la société. L'éloignement des centres de production agricole vis-à-vis de la ville a constitué depuis plusieurs années une préoccupation des citoyens, de plus en plus attentifs aux méthodes de production, et donc à la qualité des produits qu'ils mangent. La problématique de la relation entre les centres urbains et l'agriculture est de ce fait devenue un objet de recherche important, auquel est dédié ce numéro de la revue *Espaces et Sociétés*. La grande cohérence de ce numéro conduit le lecteur à prendre la mesure des enjeux et des acteurs multiples que revêt l'articulation entre la ville et l'agriculture. Ceux qui sont à la recherche d'une plus grande proximité entre les producteurs de denrées alimentaires et les consommateurs, d'une dimension durable de l'existence dans les villes, d'un aménagement des centres urbains, trouveront des informations précieuses sur les nouvelles attentes des citoyens, sur les visées des dispositifs publics en matière de cohabitation entre citadins et agriculteurs. Le nouveau modèle agricole centré sur le péri-urbain prend une résonance particulière depuis 2013, puisque les pouvoirs publics ont fait de l'agro-écologie leur cheval de bataille.

L'article qui inaugure ce numéro d'*Espaces et Sociétés*, intitulé « Agriculture et acteurs agricoles dans les mailles des territoires de gouvernance urbaine : nouvelle agriculture, nouveaux métiers ? », signé de Monique Poulot, entend montrer en quoi, après une période longue durant laquelle s'est imposée l'agriculture « productiviste » et exportatrice, une nouvelle figure de l'agriculture est en train de germer, l'agriculture péri-urbaine, voire urbaine, à l'origine d'un renouvellement non seulement de l'identité professionnelle des agriculteurs, mais aussi, et surtout, d'une innovation contractuelle entre eux et la société. Après avoir indiqué que cette forme d'agriculture est désormais dominante en France, puisqu'elle représente 77 % des exploitations et les trois-quarts de la surface agricole utile (S.A.U.), selon les données du dernier Recensement agricole de 2010, l'article décortique les enjeux fondamentaux de cette affirmation d'une agriculture péri-urbaine.

Premier enjeu, celui de la représentation que les citoyens se font de l'agriculture. Inscrite dans une exigence plus générale de développement durable, ils voient dans l'agriculture péri-urbaine un levier pour promouvoir les *short food supply chains*, et réduire les distances séparant les producteurs des consommateurs. En d'autres termes, une agriculture péri-urbaine constitue un vecteur de l'organisation de circuits de proximité, supports de liens sociaux entre les consommateurs et les agriculteurs. Poussant plus avant la démonstration, l'auteure de l'article indique que l'agriculture péri-urbaine est un moyen de reconquérir le marché des villes en l'approvisionnant en produits locaux.

Deuxième enjeu important, cette logique de proximité est manifestement porteuse de la multifonctionnalité de l'agriculture. Celle-ci est non seulement pourvoyeuse de biens alimentaires se distinguant par un haut degré de traçabilité, mais productrice de paysages, d'aménités, rompant avec la logique de l'hyperspécialisation des exploitations agricoles dans le cadre organisationnel précédent. De telles aménités permettent de préserver la biodiversité mais aussi de protéger les centres urbains des risques d'inondations, d'incendies, par l'entretien des haies, des fossés ou des mares. Alimentation et préservation des ressources ou patrimoines naturels sont ainsi au centre même des fonctions de l'agriculture péri-urbaine, dans la mesure où les surfaces agricoles sont préservées pour la production et pour l'environnement. Il s'ensuit que cette volonté de faire coexister le secteur agricole et une urbanisation qui s'amplifie, est à l'origine de tensions parfois extrêmes à propos des disponibilités et des usages du foncier.

Le dernier enjeu a trait à l'identité professionnelle des agriculteurs et à la maîtrise de leur outil de production. L'affirmation d'une telle organisation de la production agricole, répondant à des attentes sociétales de plus en plus prégnantes, bouscule la représentation mentale du métier chez celles et ceux qui l'exercent. L'auteur consacre un développement conséquent à cet enjeu, dans la mesure où il implique les agriculteurs eux-mêmes, le rôle de leurs représentants syndicaux, mais tout autant les citadins et les collectivités territoriales. Pour les producteurs, c'est rien moins qu'une crainte de « déprofessionnalisation » qui les anime, même s'ils perçoivent que ce risque comporte *a contrario* un gain, celui d'une adaptation bénéfique, car soutenue par les citoyens vivant en zones urbaines, à la « multiprofessionalisation », et, par voie de conséquence, une reconnaissance de la population et un renouvellement du contrat social qui les lient aux résidents des villes. Concernant les syndicats, au même titre que les autres organisations professionnelles, la difficulté résidait, dans un premier temps, dans la peur de perdre le contrôle de la production agricole, le « monopole de l'expertise des spécificités agricoles au profit des élus du monde urbain » (p. 22-23 du numéro).

On comprend mieux dès lors, à suivre le fil conducteur de l'article, en quoi de multiples acteurs se sont engagés dans la recherche d'une synergie entre la ville et l'agriculture, d'un comportement collectif tendant à faire de l'agriculture péri-urbaine un bien commun. L'activité agricole est ainsi perçue, selon Monique Poulot, comme plurielle, conjuguant au travers de compromis institutionnalisés une dimension économique, composante du paysage, un élément du patrimoine territorial et un vecteur de l'identité professionnelle des producteurs.

La vision qui est celle de Monique Poulot dans son article possède un caractère un tant soit peu idyllique, ou, à tout le moins, consensuel. À l'inverse, celui signé par André Torre, intitulé « L'agriculture de proximité face aux enjeux fonciers. Quelques réflexions à partir du cas francilien », met au jour la conflictualité qui structure en quelque sorte le déploiement de réinscription de l'agriculture dans l'espace urbain. Selon cet auteur, l'agriculture de proximité, située aux franges des centres urbains, a su innover et propose depuis déjà plusieurs années des modes d'organisation renouvelés de production et de commercialisation des produits agricoles et alimentaires, à l'instar de ce qui s'est passé dans un secteur comme le maraîchage, et particulièrement en Île-de-France. Cette montée en puissance de l'agriculture de proximité répond, selon André Torre, mais il s'agit d'un constat établi par plusieurs chercheurs, à des attentes sociales émanant d'une « classe moyenne supérieure ». Par ces pratiques alimentaires, ce groupe social entend manifester son besoin d'authenticité, de traçabilité des produits qu'ils consomment, et leur exigence en matière de développement durable. Sans le dire aussi explicitement, André Torre laisse entendre que l'agriculture péri-urbaine constitue un marqueur social décisif dans la formation d'un mode de production agricole renouvelé, rompant avec le modèle antérieur qualifié, on l'a vu plus haut avec l'article de Monique Poulot, de « productiviste ».

La difficulté réside dans le fait que l'instauration d'une telle agriculture à proximité des villes ne va pas toujours de soi. Outre qu'elle est porteuse de contradictions au sein même de la classe moyenne supérieure — désir d'une agriculture de proximité avec qualité des produits et respect de l'environnement, mais en même temps refus de la présence d'élevages proche des lieux d'habitation, de productions occasionnant des nuisances olfactives ou sonores, d'infrastructures du type silos dégradant le paysage — c'est bien dans la conflictualité foncière que se joue l'implantation de ce type d'agriculture[1]. Selon André Torre, le manque de terres en zones urbaines, le télescopage des projets d'aménagement territoriaux — logements, zones d'activités, infrastructures routières ou ferroviaires... *versus* terres dédiées à la production agricole — engendrent une pression foncière pouvant à terme rendre difficile la pérennisation de l'agriculture dite de proximité. L'article comporte une analyse intéressante des conflits autour du foncier et de leur mode de résolution. Toutefois, l'enquête réalisée permet à l'auteur de montrer que la conflictualité foncière est nettement moins liée aux activités agricoles elles-mêmes qu'à l'usage des terres agricoles et à leur reconversion. Dit autrement, ce qui structure les conflits autour du foncier a trait à la question fondamentale de la propriété de la terre laquelle, et André Torre fait bien de le rappeler, est souvent détenue par des non-agriculteurs. La majorité des conflits porte sur cet aspect, notamment en Île-de-France, et est source de clivages entre des acteurs sociaux soucieux de voir se maintenir une agriculture de proximité pour enrayer l'expansion de l'urbanisation, et des acteurs économiques plutôt tournés vers des projets urbains créateurs de

1. Sur le processus de formation d'une petite bourgeoisie rurale, lire Jean-Baptiste PARANTHOËN, « Processus de distinction d'une petite bourgeoisie rurale. Le cas d'une 'association pour le maintien d'une agriculture paysanne' », *Agone*, 2013, n° 51, p. 117-130.

richesses, les deux groupes tentant de peser sur les décisions des propriétaires, le prix de l'hectare de terre constituant de ce point de vue une variable décisive. L'article invite par conséquent le lecteur à rouvrir un vieux débat, dont la coloration marxienne est évidente, celui de la question foncière [2].

L'article suivant, « Cultiver en ville... Cultiver la ville ? L'agriculture urbaine à Montpellier », co-signé par Pascale Scheromm, Coline Perrin et Christophe Soulard, a opté pour un angle de vue différent. Plutôt que de se pencher sur l'agriculture aux franges de la ville, ils examinent l'activité agricole au sein même de la ville, en s'appuyant sur le cas de Montpellier. La problématique de l'article est structurée autour de la question de savoir s'il existe une agriculture de ville, alors que les deux articles précédents s'interrogeaient sur les conditions d'implantation d'une activité agricole à la périphérie des centres urbains. Les auteurs rappellent à juste titre que l'agriculture a historiquement été présente dans cette ville, au travers notamment de la production viticole. Toutefois, cette prégnance historique de l'agriculture montpelliéraine n'a pas empêché la ville de se développer au cours des cinquante dernières années essentiellement autour d'activités tertiaires — recherche, informatique — et résidentielles. Selon les auteurs, la ville entretiendrait donc peu de relations de proximité avec le secteur agricole, au point que ce dernier aurait dû être menacé de disparition totale.

Tel ne fut pas le cas. Les trois auteurs montrent au contraire que si les viticulteurs ont effectivement vu leur présence régresser sur le territoire entraînant un repli de l'agriculture marchande, la résistance des producteurs de vin et l'évolution même des structures sociales de la ville se sont traduites par la coexistence de la viticulture — le poids de l'histoire restant important — et de nouvelles formes d'agriculture, centrées sur des jardins collectifs, parcs naturels... Ce processus de diversification/conversion de l'agriculture à Montpellier offre, selon les auteurs, la possibilité d'une multifonctionnalité de l'agriculture : patrimoine historique, activité culturelle et économique (les jardins collectifs produisent des fruits et des légumes, des plantes aromatiques...), fonctions environnementales...

L'originalité de l'article réside dans l'approche que les auteurs font des acteurs impliqués dans le déploiement d'une agriculture urbaine. Édiles de la ville de Montpellier, Communauté d'agglomération, acteurs du monde de la recherche avec l'INRA et SupAgro... qui sont parties

2. Voir sur cette question Alain LIPIETZ, « Le tribut foncier urbain aujourd'hui : le cas de la France », *Les Cahiers marxistes*, n° 243, février-mars 2013.

prenantes dans les Plans locaux d'urbanisme et les Schémas de cohérence territoriale. Ils indiquent toutefois que les politiques publiques de soutien définies à l'échelon national ou régional peinent à émerger. La brève comparaison qu'ils établissent avec le Japon, le Canada ou les États-Unis, pays dans lesquels les citoyens sont de plus en plus impliqués dans les politiques alimentaires urbaines, laissent entendre que la marge de progression est importante en France, et que, d'une certaine manière, Montpellier fait figure de pilote. Manifestement, les trois auteurs se font les messagers d'une telle perspective de développement de l'agriculture de ville.

Ouvrant la voie à des comparaisons internationales, l'article précédent laisse place à des analyses mettant en exergue des expériences d'agricultures urbaines en Suisse, en Afrique, en Asie et enfin à Cuba.

De conflit, il en est encore question dans l'article fort intéressant cosigné par A. Frauenfelder, C. Delay et L. Scalambrin, intitulé « Potagers urbains *vs* jardins familiaux ? Réforme urbaine du *beau* jardin et son usage *légitime* ». Il résulte d'une enquête réalisée à Genève en 2010. Intéressant, l'article l'est en raison du regard que les auteurs portent sur le conflit social qui accompagne le projet d'instaurer des potagers urbains en lieu et place des jardins familiaux qui avaient déjà fait l'objet de débats depuis les années 1980 dans la ville de Genève. Dit autrement, c'est jusque dans les constructions sociales alternatives au mode de vie urbain que se nichent les conflits engageant différents acteurs selon leur position dans l'espace social. En Suisse, la confrontation a manifestement tourné autour des notions de « beau » et de « légitimité » des projets. L'article retrace fort bien les luttes symboliques autour de ces deux notions, mais il met également en exergue les images différenciées qu'ont les acteurs des usages des jardins familiaux (loisirs à temps partiel, à temps plein, production de légumes, jardins bien tenus...). Il en ressort que l'agriculture urbaine est fondamentalement déterminée par des structures sociales, indissociables de « significations sociales et culturelles hétérogènes ». Les jardins familiaux antérieurs, portés par des classes populaires, sont aujourd'hui contestés et menacés par l'émergence d'une classe plus urbaine, propriétaire et aisée. On comprend mieux alors l'usage qui est fait de la sociologie de Pierre Bourdieu dans cet article.

Quels sont les types de facteurs qui sont à l'origine du déploiement d'une agriculture urbaine ? C'est à une telle question qu'O. Robineau, J. Tichit et T. Maillard tentent de répondre dans leur analyse comparative qui les a conduits aux Philippines, au Sénégal et au Burkina-Faso. Ce qui différencie cet article des autres dans ce numéro d'*Espaces et Sociétés*, c'est qu'il fait l'économie d'une approche politique, économique ou environnementale, à laquelle les observateurs ont recours habituellement. Ici, c'est une vision socio-spatiale qui est mobilisée pour saisir les ressorts de l'intégration ville-agriculture. Partant du constat que l'agriculture urbaine est désormais un processus se distinguant par un dynamisme réel, en dépit des multiples conflits — rappelés plus haut et qui surgissent de façon récurrente dans nombre de pays — pouvant constituer un frein à son éclosion, les trois auteurs montrent que, tant aux Philippines, au Burkina-Faso qu'au Sénégal, ce sont des stratégies socio-spatiales qui expliquent le processus d'intégration ville-agriculture. Savoir-faire, stratégies collectives, pratiques sociales de certains acteurs, organisations de quartiers… se conjuguent le plus souvent pour ouvrir la voie à des innovations socioéconomiques débouchant sur cette articulation/intégration ville-agriculture. Malgré les contraintes, malgré les conflits, les producteurs parviennent à déployer des stratégies pour faire accepter une présence agricole dans les villes. On retiendra de cet article fort bien construit et riche d'informations, le cas de la ville de Bobo Dioulasso et de ses agriculteurs qui, par savoir-faire et interaction sociale, s'accommodent des nombreuses contraintes et persévèrent dans leur activité de producteurs de denrées agricoles.

Outre le dialogue entre C. Aubry et J.-N. Consalès, qui permet au lecteur de voir en quoi cette présence agricole dans la sphère urbaine nourrit un débat foisonnant et multidimensionnel, sur la dimension durable ou éphémère de l'agriculture de ville, le numéro de la revue s'achève sur une analyse de l'agriculture urbaine à Cuba, signé de J. Argaillot. L'auteure a eu l'intelligence de mettre en perspective historique l'avènement de l'agriculture urbaine à Cuba, en mettant au jour à la fois la question de l'embargo américain et l'impact de l'effondrement de l'allié soviétique, comme pour indiquer au lecteur que la contrainte de l'approvisionnement alimentaire de la population cubaine demeure d'une très grande actualité. L'évolution socio-historique de l'île de Cuba s'est traduite par un renforcement de l'urbanisation de l'île, posant de manière aiguë le problème de l'approvisionnement des populations vivant dans les villes. Selon l'auteur, l'agriculture de ville constitue l'une des réponses possibles à cette contrainte de fourniture de denrées alimentaires que connaît Cuba. L'auteure suggère pourtant de ne pas se limiter à cette seule dimension. Elle doit nécessairement s'articuler avec le souci, permanent depuis la révolution cubaine, de préserver l'indépendance alimentaire du pays. D'où la multiplication des *autoconsumos*, « jardins potagers de subsistance » (p. 105), encouragés par le gouvernement de La Havane. Il s'en est suivi une mobilisation des autorités publiques, notamment du ministère de l'Agriculture, des grandes figures de la Révolution, jusqu'au frère de Fidel, Raúl Castro, ainsi que des institutions agricoles variées.

Ce qui différencie cet article consacré à Cuba des autres précédemment signalés, réside dans le fait que le développement d'une agriculture de ville dans cette île des Caraïbes s'est effectué selon des principes politiques, visant à préserver l'idéal d'autosuffisance alimentaire. Ce n'est qu'à partir de là que les dimensions écologiques, qualité des productions agricoles… peuvent être repérées. L'impression laissée par la lecture de cet article également fort intéressant est que les jardins potagers, l'agriculture de ville, répondent à de tels déterminants politiques. Car outre l'aspect production et approvisionnement, l'agriculture de ville à Cuba a été à l'origine d'un renouvellement des modes de vie, des formes d'organisation de la vie sociale. Comme l'indique l'auteure en conclusion de son article, un processus pour « de nouvelles pistes pour la Révolution » (p. 115).

Journal des anthropologues, « Alimentation, arme du genre », 2015, n° 140-141.

La globalisation économique et financière est au centre des analyses et des approches critiques dans les sciences sociales. La globalisation ne saurait pour autant se réduire à cette dimension économico-financière. Elle est en effet porteuse d'une montée des risques globaux, en particulier des risques sanitaires. Ce numéro du *Journal des anthropologues* entend donc aborder une dimension supplémentaire de la globalisation, relative à la santé. Selon les coordonnateurs de ce numéro, il s'agit de voir en quoi la santé est entrée à son tour, depuis les années 1990, dans la globalisation, se substituant à la coopération internationale dans ce domaine. Si la notion de santé globale s'est imposée, c'est parce que la globalisation économique et financière n'a pas empêché les virus et les bactéries de circuler à l'échelle mondiale (VIH, SRAS, grippe aviaire, Ebola…). Chaque individu est ainsi exposé à des risques globaux. Quelles réponses globales peut-on afficher pour contenir de telles menaces ? Quelle forme d'organisation industrielle s'est mise en place dans le secteur de la pharmacie pour verser sur le marché les médicaments idoines ? En quoi cette organisation est-elle sous-tendue par des logiques financières court-circuitant les investissements dans la recherche et l'innovation ? Autant de questions auxquelles les auteur(e)s qui ont signé les articles tentent d'apporter des éléments de réponse. Au regard des enjeux inhérents à la santé publique, la lecture de ce numéro est vivement recommandée.

Deux entretiens inaugurent ce numéro du *Journal des anthropologues*. Le premier est celui qu'a accordé Bernard Hours. Partant du principe que la santé est désormais globalisée et globalisante, l'anthropologue montre en quoi les institutions internationales, à commencer par l'Organisation mondiale de la santé (OMS), sont productrices de normes qui s'insèrent partiellement ou totalement dans une gouvernance mondiale dont l'une des dimensions principales est la « moralisation de la santé » (p. 20 du numéro). Pour autant, à l'instar de la globalisation économique et financière, les États-nations n'ont pas perdu la main, car ce sont eux qui énoncent les règles et gèrent la santé publique. Le lecteur trouvera dans cet entretien deux éléments fondamentaux de la globalisation de la santé : le premier a trait au déplacement qui s'est opéré entre la santé de l'individu et la santé de l'espèce humaine, laquelle doit être préservée selon des normes générales ; le second aspect tient à la contradiction qui s'est insérée dans le déploiement d'une santé globale. Cette dernière est en effet un « bien commun », mais qui fonctionne selon les lois du marché, l'appropriation par les forces privées du marché étant un processus enclenché depuis de nombreuses années.

Le second entretien qui compose ce numéro du *Journal des anthropologues* est celui accordé par Rony Brauman. Dans le prolongement de celui de Bernard Hours, le médecin indique comment les pathologies circulent à l'échelle mondiale, occasionnant des réflexions et des dispositifs pour les contenir et en gérer les conséquences humaines. Toutefois, Rony Brauman montre en quoi des formes de privatisation sont en cours depuis plusieurs années, sous la houlette le plus souvent des industries pharmaceutiques, qui valorisent la dimension marketing au détriment de la recherche et de l'innovation. Il découle de cet entretien une critique fort intéressante de la gestion globale de certaines pathologies, l'exemple retenu par Rony Brauman — la grippe de 2010 et l'inefficacité du Tamiflu — conduisant à mettre en exergue les conflits d'intérêt entre les laboratoires et l'OMS. L'entretien contient également un appel à un usage systématique des sciences sociales (histoire et sociologie de la médecine par exemple) dans les études médicales et biologiques.

Comme pour donner corps à ces deux entretiens, l'article de Clélia Gasquet-Blanchard, intitulé « Les fièvres hémorragiques à virus Ebola et Marburg, les multiples enjeux d'une approche globale de la santé » se penche sur les risques de diffusion planétaire des virus de ce type ainsi que sur les réponses que les institutions apportent. L'auteur pointe le fait que ces réponses se sont, d'une part, souvent inscrites dans le sillage du néolibéralisme pratiqué et imposé par les organisations internationales dédiées au développement et, d'autre part, se situent dans une « temporalité de l'urgence » (p. 46), et non dans une perspective de prévention. Le moment fort de l'article a trait au fait que, selon l'auteure, la globalisation de la santé s'effectue le plus souvent sous l'angle de la « panique », engendrant une approche « hygiéniste », porteuse du risque d'incompréhension entre les équipes médicales et les populations autochtones touchées par ces virus. L'auteure avance alors que ce processus peut être entravé par des politiques publiques idoines adoptées en amont, favorisant l'hygiène, le logement salubre et un accès facilité à l'alimentation. En d'autres termes, une politique de développement.

Le numéro de la revue se poursuit en abordant la question, au travers des deux articles suivants, des rapports entre le global et le local. Le premier, signé de Gaia Cottino, et intitulé « *Obesity 'Epidemic' in the Kingdom of Tonga* », se penche sur l'obésité, et propose un questionnement critique sur les normes corporelles fixées à l'échelle mondiale. Alors que dans les pays occidentaux, l'obésité est considérée comme une épidémie et que l'on somme en quelque sorte les individus de calculer leur masse corporelle au travers de l'IMC, l'auteur de l'article montre en quoi cet indicateur repose sur des fondements scientifiques fragiles et contestables. Cette posture l'incite, par voie de conséquence, à mettre en exergue le décalage entre les normes globales de santé publique et les réalités locales, c'est-à-dire les rapports au corps tels qu'ils se sont socialement construits dans d'autres régions du monde, en l'occurrence au Tonga.

L'article qui lui succède livre une approche critique des programmes internationaux d'accès aux médicaments, en particulier dans les cas de pathologies lourdes nécessitant l'usage des antirétroviraux. Les auteurs, Alice Desclaux et Sokhna Boye, soulèvent ainsi le problème fondamental qui en découle, à savoir la relation patient-thérapeute au sujet des effets secondaires indésirables en particulier les lipodystrophies. On retrouve, du même coup, le décalage entre la mondialisation des effets indésirables des médicaments et le système de communication locale. Ce dernier repose davantage, selon les auteurs, sur une histoire sociale du système de santé, sur une configuration des rapports sociaux entre le médecin et le patient, que sur une « éthique médicale mondialisée » (p. 106). L'article est construit sur une enquête de terrain, à partir de laquelle les auteurs soulignent l'absence d'informations délivrées aux patients atteints de maladies et des effets secondaires indésirables occasionnés par la prise d'antirétroviraux. L'intérêt de l'investigation réside dans le fait que cette carence socialement déterminée engendre des stigmatisations des populations concernées.

La problématique de la santé globale est abordée ensuite sous l'angle de la « marchandisation du médicament » par Carine Baxerres, laquelle prend appui sur l'expérience du Bénin. Outre la mise en perspective historique qu'elle accomplit en rappelant que le processus de la colonisation s'était, dans les années 1930-1940 distingué par une quasi-absence de la marchandisation du médicament, l'introduction de celui-ci débouchant davantage sur des distributions gratuites, maintenues après la décolonisation par certains États africains, l'auteure revient sur la période plus récente, durant laquelle on assiste à une dynamique de marchandisation du médicament. Elle développe un argumentaire convaincant et solidement fondé afin de conduire le lecteur à prendre la mesure de la « prééminence de plus en plus prononcée de la valeur marchande du médicament sur sa valeur thérapeutique » (p. 114). L'affirmation de ce processus de marchandisation du médicament au Bénin découle, selon l'auteure, des principes et recommandations néolibéraux tels qu'ils ont été définis par les grandes institutions internationales à partir des années 1980. Auparavant, les centres de soins et de commercialisation des médicaments privés étaient interdits par le régime politique se réclamant du marxisme entre 1972 et 1980. L'article permet de mesurer ainsi le chemin parcouru et en tire un enseignement fondamental pour le cas de la société béninoise : la marchandisation du médicament et, par voie de conséquence, de la santé publique, trouve sa source dans la discipline économique infligée par le néolibéralisme, au Sud comme au Nord. Et l'auteure de souligner l'écart désormais bien connu entre le médicament comme source de profit monétaire et les exigences de la santé publique.

Dans le sillage des trois articles précédents, le numéro du *Journal des anthropologues* se termine sur un texte passionnant produit par Ibrahim Bienvenu Mouliom Moungbakou, portant sur la concurrence des thérapeutiques à propos du paludisme. Il était légitime de revenir, comme le fait l'auteur, sur des rappels fondamentaux concernant cette pathologie, l'une, si ce n'est la première, des plus dévastatrices de la planète, et qui touche les régions situées dans la « ceinture de la pauvreté du monde » (p. 137). L'intérêt de l'article réside d'abord dans le travail d'enquête qui a été mené, en particulier dans l'Extrême-Nord du Cameroun, puis dans les résultats que l'auteur en retire. Il montre en quoi les dispositifs de santé publique visant à endiguer la maladie, co-construits par les autorités sanitaires locales et les acteurs internationaux, ne parviennent pas à se déployer du fait non seulement des distances géographiques limitant pour certains l'accès aux soins, mais surtout en raison de la prégnance des thérapeutiques traditionnelles, ou, comme on le dit désormais en Europe, de la persistance des « médecines parallèles ».

Si l'article présente un intérêt réel, il trouve toutefois une limite. I. B. Mouliom Moungbakou laisse en effet entendre au lecteur que c'est précisément cette résilience de la médecine parallèle qui empêche la maladie de reculer. Faut-il en déduire que la globalisation de dispositifs thérapeutiques rend plus efficaces les traitements définis par la médecine moderne comparativement à celle, traditionnelle, ancestrale, à laquelle reste manifestement attachées les populations du Nord Cameroun ? Dit autrement, ces populations doivent-elles répondre aux canons de la globalisation médicale ? En termes de globalisation, on sait pourtant que les laboratoires pharmaceutiques n'innovent guère dans le domaine de la malaria, les bénéfices escomptés de la recherche et de l'innovation pour aboutir à un hypothétique vaccin étant jugés trop aléatoires en raison de l'état de pauvreté dans lequel se trouvent les populations les plus exposées à la maladie transmise par les moustiques anophèles. L'auteur laissera son lecteur dans une certaine frustration. Mais elle sera limitée dans le temps, puisqu'il annonce une suite à sa réflexion.

Confluences Méditerranée, « La société libanaise à l'épreuve du drame syrien » n° 92, Hiver 2014-2015.

Au regard de l'actualité géopolitique du Moyen-Orient, on ne peut que fortement recommander la lecture de ce numéro de *Confluences Méditerranée*. Dire que cette région est l'une — si ce n'est la — des plus instables du monde du fait des profondes contradictions et rivalités qui la minent devient presque un lieu commun. De même, rappeler que ces conflits séculaires ont été entretenus par les grandes puissances, soit par négligence, soit par intérêt, devrait constituer un leitmotiv pour comprendre les tensions propres à cette région. Le Liban a été à plusieurs reprises au carrefour de ces tensions et de ces violences, à commencer par la longue guerre civile qui s'est étalée sur quinze ans, entre 1975 et 1990. Avec le conflit syrien, le Liban connaît un nouvel accès de fièvre, du fait que son voisin est entré lui aussi dans une guerre civile qui s'annonce durable.

C'est tout l'intérêt de ce numéro de *Confluences Méditerranée* que de proposer au lecteur un examen multidimensionnel des répercussions de la guerre en Syrie sur la société libanaise. Le point de départ du numéro est de rappeler que le drame syrien occasionne chez les populations une exigence de migrations géographiques vers les pays voisins, le Liban étant de ce point de vue en première ligne. Il s'agit pour elles de fuir la guerre et le délabrement économique de la société syrienne. Comme l'indique Élisabeth Longuenesse dans son introduction au numéro, le million de réfugiés syriens arrivés au Liban — soit un quart de la population résidente libanaise — est à l'origine d'un bouleversement profond de « l'équilibre social et politique déjà précaire » (p. 9). Ainsi que l'explique l'auteure, l'objectif du numéro est de mettre en lumière en quoi ce bouleversement — qui renvoie à une imbrication à la fois sociale et spatiale des deux pays — est porteur d'accroissement des inégalités, « d'arrogance des classes dominantes » et « d'impéritie des gouvernants », mais, dans le même temps, de se pencher sur l'extraordinaire capacité d'adaptation de la société libanaise dont le fondement se trouve dans le « potentiel de solidarité qu'elle recèle » (p. 11).

Le conflit syrien doit être expliqué d'une manière rigoureuse, s'affranchissant des nombreux commentaires médiatiques souvent tronqués voire inexacts. Les quatre auteurs — Kanj Hamadé, Pierre Blanc, Ronald Jaubert et Myriam Saadé-Sbeih — qui signent le premier article, « De part et d'autre de la frontière libano-syrienne : les mutations de l'agriculture du Haut Oronte », entendent s'appuyer sur un siècle d'histoire de la frontière située au nord de la plaine de la Bekaa, qui sépare les deux pays. La formation de cette frontière dans les années 1920 par la France et l'Angleterre, a de fait fortement clivé le Liban et la Syrie. Les ressources en eau étaient du côté libanais, alors que les terres agricoles adaptées au processus d'irrigation se situaient sur le versant syrien. L'évolution des deux entités géographiques durant les années soixante permet de repérer les termes d'une confrontation économique, puisque le modèle agricole libanais reposait sur le libéralisme, tandis que l'expérience syrienne avait opté pour un modèle d'inspiration socialiste. Ce clivage a perduré depuis, et constitue, selon les auteurs, l'une des sources du conflit en cours en Syrie. La transition décidée par le régime syrien de Bachar el-Assad, à partir des années 2000, vers un mode d'organisation de l'économie, et donc agricole, plus libéral — les quatre auteurs parlent « d'économie sociale libérale », qui a manifestement fait de plus en plus d'adeptes dans le monde — s'est effectuée au détriment des populations agricoles et rurales, qui avaient pourtant constitué un soutien puissant au parti baasiste du temps de Hafez el-Assad. Celui-ci avait en effet procédé à une réforme agraire débouchant sur des redistributions de terres, des subventions pour les achats d'engrais et de machines agricoles… et sur une réduction de la pauvreté chez les paysans. L'article en déduit que, avec le basculement du régime en faveur du libéralisme, plusieurs milliers d'exploitants agricoles, souvent jeunes, ont quitté la terre pour les villes et leurs banlieues. C'est dans cette dynamique socioéconomique qu'il faut voir, selon les auteurs, l'une des sources du déclenchement de la révolution de 2011, en particulier dans les périphéries de villes comme Damas, Deraa, Homs…, largement composées de populations provenant du secteur agricole et de territoires ruraux. Il s'ensuit que des migrants syriens, plutôt que de livrer une guerre contre le régime d'el-Assad, ont préféré se réfugier dans la région libanaise du Haut Oronte. La fin de l'article invite le lecteur à prendre la mesure de cette dimension, non seulement pour comprendre les ressorts du drame qui se joue en Syrie, mais aussi pour se convaincre que le retour à la paix passera nécessairement par cet espace frontalier.

L'article suivant, signé d'Élisabeth Longuenesse, traite des répercussions de l'afflux de réfugiés syriens sur le marché du travail libanais. S'appuyant sur des données chiffrées émanant de la Banque mondiale, l'auteure rappelle que la moitié des 1,5 million d'actifs au Liban était, en 2011, c'est-à-dire juste avant le déclenchement de la guerre civile en Syrie, composé d'étrangers. De même, il est indiqué que le secteur informel a historiquement été dominant au Liban, exposant du même coup les salariés à une concurrence exacerbée sur le marché du travail. La situation actuelle met au jour le fait que l'entrée de réfugiés syriens au Liban offre au patronat une opportunité supplémentaire de faire jouer cette concurrence sur le marché du travail libanais. Elle en déduit, dans le sillage des analyses percutantes d'un Bruno Lautier produites à la fin des années 1990 sur l'hétérogénéité du travail dans la mondialisation, à rebours des discours voyant dans cette mondialisation une fabrique de convergence des salaires, que les travailleurs étrangers présents en Syrie, accentuent la concurrence et ont incité les entreprises à demander le non-paiement du « coût de reproduction de la force de travail », et son report sur Damas. Selon Elisabeth Longuenesse, c'est bien à une nouvelle phase de la segmentation du marché du travail dans la mondialisation que l'on assiste avec la guerre en Syrie, qui se distingue par une surexploitation de la main-d'œuvre sur le territoire libanais.

Restons sur le volet économique en abordant l'excellent article de Charbel Nahas, consacré à l'« Économie des guerres civiles : la Syrie et le Liban transformés ». Partant du principe, que nous partageons, selon lequel l'économie de guerre semble fort peu intéresser les économistes, le capital symbolique qu'ils pourraient en retirer étant aléatoire ou insuffisant selon les critères scientifiques établis par leur « communauté », l'auteur entend montrer en quoi les guerres ont « pourtant constitué des tournants majeurs dans la vie économique et sociale des nations » (p. 73). L'article de Charbel Nahas est construit sur la dichotomie qu'il établit entre les conflits armés relevant de l'international et les guerres civiles. Une telle dichotomie repose sur une différenciation des objectifs, des modalités et des conséquences de ces guerres. Autant le conflit entre deux nations a pour finalité l'élargissement spatial du pays et donc de sa zone d'influence, autant la guerre civile se distingue par son rétrécissement. La guerre civile est porteuse d'un processus de destruction des appareils de production, des circuits internes d'échange, par le chômage... et par l'instauration de dispositifs financiers, fiscaux... parallèles, le plus souvent informels. De même, l'une des différences fondamentales entre les deux catégories de guerre a trait au traitement de l'information, de plus en plus restreint ou manipulé dans le cas de guerres interétatiques, alors que dans celui des guerres civiles, il s'agit de mettre en exergue les atrocités, surtout celles relevant de l'humain et des enfants en tout premier lieu.

Concernant les modes de financement des guerres, l'auteur livre des éléments de compréhension qui permettront au lecteur de mieux comprendre certaines actualités des conflits en cours au Moyen-Orient et même dans d'autres régions. Alors que le financement des guerres interétatiques passe le plus souvent par l'endettement, la levée des impôts, voire par des réquisitions, les guerres civiles sont en général financièrement soutenues par des transactions licites — type ventes de matières premières, le pétrole étant, pour cette région, une marchandise centrale, y compris pour la Syrie qui n'est pourtant qu'un petit producteur — ou illicites, la culture et l'exportation de drogues en constituant la face la plus apparente.

En matière de conséquences, les conflits intérieurs occasionnent une complète désorganisation de la vie économique, des dysfonctionnements graves des circuits de distribution, et laissent du coup émerger des trafics en tout genre, comme le marché noir, les pratiques de rançonnement... Ils sont du coup à l'origine d'une aggravation des inégalités sociales, avec « le renchérissement des biens », surtout importés, le développement de circuits parallèles d'approvisionnement et par « l'accaparement par les puissants du moment des stocks » disponibles, et un processus « d'appauvrissement » de certaines franges de la population (p. 79 à 80).

L'auteur développe plus avant ce qu'il entend par destruction de la vie économique et sociale, surtout au moment où il analyse les paramètres pouvant enclencher une phase de reconstruction du pays touché par une guerre civile. La phase de reconstruction d'un pays après une guerre civile dépend d'abord étroitement du degré de sa partition, du rythme de la réconciliation nationale dans laquelle sont nécessairement impliquées les classes sociales. Elle est ensuite conditionnée par l'état des forces nationales, et en particulier les disponibilités en capital humain, l'état des lieux des institutions... Pour y parvenir, Charbel Nahas n'hésite pas à établir une comparaison avec l'expérience allemande d'après-guerre. La fin de cet article très intéressant se penche sur les cas du Liban et de la Syrie. Les guerres civiles constituent selon lui un moyen pour lire et interpréter le conflit syrien et avant lui, celui du Liban, en termes de classes sociales, les classes aisées profitant des opportunités que leur offre un conflit pour s'enrichir encore davantage.

Les deux articles suivants traitent en parallèle le thème des réfugiés syriens au Liban. Le premier, signé par Hala C. Abou Zaki, se penche sur les réfugiés syriens installés dans le célèbre camp de triste mémoire, camp de Chatila. L'auteure montre en quoi cet afflux de Syriens ou Palestiniens de Syrie fuyant la guerre, est à l'origine de tensions et de conflits entre les « anciens » et ces « nouveaux » réfugiés. Ces tensions s'expliquent notamment par les discriminations qui touchent les palestiniens de Syrie comparativement aux syriens entrant au Liban, discriminations indissociables d'accords signés en 1991 entre le Liban et Damas, alors que les populations palestiniennes sont exclues de ces accords entre les deux États, et ce depuis 1948. Les tensions sont de plus engendrées par des conditions de vie dégradées dans le camp de Chatila, puisque, la population de réfugiés augmentant, ce sont à la fois l'espace qui se rétrécit et les disponibilités en eau et en électricité qui deviennent rares. Faisant écho à l'article d'Élisabeth Longuenesse sur le marché du travail, l'auteure indique que la concurrence pour les emplois amplifie les tensions et les rivalités entre les réfugiés, selon qu'ils se trouvaient dans le camp de Chatila avant ou après 1991. Il s'ensuit que, globalement, c'est bien à un conflit de légitimité que l'on assiste dans cette partie du Liban située dans la banlieue sud de la capitale, et qui oppose les « anciens » et les « nouveaux » réfugiés. L'article montre que, malgré tout, des formes de solidarité s'installent entre les réfugiés et que les actions des ONG ou des Nations Unies — HCR ou UNRWA — permettent d'atténuer les tensions.

L'article suivant traitant des réfugiés syriens au Liban, dû à Nicolas Dot-Pouillard et Jean-Baptiste Pesquet, « Les réfugiés syriens au Liban : l'émergence progressive d'un discours de neutralité ? », se penche sur l'évolution des visions politiques des réfugiés vis-à-vis de leur pays d'origine.

Le numéro de *Confluences Méditerranée* se poursuit avec deux articles consacrés à la question immobilière au Liban. C'est en cela que ce numéro est fort attractif dans la mesure où il couvre de manière complète des domaines de la société libanaise qui ont à gérer les répercussions de la crise syrienne. Mais l'originalité du numéro réside dans le fait que, dans tous ces domaines, les auteurs successifs montrent en quoi les mutations en cours que connaissent tant le marché du travail, l'agriculture ou encore l'immobilier, étaient déjà à l'œuvre avant le conflit qui se déroule chez le voisin. Preuve en est l'article de Hisham Ashkar, « *Benefiting from a Crisis : Lebanese Upscale Real-Estate Industry and the War in Syria* ». À l'instar des autres articles qui l'ont précédé, l'auteur souligne à quel point la guerre en Syrie a précipité des milliers de Syriens dans la migration vers le voisin libanais, et engendré des tensions sur le marché de l'immobilier. Dans le même temps, cette guerre et ces migrations constituent pour les détenteurs de biens immobiliers une opportunité économique, puisque, en répondant à la demande de Syriens appartenant à une classe sociale aisée, ils peuvent afficher une certaine résilience à la récession dans laquelle ils évoluaient il y a encore quelque temps. Avec la guerre et l'afflux d'une partie de la bourgeoisie syrienne, la pression sur la rente foncière s'est élevée, laissant entrevoir aux détenteurs d'actifs immobiliers la formation de bénéfices. Pire, l'auteur indique que, dans ce contexte géopolitique et géoéconomique tendu, une nouvelle bulle immobilière serait en train de se former. Et Hisham Ashkar d'en déduire que le secteur immobilier constitue un des leviers de la guerre économique.

Dans le prolongement de cet article, celui signé de Bruno Margot, intitulé « Crise du logement et fin du contrôle des loyers à Beyrouth : la poursuite d'une production urbaine exclusive », montre en quoi l'abrogation de la loi sur l'encadrement des loyers en mai 2014 — loi instaurée en 1939 et renouvelée en 1992 — bouleverse les conditions sociales d'accès au logement pour certaines franges de la population de la capitale, celles à revenus modestes. L'abrogation de la loi encadrant les loyers occasionne ainsi, selon l'auteur, une hausse des loyers, justifiée par le principe de rattrapage sur les années antérieures, accentuant, d'une part, la pression monétaire sur les classes populaires ou moyennes, et, d'autre part, ouvre la voie aux investissements immobiliers *via* la finance, débouchant *in fine* sur une redistribution de la rente foncière dans Beyrouth. Le formidable intérêt de cet article de Bruno Margot tient à la mise au jour de la connivence de l'élite bancaire et immobilière avec l'État qui a accédé à leur pression pour abroger la loi sur l'encadrement des loyers.

Tous ces articles ont en quelque sorte un point de convergence. Au-delà de la dimension strictement géopolitique, le numéro de *Confluences Méditerranée* permet au lecteur de prendre la mesure des rapports de classe qui structurent la société libanaise, et qui sont entrés en ébullition avec le conflit syrien.

Il était alors assez logique que les deux derniers articles de ce numéro — on fera ici l'économie des trois témoignages qui clôturent la revue, faute de place, les auteurs voudront bien ne pas nous en tenir rigueur — soient consacrés précisément aux luttes sociales, dans une enseigne multinationale de supermarchés, Spinneys, puis dans le secteur public. Michele Scala et Léa Bou Khater voient dans ces revendications, dans ces manifestations, les signes annonciateurs d'un renouveau du mouvement ouvrier au Liban, en dépit des entraves confessionnelles très fortes dans ce pays, mais aussi des systèmes de clientélisme politiques qui se sont formés au gré des implantations des supermarchés.

Tensions sociales propres à une société libanaise socialement fragmentée, degré élevé d'imbrication du Liban avec la guerre en Syrie, ce numéro de *Confluences Méditerranée* est riche en informations et en analyses critiques. À lire toute affaire cessante.

Université de Reims Champagne Ardenne
Laboratoire REGARDS

* * *

Comptes rendus

Anne QUERRIEN et Monique SELIM, *La libération des femmes, une plus-value mondiale*, Paris, L'Harmattan, Coll. « Anthropologie critique », 2015.

Quand on interroge un quidam sur la libération des femmes, en lui demandant ce qu'il en pense, même s'il est plutôt xénophobe, franchouillard et très porté sur l'économie nationale, il répond que cette libération des femmes se fait trop lentement, qu'elle lui paraît excellente, qu'il connaît des femmes très intelligentes à des postes élevés. S'il est à la retraite, il a apprécié, dans son métier, des collaborations professionnelles féminines. Autrement dit, à droite et à gauche, l'idée de libération des femmes de l'emprise masculine semble acquise, même chez des hommes. Le livre d'Anne Querrien et de Monique Selim sur les luttes féministes, mais aussi sur l'apothéose du genre, est important, parce que, selon les auteures, le genre marque un blocage dans ces luttes. C'est la manière dont les auteures s'y prennent, pour tenter de démontrer cette hypothèse que nous voudrions ici mettre en lumière.

D'abord, elles tiennent à dire de quel lieu elles parlent. L'une, Monique Selim, très tôt (1968), s'est engagée dans les luttes politiques. Philosophe, elle s'est assez vite tournée vers l'anthropologie. L'autre, Anne Querrien, dès sa jeunesse, s'est occupée du problème de l'éducation et notamment de l'éducation permanente. À ses débuts, Monique Selim a recherché en quelque sorte un statut d'homme, en ne se mariant pas et en refusant la maternité. Anne Querrien vit en couple puis seule, a deux enfants qu'elle élève en travaillant professionnellement grâce aux crèches, aux écoles, aux études, aux nounous et à leur grand-mère. Elle participe aussi aux luttes féministes. Cette partie biographique du livre — le lieu d'où elles parlent —, que nous résumons très schématiquement, ouvre sur le processus même de la découverte de ce que les auteurs écrivent. « Prélude à l'exploration », texte des deux auteures, prend partie sur la parité, l'égalité et la justice. « Dit autrement », second texte des deux auteures, tente de définir autrement la liberté. « La double face des femmes », troisième texte des deux auteures, s'interroge sur l'altérité. Dans la première partie, intitulée « Mobilités féminines », vont apparaître des cas de groupes et d'individus dans différents pays ou régions. Dans la deuxième partie, « Perdurances féminines », il s'agit du travail sexuel, des imaginaires de contact, des divorces, des mariages et du célibat — le terrain choisi est le Bangladesh — ; enfin il s'agit du *care* (la question du soin). La troisième partie, « Mouvements », manifeste au fond des types de révolte. Les trois derniers chapitres prennent en charge les normes globales de genre, des registres de pensée et d'action dissensuels (non consensuels) et l'idée même de libération des femmes qui, grâce notamment au genre tel qu'il est conçu et manipulé actuellement, contribue à une « libération » des femmes comme plus-value du capital, autrement dit, selon nous, à la récupération de la lutte féministe légitime par l'excès capitaliste illégitime.

Disons que, pour notre part, nous avons considéré le genre, lors de son apparition, comme une avancée permettant, dans les luttes féministes, de détacher les rapports homme/femmes et plus largement les rapports minoritaires/majoritaires sexués d'une causalité naturaliste qui semblait admise sans discussion, même chez Freud. Très vite, nous nous sommes rendus compte que le genre « occupait la place » et pas pour rien. La démonstration des auteures telle que nous essayons de la reconstituer a contribué à nous en convaincre.

« Prélude à l'exploration » critique très directement la catégorie de genre, dans la mesure où elle englobe dans le genre les deux catégories de genre : masculin et féminin. Le travail, selon les auteures, consiste à essayer de « soulever le voile pieux, sous lequel se développe la souffrance et la nécessité de reprendre les choses autrement », à le soulever dans différentes situations pour comprendre que « la catégorie de genre accompagne les processus sociaux, économiques, politiques qui conduisent à la formation du capitalisme, en captant le désir des femmes dans de nouveaux agencements économiques ». « La non mixité des réunions du MLF était une rupture épistémologique nécessaire, la condition d'une prise de parole publique, mais pas une fin en soi, pas le retrait organisé auquel la création du genre nous condamne ».

Dans « Dit autrement », ce qui est affirmé, c'est la liberté des femmes comme « processus collectif de construction subjective toujours en travail ». « Cette liberté n'est pas un objet de consommation. On pourrait dire que l'altérité n'y est pas réellement advenue, qu'elle est trop mise en spectacle pour qu'on y croit ». Enfin, les auteures, sans le dire, mettent en cause les limites de la conceptualisation de Bourdieu en ce qui concerne la domination et notamment ce qu'il appelle la domination masculine. Elles disent que « l'hypothèse d'une domination parfaite s'évertue à empêcher les femmes de tenir debout ». Autrement dit, quelle qu'elle soit, la domination se boucle sur elle-même sans échappatoire, ni même tentative d'ouvrir, ici et maintenant, dans ce qui se fait notamment dans les luttes féministes, à « autre chose » que cette domination parfaite.

« La double face des femmes » développe, à notre avis, une théorisation de l'altérité, d'une altérité dans laquelle les femmes sont enfermées, altérité devenue tellement spectaculaire que, comme nous l'avons déjà relevé, il est difficile d'y croire. Une altérité recherchée y disparaît derrière une altérité affirmée avec éclat. Les auteures écrivent : « Ni, bonniches, ni potiches, les femmes peuvent-elles dévoiler la diversité des histoires cachées par l'image de grand autre (souligné) qui plane sur elles ? ».

Selon nous, la domination historique des hommes qui pesait sur les femmes s'est transformée avec ce que nous appelons la modernité, faute d'un meilleur terme. Mais la transformation n'a pas fait disparaître cette domination. Même dans l'affirmation de l'excellence de la libération des femmes (selon l'expression du quidam), un « grand autre » les fétichise, ou plutôt des hommes et des femmes les fétichisent par un « grand autre ». Ce qui casse toute altérité réelle, tant que ne sera pas suffisamment défétichisée cette fétichisation des femmes.

La partie « Mobilités des femmes » est contrastée. Mais, sans doute, malgré la diversité des pays, des régions, peut-on y trouver des convergences dans le choix de s'écarter au maximum de la structure traditionnelle. On peut le constater par exemple chez des femmes mongoles qui divorcent, se prostituent, refusent le mariage, préfèrent leur liberté, en faisant du commerce « à la valise » à la frontière chinoise. Monique Selim nous montre le cas de femmes basques qui ont quitté leur village où le privilège de l'aîné-homme et la quasi-obligation du mariage les contraignaient à un statut de servitude. En ville, « ce que j'ai eu envie de faire, dit une jeune femme, faire grève, donner mes idées, je l'ai fait et plus facilement que si j'avais été chez moi ». Elle dit aussi : « Quand toutes les réactions sont motivées par les autres, on n'a même plus notre personnalité propre ». Un peu ironiquement, l'auteure note que les hommes des villages accusent l'exode féminin de la déstructuration villageoise. Mais à quel prix — un peu comme dans *Le Bal des célibataires* de Bourdieu — se faisait pour les femmes, cette structuration villageoise ?

Dans une entreprise vietnamienne de textile, successivement, au cours des générations, des qualités à avoir sont assignées aux femmes ouvrières : d'abord être braves sur le front (de guerre à l'époque de la guerre d'Indochine), bonnes au travail et à la maison ; puis, plus tard, l'éducation des enfants, la santé de la famille et le travail ; enfin, les qualités se réduisent à deux : le travail et la maison. Ailleurs, ce fut autrefois l'Église, la cuisine et les enfants. Aujourd'hui, dans l'entreprise citée, le groupe des jeunes dirigeantes peut « exhiber quelques diplômes et qualifications dans une proportion supérieure à celle de la génération antérieure à prédominance masculine ». Mais, note l'auteure, la promotion dans le rang des dominants en entreprise trouve là son accomplissement et les conduit à transmettre la domination avec plus de passion intime que certains dominants-hommes. On pense à Dejours qui montre que des femmes promues en entreprise se veulent, pour garantir leur emploi, « viriles » et usent à ce titre du harcèlement dans le travail.

Les ouvrières de la couture au Bangladesh inscrivent une rupture du *purdah* qui désigne l'ensemble des règles de restrictions de la mobilité des femmes au nom de la pudeur et de l'honneur de leur lignage. Tolérée par les juridictions religieuses, l'entrée des femmes dans les usines textiles est porteuse d'une émancipation concrète, mais elle facilite l'oppression de la main-d'œuvre. Le genre trouve là en quelque sorte son accomplissement capitaliste. « La crise financière y trouve une main-d'œuvre de femmes aux compétences incontestables prêtes pour toutes les expériences productives et cognitives à un prix défiant toute concurrence (un à trois euros de l'heure) ».

Dans « Un laboratoire en mode de survie en Ouzbékistan », Monique Sélim présente un groupe de femmes chercheuses ayant eu son heure de production scientifique et d'efficacité reconnues durant l'ancienne URSSS. Aujourd'hui, âgées, elles se réfugient à la fois dans le passé et dans une sorte de solidarité qui se manifeste par des fêtes. En quelque sorte reléguées dans leur métier de chercheuses, elles vivent, dit l'auteure, « dans une obligation psychique de maintien d'un cadre symbolique qui donne sens à leur vie ». Où se situent-elles par rapport au genre ? Difficile à dire. Elles n'ont plus guère d'intérêt économique dans l'ouzbek contemporain .

La partie sur les « perdurances fémininines » présente le travail sexuel comme un travail pour tous. Il s'agit de la prostitution. Les deux auteures font valoir que « les séquences de prostitution attestent d'une prècarisation de masse, de la banalisation de la violence sociale et de sa porosité avec la violence sexuelle ». Mais la spontanéité du service sexuel n'est possible que parce que la sexualité s'est transformée et que les femmes vivent potentiellement un nouveau type de rapport à leur corps. « La chambre à coucher est un petit théâtre où se transposent et se rejouent les rapports sociaux à travers les rapports sexuels ». Au contraire, l'argent comme médiation opère un rabattement sur la sexualité. « Libérer le travail sexuel de l'opprobre et de la répression est certainement la première condition. Personne ne devrait être obligé pour vivre, en tout état de cause, de remettre son corps et son esprit au commandement d'un patron, ou d'un client ou d'une hiérarchie agressive ».

Revenant sur les conséquences du contact sexué qu'elle avait abordées à propos du *purdah*, Monique Selim montre que ce dernier a englobé des populations chrétiennes et musulmanes. Dans les villages bangladeshis, les familles chrétiennes comme celles musulmanes observent le *purdah*. Il porte en lui la singularité d'une technique structurant la société qu'il enserre de toute part. Le *purdah* marque à un tel point la vie privée qu'une femme préférera se laisser brûler dans un incendie plutôt que d'entrer en contact avec des étrangers-hommes qui tenteraient de la sauver. Une telle soumission fait le jeu non seulement du dominant masculin, mais celui du genre dans le néolibéralisme. Il y trouve à la fois sa définition et la disparition éventuelle de ses individues.

À propos du mariage, du divorce et du célibat, Monique Selim, toujours au Bangladesh, présente des cas que nous ne pouvons détailler ici. Qu'en conclue-t-elle ? 1/ qu'un féminisme local important rassemble des petits groupes de femmes de classe moyenne et supérieure ; 2/ qu'une orientation sociale majoritaire s'attache à éclairer, pour les combattre, les conditions objectives d'une domination masculine prégnante ; 3/ que la subjectivité des femmes y est peu abordée ; 4/ qu'il n'y a pas de tradition politique de cette lutte des femmes, autrement dit, leur combat ne s'inscrit ni dans la loi, ni dans le respect des acquis juridiques. Nous ajouterons que ce combat ne s'inscrit pas non plus suffisamment dans des repères communs tels que le donner, recevoir et rendre, le renoncement modéré, le sacré civil/civique sous forme de reçu, de don et de transmission, voire sous forme de « choses gardées » (Godelier), ni dans les limites, pour les hommes, du permis/défendu. Il ne s'inscrit pas, malgré le pouvoir émancipateur des pères, dans une altérité réelle, garantie par une autorité puisant son sens notamment dans une reconnaissance avec possibilité à la fois de réciprocité et de non-réciprocité et, toujours, de l'identité. D'où *un* politique quasi inexistant qui ne peut s'impliquer, tout en demeurant à distance d'eux, au pouvoir, au désir, à la volonté implicite, au choix, aux attitudes et comportements, aux échanges, aux pouvoirs, volontés, désirs explicites des femmes, à leurs choix accomplis en œuvres et simultanément à la politique (à la loi dite et écrite comme le relève l'auteure). Qu'on nous pardonne cette digression. Elle veut seulement rappeler qu'un commencement de légitimation du statut et de la condition *historique* des femmes apparaît au Bangladesh, mais que, comme le montre Monique Selim, cette légitimation ne peut suffisamment s'accomplir, même approximativement. « Dès lors, le mariage est le lien où est consacré la domination masculine ».

Malgré les divergences de situation, de religion et de contexte géographique, il y a pour nous une sorte de convergence entre ces femmes « éduquées » du Bangladesh qui veulent s'en sortir et les auxiliaires de vie dont nous parle ensuite Anne Querrien. Dans leur travail, dit l'auteure, on retrouve la secondarité des servantes et des valets d'avant l'industrialisation.

Mais la différence est qu'elles parviennent parfois à faire valoir leur désir d'égalité. Liane Mozère et d'autres ont montré que la vulnérabilité évidente des personnes avec lesquelles les auxiliaires de vie effectuent leur service est en fait une dimension générale de notre société. Le fait que l'ensemble de ces services est exercé par des femmes ne fait pas disparaître, bien au contraire, la dimension de soin, dans lesquelles on peut déceler une évolution de la société et des rapports sociaux. Cela dit, « les formes socioéconomiques d'un réel déploiement de l'attention et de l'égalité sont à créer ».

La partie « Mouvements » comporte plusieurs textes courts d'Anne Querrien, un long texte de Monique Selim et un petit texte d'elle-même avec Weinjing Huo. Les deux dernières rubriques du livre, dont l'une est assurée par Monique Selim et Anne Querrien, la seconde par ces deux auteures et Mathieu Gaulier, ont une certaine indépendance par rapport au reste de l'ouvrage. S'y ajoute la conclusion générale des deux auteures. L'ordre des parties et celui des rubriques, voire des sous-rubriques est important car c'est à travers elles et à travers l'ordre qui leur est donné que l'on comprend comment le genre comme processus et état finit par être récupéré par le néolibéralisme et renforce le caractère de plus-value mondiale des femmes. Le fait même que cela soit dit et suffisamment démontré permet de s'ouvrir à de nouvelles perspectives.

Les « filles de joie » d'Anne Querrien ne sont pas, à proprement parler, des prostituées. Ce sont des « rejetons sauvages » de la pensée 68. La joie dont parle Anne Querrien, c'est celle que définit Spinoza. C'est « la joie du corps qui pense et sent son mouvement ». C'est la joie de la jouissance et de la création. Pour notre part, cette joie nous fait penser au pulsionnel lorsqu'il se légitime approximativement dans des œuvres quelles qu'elles soient : un bébé, une statue, une parole, un acte. Mais l'auteure n'oublie pas que cette joie suppose l'autre, les autres, autrui. L'autre, un autre que soi, « un cadre plus vaste que soi-même et son petit groupe ».

Dans son court texte intitulé « Dans les villes », Anne Querrien raconte, en final, la vie familiale et sociale en quartier de banlieue. Les femmes, dit-elle, mettent en œuvre des activités de solidarité : garde des enfants, animaux, courses, lessive. Ces activités leur permettent des rencontres, des conversations sur l'avenir du quartier, sur la possibilité de l'améliorer. Elles s'investissent dans de petits potagers qui se sont créés dans ce genre de quartier de banlieue. Elles peuvent faire part de leurs revendications sur le logement. Mais quand il y a négociation entre habitants et autorités, ce sont les hommes qui, en termes abstraits, traduisent aspirations et revendications, termes abstraits dans lesquels les femmes ne se reconnaissent pas. Certaines se résignent et « retournent aux activités de base ». D'autres recherchent des emplois salariés. Pour mettre en place ce qu'elles faisaient avant : des services organisés et gratuits. Ainsi peut se concrétiser un service de soins dans un quartier de banlieue.

Dans un texte bref, « Des subjectivité réelles en bourgeons », Anne Querrien note que « l'espace public, celui de l'homogénéité bourgeoise devenue policière, l'espace vide, est individuel, portatif ». Il suppose une compétence culturelle acquise à vivre civilement, à pratiquer l'indifférence polie. L'auteure conclut : « Dans cet espace lisse, les femmes se glissent, rebelles ou dissimulées, avec ou sans voile ». Autrement dit, la lutte continue, malgré l'espace indifférenciant et le genre qui uniformise.

« Gouines rouges et viragos vertes » désignent, d'une part, un petit groupe du MLF, les « gouines rouges », des femmes aimant les femmes, « adonnées à l'écriture, faisant poteau indicateur, attracteur étrange pour l'ensemble du mouvement ». Les « viragos vertes » sont des « gouines rouges » responsables d'un espace politique et écologique, s'occupant peu de luttes de classe. « De tout temps, dit l'auteure, les femmes ont cherché à développer des espaces pour s'entretenir, ont allié ménage et conversation. Une posture qui devient de rupture avec l'intensification du recours à la table rase capitaliste ». Faire le ménage, dit Anne Querrien, donne non seulement des droits, mais des pouvoirs sur tous les terrains. Par exemple la « scène porno » exige « de meilleures rémunérations et des conditions de travail plus sûres et plus agréables ».

Dans son étude sur le genre à Canton, Monique Selim montre ce qu'est l'autorité lorsqu'elle n'est pas autorité-pouvoir de contrainte. Elle met en valeur une professeure, Yuting, qui, dans le rapport social de confiance qu'elle témoigne à ses élèves femmes et dans celui que ces élèves lui témoignent, parvient à orienter selon leur désir deux de ses élèves. « S'offre, dit l'auteure, un modèle individuel, mais aussi collectif sur le mode usuel en Chine de construction et de mise en scène politique de modèles dressant le chemin et générant l'enthousiasme ». Si l'on veut bien admettre que l'enthousiasme est une sublimation collective, qu'il tient peut-être, non seulement à la joie, mais au pulsionnel (pulsion de vie), à la jouissance, on est ici sur le chemin de la légitimation sociale et politique.

Le texte de Monique Selim et Wenjing Huo, « Croquer des pieds de porc salés », montre comment des petits groupes de femmes peuvent se défendre contre des agressions masculines. Le 6 Mars 2012, à Canton, des jeunes filles, au nombre d'une dizaine, ont croqué dans la rue des pieds de porc salé, munies de gants en plastique pour ne pas se salir. Elles brandissaient des panneaux où était écrit entre autres slogans : « Éloigne-toi de ma copine ». Le pied de porc salé est une métaphore qui renvoie à la main de l'homme qui tente de toucher une femme ;

De même, l'occupation des WC masculins par des femmes est une manifestation contre la violence sexuelle masculine, mais elle est facilement réprimée par la police. C'est l'autoritarisme de l'État-parti qui bloque les initiatives de ces jeunes femmes occupantes de WC masculins ou consommatrices de pieds de porc salés métaphorisant le macho.

Les trois chapitres de la fin de l'ouvrage, « Vers des normes globales de genre », « Des registres d'action et de pensée dissensuels (non consensuels) » et « La libération des femmes comme plus-value du capital » vont essayer de montrer, d'une part, le nouveau statut naissant, approximativement légitime, des femmes, mais aussi, d'autre part, le blocage de ce statut non seulement par les normes globales de genre, mais aussi par la réaffirmation, notamment par le genre, de la libération historique en cours des femmes dans le néolibéralisme mondial.

Dans « Les normes globales de genre », Monique Selim et Anne Querrien notent que « les femmes seules ne sont plus les complémentaires des hommes, mais leurs égales, chefs de famille et de ménage au même titre qu'eux. Une situation qui est souvent parlée de manière misérabiliste comme le résultat du veuvage et de l'abandon, mais qui se développe aussi d'une manière volontaire dans la foulée de l'exercice d'une profession et de l'agencement d'une vie autonome ». « L'individu apparaît comme au cœur d'un réseau de relations plus ou moins étendu et aux formes variables qui ne sont pas justiciables d'un modèle paritaire ». Les normes globales de genre sont ainsi mises en question par les femmes elles-mêmes ; mais l'ambiguïté de leur statut demeure : elles sont, pour le moment, les agents de l'avenir commun du personnage de la femme occidentale libre ; ce qui n'est pas rien, mais ce qui n'est pas encore l'approche continue et indéfinie d'un tout.

Le texte « Registres de pensée et d'action dissensuels » porte sur la domination. Dans la post-modernité, le désir de domination est un « désir naturel » (celui de certains individus hommes). Du coup, ce désir de domination est hors structures, hors institutions et rapports sociaux. Il est dans un espace vide. Le pouvoir, la hiérarchie conservent la domination (ou, au moins, son excès illégitime). La microfinance, notamment en ce qui concerne les femmes, apparaît comme une instance susceptible de contribuer à leur liberté au moins économique. Mais elle a été en grande partie accaparée par le marché capitaliste. « Le genre, dit Monique Selim, se détourne de l'identité financière et s'occupe à disséquer les mirages archaïsants dans lequel il s'embourbe, entraînant à sa suite des foules de femmes et d'hommes cherchant à tâtons le sens de leur existence ».

Pour conclure avec le dernier chapitre, les femmes se retrouvent désormais dans tous les services à l'échelle planétaire. Les migrations féminines, les féminisations des professions, l'évaluation des salaires et des modes de vie produisent une libération de la force physique des femmes. Comme à tout un chacun, sauf dans l'étroit périmètre démographique strictement capitaliste, leur est payée leur force physique. Mais, autant que possible, leur force *sociale* de travail ne leur est jamais payée. Voilà encore une plus-value inespérée pour le capitalisme mondial.

Le premier soin d'une politique féministe est aujourd'hui, si l'on veut, hommes ou femmes, de contribuer, en petits groupes, non seulement à la libération historique des femmes, mais aussi au statut libre qu'elles veulent se donner, de prêter attention à cette présence nouvelle, à cette participation des mouvements des femmes à une recomposition du monde réel. Mais il s'agit aussi de prêter attention à cette récupération massive de la libération des femmes par le capitalisme mondial, récupération par inadvertance qu'il avait ni cherché ni prévu — et que lui a offert sur un plateau la catégorie de genre. Monique Selim et Anne Querrien se demandent que faire de cette libération des femmes réagencée en plus-value du capital. Selon nous, il ne s'agit pas de faire, mais de défaire — ce que ce livre magnifique a commencé d'entreprendre —, pour que le processus historique de libération des femmes, apparu à la Renaissance européenne, suive son cours avec ses continuités et discontinuités et rende possible entre nous, entre hommes et femmes ; autrement dit entre êtres humains, un monde un peu meilleur.

Louis MOREAU DE BELLAING

Chris EALHAM, *Barcelone contre ses habitants 1835-1937. Quartiers ouvriers de la révolutiion*, Collectif des métiers de l'édition, coll. « Les réveilleurs de la nuit », 2014, 97 pages.

Composé de deux longs articles synthétisant l'essentiel d'un ouvrage remarqué hors de nos frontières, dont on peut espérer qu'il soit un jour traduit en français [1], ce petit livre prend place à la croisée de deux ordres de préoccupations, à la fois scientifiques et politiques. D'une part, inciter à s'extraire de l'abstraction et des généralités d'un « radicalisme » académique qui fait florès depuis le début de ce siècle contre l'« urbanisation du capital » et en faveur du « droit à la ville ». D'autre part, donner corps, à partir de la seule tentative de révolution véritablement prolétarienne du XXe siècle, à ce qu'a pu être l'idéal anarchiste, en termes d'organisation ou, plus exactement, d'auto-organisation de la vie urbaine.

Il faut savoir gré à la modeste maison d'édition toulousaine éditrice de ce livre de faire connaître un historien britannique, Chris Ealham, qui, à l'instar de son confrère étasunien Howard Zinn [2], mêle avec talent connaissance du monde social et engagement politique. Cet historien anglais qui a décidé de s'établir à Madrid ne dissimule pas son parti pris. Loin de se réfugier, comme c'est la règle dans la corporation des chercheurs en sciences sociales, derrière le rideau de

1. Chris EALHAM, *Class, culture and conflict in Barcelona 1898-1937* (Routledge, 2005). Republié sous le titre *Anarchism and the City : Révolution and Counter-Revolution in Barcelona, 1989-1937* (AK Press, 2010).

2. On ne peut, s'agissant de Howard Zinn, que recommander le remarquable documentaire, *Du pain et des roses*, premier volume d'une trilogie qui lui est consacrée, où « l'histoire populaire des États-Unis », titre de l'ouvrage qui l'a rendu célèbre, est pour la première fois mise en images du point de vue de « ceux d'en bas ».

fumée scientiste de la neutralité axiologique, il précise, dès l'introduction de l'ouvrage, la position politique très « orientée » qui l'a conduit à s'intéresser à cette séquence de l'histoire espagnole et à adopter pour en traiter un point de vue qui ne l'est pas moins. Marqué dans sa jeunesse par la régression sociale et la répression qui l'accompagnait au cours l'ère thatcherienne, il en est venu à se radicaliser au point d'embrasser la cause anarchiste, et à choisir pour objet d'étude la « révolution urbaine » menée par le peuple de Barcelone tout au long du siècle qui précéda l'avènement de la dictature qui devait y mettre fin.

Ce professeur d'université qui, après la défaite du mouvement ouvrier en Angleterre, en était « venu à croire que les formes institutionnalisées de contestation n'étaient pas appropriées », et qui qualifiait de « lutte d'arrière-garde » la riposte des syndicats britanniques à l'offensive néolibérale, ne pouvait qu'être séduit par les méthodes « musclées » utilisées jadis dans la capitale catalane par les travailleurs, mais aussi les chômeurs et les vendeurs à la sauvette pour marquer leur territoire et le défendre au besoin. Il faut dire que les « luttes urbaines » dans cette ville empruntaient, du côté des prolétaires, des voies beaucoup plus âpres que celles qui se dérouleront dans la seconde partie du XXe siècle en Europe avec pour seul horizon la « démocratie locale » et la « participation citoyenne ». Ni légales ni pacifiques, elles prenaient des formes multiples et combinées que l'historien énumère avec une certaine délectation : outre les grèves « sauvages » et les manifestations non autorisées à répétition, la protestation s'exprimait par le refus de payer les loyers, l'occupation des édifices publics ou privés, le vandalisme contre les symboles urbains de l'autorité, les vols collectifs à l'étalage ou à main armée, les agressions contre les policiers. Tout cela dans une perspective qui va se dessiner de plus en plus nettement au fil des années : l'auto-organisation ouvrière de l'existence citadine. Il est bien évident qu'aux yeux des pouvoirs en place une telle situation ne pouvait durer. Ce qui les amènera à avoir recours, avant de faire appel au fascisme franquiste, à l'une des armes de destruction massive les plus efficaces de l'autonomie populaire, l'urbanisme.

Le terrain où va se déclencher la lutte à partir du début du second tiers du XIXe siècle est l'un des plus vieux quartiers populaires de Barcelone, dont la réputation sulfureuse tenait moins à l'immoralité censée y régner qu'au fait qu'il constituait le bastion emblématique de la résistance prolétarienne : le Raval. Alors que la ville portuaire s'industrialisait, les travailleurs des docks, des ateliers et des entrepôts n'avaient eu d'autre choix pour se loger que de s'entasser dans les immeubles inconfortables, vite délabrés et surpeuplés, construits à la hâte aux alentours à l'initiative de propriétaires qui profitaient de cet afflux pour imposer leur volonté à leurs locataires à des fins de spéculation immobilière. Cependant, si les conditions d'habitation étaient déplorables pour les familles ouvrières, elles avaient pour effet de renforcer les liens de solidarité et d'entraide forgés sur les lieux de travail. « En réponse aux problèmes matériels du quotidien, les ouvriers développèrent des pratiques de partage et de réciprocité. » La surpopulation des logements avait, en effet, fait des rues, des bars et des tavernes « comme une extension du foyer », des lieux caractérisés par un haut degré de sociabilité.

« D'où des interactions humaines, directes, intenses et fréquentes » propices à l'élaboration d'une culture commune de résistance qui trouvait aussi des points d'appui dans des dizaines de coopératives, de mutuelles et de centres d'éducation populaire mis sur pied par les militants anarchistes. Dès les années 1830, cette culture s'exprima avec éclat sous forme de barricades et d'affrontements avec la police, voire l'armée lors des conflits violents entre travailleurs et capital qui jalonnèrent l'histoire du Raval. « À plusieurs reprises, note C. Ealham, des foules d'hommes, de femmes et d'enfants descendirent dans les rues pour défendre leur quartier contre des entités extérieures ». De fait, sous le désordre apparent du Raval que fustigeaient les bourgeois, grands ou petits, « un ordre social et culturel y régnait également : c'était l'ordre direct, combatif et résolu de la classe ouvrière ». Et c'est « cet ordre rival qui faisait naître la terreur dans le cœur des élites de la ville », que celles-ci vont s'employer à annihiler par tous les moyens : idéologiques, institutionnels, urbanistiques et enfin militaires.

Sur le plan idéologique, une appellation va, pendant quelques décennies, être accolée voire substituée dans les esprits au nom originel du quartier : Barrio Chino. Cela afin de discréditer la population qui y résidait. En puisant dans les écrits de l'époque, C. Ealham explique de manière précise et imagée les raisons de ce changement de dénomination. Bien qu'aucun immigré chinois ne s'y soit jamais établi, la dénomination « Barrio Chino » renvoyait à la vision que l'élite barcelonaise, en phase avec ses homologues des autres pays, avait de l'habitat ouvrier : un amas chaotique et insalubre de « bas-fonds » peuplés de « sauvages ». Perçu comme un lieu de perdition et surtout de sédition d'autant plus menaçant qu'il était situé en plein centre-ville, ce secteur fera ainsi l'objet, de la part de la bourgeoisie locale secondée par les experts et les journalistes qui lui étaient inféodés, d'une « géographie imaginaire », pour reprendre le titre de la première partie du livre, justifiant qu'il soit peu à peu rayé de la carte sous couvert d'« assainissement » urbain.

Cette falsification linguistique et sémantique fut facilitée par la mutation du quartier consécutive à la « deuxième révolution industrielle » et urbaine qui démarra lors de la première guerre mondiale, du boom économique provoqué par la neutralité du pays et de la « corruption institutionnalisée de la monarchie espagnole de la restauration (1875-1923) ». Tandis que usines et ouvriers commençaient à être délocalisés en périphérie, la zone du Raval acquérait sa réputation de lieu par excellence du crime et des plaisirs défendus. Certes, en raison de la misère de la condition ouvrière, les loisirs populaires dans ce secteur urbain contrevenaient déjà souvent aux normes bourgeoises. Toutes sortes de tractations plus ou moins illégales liées à la précarité et à la survie contribuaient à son animation. Les nombreux cafés, tavernes et cabarets ouverts dans le Raval n'accueillaient pas seulement des militants complotant contre l'ordre établi. Aux insoumis et aux révolutionnaires professionnels qui y avaient trouvé refuge, se mêlaient des trafiquants, des passeurs de drogue et autres « bandits », dont un fort contingent de proxénètes vivant de la prostitution « favorisée par la proximité d'un port animé et l'absence d'emplois stables pour les femmes ». Mais comme le note C. Ealham, à cette dynamique sociale endogène va s'ajouter ensuite la venue de fêtards aisés désireux de s'encanailler sans risques dans une ville épargnée par la guerre, non seulement espagnols mais aussi étrangers, « oisifs, playboys et aventuriers » qui considéraient ce « quartier chaud » comme une « nouvelle cour de jeux ».

L'occasion était trop belle pour « l'élite du monde d'en haut », qui par ailleurs ne craignait pas de frayer avec celle, délinquante, d'en bas, pour ne pas se livrer avec l'aide des journalistes et des moralistes de tout poil à une campagne systématique de stigmatisation et de criminalisation pour légitimer une politique de nettoyage social où la restructuration urbanistique devait aller de pair avec une répression policière accrue. C. Ealham livre à ce propos de savoureux commentaires des représentants de la « bonne société » ou des « experts » des classes moyennes à leur solde, puisés dans les archives qu'il a consultées. Cependant, le ton et le style cocasses, voire grotesques, de ces appréciations officielles, où le Barrio Chino était présenté comme un « foyer d'infection » et un « cas clinique », ne doit pas faire oublier la logique sociale impitoyable du projet que ce discours recouvrait, et que l'historien anglais met parfaitement en lumière en guise de conclusion à la première partie de l'ouvrage : « la démolition planifiée du lieu de naissance de la classe ouvrière était un acte d'agression contre une histoire locale de résistance prolétarienne ». Conformément aux préceptes technocratiques et hygiénistes de l'architecture moderne édictés par Le Corbusier, qui avait fait des émules à Barcelone, il fallait raser les vieux immeubles au profit de « buildings » modernes, et remplacer le labyrinthe des rues étroites et tortueuses de la ville historique par une série d'avenues droites, et en même temps expulser les anciens habitants aux confins de l'agglomération au profit des personnes apportant le « progrès ». Ainsi, des espaces de luttes feraient-ils place à des « lieux sans histoire », aux deux sens du terme, visée stratégique dont l'auteur résume l'idéologie sous-jacente : « En anéantissant ces espaces de mémoire de la classe ouvrière, la mémoire collective de la lutte et les identités contenues au sein de ces espaces seraient amenées à disparaître et ne serviraient plus d'inspiration pour les futures générations d'ouvriers ».

Les circonstances ont néanmoins empêché la réalisation immédiate de cette visée. Le début de la guerre civile, en effet, donna lieu, à Barcelone, à un sursaut de la classe ouvrière qui, malgré les mesures prises au cours des décennies précédentes pour l'éloigner du centre-ville, y était encore fortement présente. Et l'« ordre rival » anarcho-syndicaliste qui faisait depuis des lustres frémir d'angoisse les possédants et les détenteurs du pouvoir put durant quelques mois — de juillet 1936 à mai 1937 — s'exprimer pleinement au grand jour au travers d'innovations collectives, tant pratiques que symboliques, dont C. Ealham dresse un tableau haut en couleurs sous le nom d'« urbanisme révolutionnaire », qui complétaient la prise de contrôle par les travailleurs à l'initiative de la base des moyens de production dans les usines occupées. Car il s'agissait ni plus ni moins que de « transformer le sens et la fonction de la ville d'une façon anticapitaliste ».

Alors qu'aujourd'hui, les chargés de « com' » des élus locaux invitent les citadins à « s'approprier », à coups d'expositions et de « réunions de concertation », des projets urbanistiques élaborés par d'autres et pour d'autres — à commencer, pour n'en citer qu'un, par le « Grand Paris » —, l'appropriation de certaines parties de la ville de Barcelone par les classes populaires au cours de cette période tumultueuse impliqua l'expropriation, sans autre forme de procès, des possédants. Autrement dit, à l'inverse de ce qui se déroule d'ordinaire de nos jours, c'est bel et bien la classe dirigeante qui se voyait dépossédée de la ville.

Ce « changement de propriétaires » se manifesta de diverses manières que C. Ealham passe en revue avec enthousiasme, dont un simple compte rendu ne pourrait suffire à rendre compte de manière exhaustive. Outil traditionnel des insurrections populaires, les barricades, en premier lieu, n'avaient pas qu'une fonction défensive. Si elles avaient permis de vaincre le mouvement des officiers rebelles et de leurs partisans lors du coup d'État de juillet 1936, leur rôle ne se limitait pas à protéger les *barrios* (quartiers) contre de nouvelles attaques. Il était aussi politiquement symbolique : en les édifiant et en les faisant garder par des militants en armes, les comités de quartier affirmaient spatialement leur ancrage local et l'autonomie de la communauté des habitants, y compris par rapport aux instances centrales anarchistes (CNT-FAI) ou trotskistes (POUM). Bien plus, ce sont ces comités structurés à partir des barricades qui procédèrent aux réquisitions et aux expropriations dans les « beaux quartiers », et « permirent aux communautés ouvrières de prendre en charge l'environnement bâti et d'exercer un nouveau pouvoir sur leur quotidien ».

L'« expansion des services publics », ensuite, telle que la mettaient en pratique les militants anarchistes, « un des objectifs centraux du projet urbanistique révolutionnaire », différait notablement, dans sa finalité comme dans ses modalités, du développement des équipements collectifs mis en avant, quelques décennies plus tard, par les adeptes du « socialisme — voire du communisme — municipal » ou, plus tard encore, par les nostalgiques de l'« État social ». « Des espaces qui avaient été conçus pour l'usage exclusif de la bourgeoisie furent collectivisés et placés sous le contrôle des comités révolutionnaires armés locaux et des syndicats » pour être « utilisés à des fins solidaires et non hiérarchiques ». Ainsi, des « espaces bourgeois "oisifs" » furent-ils convertis en espaces utiles socialement. Ce fut le cas de maisons de riches abritant des crèches permettant aux femmes de se libérer des tâches domestiques pour contribuer à la production dans les ateliers, se former dans les centres éducatifs créés à cet effet et militer sur divers terrains. Dans d'autres demeures confisquées, on installa des cantines pour subvenir aux besoins alimentaires auxquels nombre de foyers ouvriers ne pouvaient répondre. D'autres encore devinrent des bibliothèques publiques ou scolaires ouvrant l'accès du plus grand nombre aux collections de livres privés, préalablement socialisées et regroupées. Un ancien dancing fut même transformé en école. Les propriétés de l'Église, particulièrement visée pour sa complicité structurelle avec l'État capitaliste, n'échappèrent pas à cette reconversion populaire. Considérés par les militants libertaires anticléricaux comme des « espaces de ténèbres et d'obscurantisme » qu'il fallait reconvertir en « lieux de lumière et de raison », des écoles religieuses et des couvents furent réquisitionnés pour en faire des lieux d'apprentissage laïc. Des églises furent transformées en écoles par le syndicat du bâtiment de la CNT et un séminaire devient l'Université des Ouvriers. Pour les militants anarchistes, en effet, l'éducation pour adultes, synonyme de politisation et de mobilisation, figurait parmi les priorités. D'où, également, la multiplication dans les quartiers des « athénées libertaires », une création spécifiquement espagnole liée à l'essor du mouvement ouvrier au XIXe siècle. Centres culturels et de formation politique associatifs, autofinancés par les usagers ou subventionnés par les syndicats, ils accueillaient des activités variées accessibles à tous : cours, conférences, débats, fabrication de tracts et de bulletins d'information, éditions de livres, représentations théâtrales et concerts, récitals poétiques, excursions à la campagne dans les coopératives paysannes...

Sur le plan symbolique, les révolutionnaires catalans firent aussi assaut d'imagination pour « changer la ville ». Ses murs furent « tapissés d'affiches de propagande, de graffitis, de tracts et de manifestes ». Nombre d'entre elles furent débaptisées pour rendre hommage, non plus aux oppresseurs les plus célèbres ou à leurs suppôts politiques, militaires ou religieux, dont les statues furent en même temps abattues ou décapitées, mais aux héros, anciens ou récents, de la révolution. Les portraits géants de leaders révolutionnaires ou les banderoles exhibant des slogans ornaient les palais et les palaces. Déployés sur les façades des bâtiments occupés, accrochés aux balcons, des drapeaux et des bannières aux couleurs de l'anarchie rappelaient que le pouvoir avait changé de main. On retrouvait également ces couleurs peintes sur les tramways collectivisés, sur les calicots flottant à l'arrière des camions ou aux fenêtres des voitures réquisitionnées, sur les écharpes et les badges vendus sur les trottoirs. Il n'est pas jusqu'aux codes vestimentaires, en effet, qui n'aient été eux-mêmes bouleversés : portée également par les femmes, « la salopette bleue était la métaphore révolutionnaire de l'abolition des divisions sociales et devint brièvement l'uniforme officieux des milices ouvrières », auquel s'ajoutait, pour ces dernières, « les armes portées fièrement au grand jour » symbolisant on ne peut mieux l'avènement du pouvoir ouvrier.

À l'encontre du « mythe de la foule enragée », pour reprendre le titre ironique de la seconde partie du livre, diffusé par les commentateurs de l'époque relayés par la suite par des historiens adeptes d'une « géographie urbaine morale insistant sur la violence irrationnelle de la populace pendant la guerre civile », ce soulèvement populaire s'opéra sans violence excessive. Certes, le traitement brutal et sacrilège infligé aux biens et aux membres du clergé a pu choquer des gens qui, en Espagne ou ailleurs, n'avaient jamais eu à subir la chape de plomb de la tyrannie à laquelle il avait été étroitement associé depuis des siècles. Le peuple catalan avait effectivement des comptes à régler avec cette institution unanimement détestée à juste raison, comme C. Ealham s'emploie à le démontrer dans quelques pages qui n'offusqueront que les lecteurs bien-pensants. Au-delà ou en-deçà de ses aspect désordonnés et chaotiques, inévitables comme le prouvent toutes les expériences historiques de changement social radical, la mobilisation collective et l'irruption du prolétariat sur la scène urbaine obéissaient à une logique qui n'avait rien d'erratique. À cet égard, l'auteur est fondé à affirmer que « les transformations urbaines et la destruction créatrice de la Barcelone révolutionnaire s'inscrivaient dans la continuité d'une lutte anticapitaliste bien plus ancienne menée par les travailleurs pour leur " droit à la ville " ». En outre, et ce point est sans doute le plus important à relever dans la période morose, voire dépressive qui est la nôtre, on ne saurait oublier dans le récit et l'analyse des événements l'« atmosphère de carnaval électrisée par le sentiment populaire de libération » qui a fait, qu'on le veuille ou non, de ces événements, « la plus grande fête révolutionnaire du XXe siècle ».

On pourrait croire, au vu de ce qui précède que, en dépit de la brièveté de l'expérience, tout allait pour le mieux dans le meilleur des mondes urbains anarchistes. Mais tout n'était pas rose dans la capitale catalane devenue momentanément rouge et noire. Et pas seulement à cause de la pénurie, de l'évolution défavorable des rapports de force sur le théâtre des opérations militaires menées au dehors ou des conflits au sein du gouvernement républicain entre anarchistes, trotskistes, staliniens et démocrates. Soucieux, en tant que chercheur, de restituer la réalité sans en gommer les aspects qui pourraient aller à l'encontre de ses convictions de militant, C. Ealham pointe quelques erreurs ou insuffisances qui ont empêché l'« urbanisme révolutionnaire » barcelonais non seulement de donner tous ses fruits mais même de perdurer.

Ainsi en va t-il de la décision des dirigeants de la FAI (Fédération anarchiste ibérique) et de la CNT d'appuyer la reconstruction de l'État central par les forces républicaines contre le pouvoir ouvrier décentralisé, aux dépens donc des expériences libertaires menées à la base dans les quartiers. Du fait des compromis passés avec le Front populaire pour faire face à l'offensive franquiste, les comités locaux armés des *barrios* dépérirent avant d'être interdits, laissant la voie libre à la réapparition progressive dans le paysage urbain des mœurs et des rythmes de la société traditionnelle. Autrement dit, l'effort de guerre prima rapidement sur le projet émancipateur. Ce qui conduit à C. Ealham à conclure avec amertume : « Si l'on s'intéresse alors au débat classique " guerre ou révolution ", il apparaît clairement que la révolution n'a jamais pesé beaucoup dans la balance ». Dans d'autres domaines de la vie quotidienne, C. Ealham relève des limitations entravant l'émancipation. « Loin de créer une nouvelle culture révolutionnaire, la tendance était à la démocratisation de la culture bourgeoise », comme en témoignaient les productions théâtrales et musicales, ainsi que les expositions : on se contentait de rendre accessibles à tous des œuvres jusque-là réservées à un public « choisi ». De même, la programmation des cinémas, passés pourtant sous le contrôle de la CNT, ne rompait-elle pas avec celle qui prévalait auparavant malgré un contingent de films « révolutionnaires » dont le succès était moindre que celui des films commerciaux. C. Ealham mentionne aussi la survie de traditions locales archaïques pour ne pas dire réactionnaires telles l'« obsession pour la loterie » ou la corrida, même celles-ci étaient maintenues aussi pour récolter des fonds destinés aux milices antifascistes.

Il est enfin une question que l'auteur se garde d'éluder : la place des femmes dans le processus révolutionnaire. L'image célèbre de la jeune milicienne armée, reproduite en couverture d'un ouvrage majeur consacré à la guerre d'Espagne récemment traduit en français, ne doit pas tromper[3]. Certes, grâce à la présence de la première femme ministre au gouvernement en Espagne, le « deuxième sexe » put obtenir l'égalité juridique, le droit au divorce et à l'avortement libre. Mais les lieux de participation active à la vie politique et sociale qu'étaient les cafés et les bars restèrent des « espaces masculins », et, dans les rues et les transports publics, le harcèlement sexuel n'avait pas diminué. Pas plus que l'adhésion aux valeurs phallocratiques dont il était l'un des produits, dont l'éradication ne préoccupait guère les démocrates du gouvernement de Front Populaire et de la Généralité. Mais ceux-ci n'étaient pas les seuls à « repousser les transformations sociales profondes » — « sociétales », dirait-on aujourd'hui —, comme le déplore C. Ealham. Le machisme sévissait aussi dans les rangs anarchistes. Outre que les principaux groupes révolutionnaires étaient dirigés par des hommes, les femmes étaient souvent cantonnées dans des tâches subalternes telle la fabrication de vêtements pour les miliciens. Et il n'est guère étonnant que les anarchistes aient échoué à faire fermer les bordels, alors que nombre de militants de base étaient vus patientant dans les files d'attente devant ceux qui restaient ouverts tandis que « certains meneurs de la CNT-FAI étaient connus pour fréquenter des prostituées ».

Aux bons esprits d'aujourd'hui qui, pour se rassurer, seraient tentés de ramener ce qui est conté dans ce livre à une période révolue — et elle l'est assurément en tant que contexte socio-historique —, on pourra objecter que, par bien des aspects, la manière dont la bourgeoisie catalane et ses alliés envisageaient la présence des classes populaires dans l'espace urbain reste tout à fait d'actualité. Hier, comme de nos jours, on redoute en haut lieu que le mécontentement d'une partie d'entre elles prenne un tour émeutier. De même, l'exotisme fantasmatique qui imprégnait le mythe du Barrio Chino n'est-il pas sans préfigurer la « racialisation » des nouvelles « classes dangereuses » auxquelles l'establishment politico-médiatique impute l'accroissement des « violences urbaines » depuis des décennies en France. Et que dire, d'une manière plus générale, de la « réduction des questions socio-économiques et politiques complexes à un problème d'ordre public » ? La « politique de la ville » dans les « cités » couplée récemment avec l'instauration de « zones de sécurité prioritaires » ne fait-elle pas écho, de nos jours, au réaménagement urbain conjugué au quadrillage policier grâce auxquels, naguère, les autorités espéraient « pacifier » le Barrio Chino ?

Au bout du compte, l'intitulé un peu énigmatique du livre reflète bien son propos : c'est bien de contre-révolution qu'il s'agit. La politique urbaine lancée à Barcelone dans les années 1930 du XXe siècle et poursuivie depuis lors sous des formes diverses est largement parvenue à faire table rase du passé prolétarien des quartiers centraux, du Raval, en particulier. Les touristes qui parcourent aujourd'hui celui-ci pour visiter le Palais Guell dessiné par Gaudi et baguenauder au milieu des étales du Marché de la Boqueria, les visiteurs cultivés qui aiment se promener dans les jardins ombragés de l'ancien Hospital de la Santa Creu deve-

3. Burnett BOLLOTEN, *La Guerre d'Espagne. Révolution et contre-révolution* (1934-1939), Agone, 2014.

nu bibliothèque et école d'art, poussant parfois une pointe jusqu'au cloître du monastère bénédictin Sant Pau del Camp, ou, attirés, s'ils sont « branchés », par le Musée d'Art contemporain et le Centre culturel contemporain de Barcelone qui le jouxte, ou encore par le bunker flambant neuf de la Filmothèque, n'ont pour la plupart pas la moindre idée de ce qu'il fut jusqu'à la guerre civile : le haut lieu d'une réappropriation de la ville par la classe ouvrière, puis du combat mené par elle contre ceux qui voulaient l'en chasser. Un objectif des classes dirigeantes catalanes qui sera poursuivi sans discontinuer et en partie atteint après la « transition démocratique » post-franquiste. Arguant de la tenue des Jeux olympiques d'été en 1992, à laquelle C. Ealham fait allusion dans l'introduction, les autorités mirent tout en œuvre pour effacer les dernières traces de ce qui fut, comme il le souligne, un « centre de protestation sociale et de contestation [4] ». De fait, la partie nord du Raval a bel et bien été ravalée — si l'on permet ce jeu de mots intraduisible en castillan —, en attendant le tour de la partie sud encore surpeuplée d'immigrés latino-américains, pour être « gentrifiée » c'est-à-dire colonisée par la petite bourgeoisie intellectuelle qui en a fait l'un de ses lieux de sortie et de détente privilégiés, point d'aboutissement ultime d'une entreprise de longue haleine de « dépeuplement » — au sens où le peuple ne doit plus avoir droit de cité dans les hauts lieux de l'urbanité — semblables à celles en cours ou déjà achevées dans maintes « métropoles » européennes.

Jean-Pierre GARNIER

Bernard CASTELLI, Isabelle HILLENKAMP et Bernard HOURS (dir.), *Économie morale, morale de l'économie*, Paris, L'Harmattan, 2015.

Dès le début du livre, le problème est posé. Il n'y a pas apparemment aujourd'hui de définition possible de la morale et de l'éthique, encore moins lorsque la confrontation est faite entre, d'une part, morale et éthique et, d'autre part, économie. Adam Smith pouvait croire que nous apprendrions sur la terre des choses qui sont dans le ciel. Mais la modernité sépare désormais ceux et celles qui font référence à un « ciel » quelconque de ceux et celles qui font référence à eux-mêmes en groupe et individuellement.

Bernard Castelli, Isabelle Hillenkamp et Bernard Hours exposent, dans l'introduction de ce livre de structure binaire, d'abord des débats théoriques et des expériences de terrain, en recourant à l'analyse dialectique des relations entre l'économique et les valeurs en vigueur : ressources morales ou immorales du

4. Le « modèle barcelonais » continue d'inspirer en France nombre de « grands projets » urbanistiques visant à promouvoir des « métropoles attractives et compétitives » sur le marché des « villes globales ». Deux ouvrages, non traduits en France, en livrent une analyse critique : *Barcelona, marca registrada / Un model per desarmar,* ouvrage collectif anonyme de géographes anarchistes (Éditorial : Pepitas de Calabaza, 2004), et *La ciudad mentirosa, Fraude y miseria del « modelo Barcelona »* de l'anthropologue communiste libertaire Manuel Delgado (Los libros de la Catarata, 2007).

marché. Ils tentent ensuite de montrer les différentes réponses d'ordre moral telles que la solidarité et la philanthropie qui tentent, au moins pour la solidarité, d'atténuer, sinon de contenir les excès les plus criants de la course capitaliste.

Dans le premier chapitre intitulé « La production des marchandises morales ou les fictions morales de l'économie de marché », Bernard Hours pose notamment le problème des valeurs morales et des normes consécutives qui contribuent à forger « un jugement sur la légitimité de l'activité économique et des conditions dans lesquelles sont produites les richesses ». Le problème ne peut être posé réellement, au niveau de l'économique actuel, en termes de justice et de vérité. La production collective d'un « régime de vérité » appuyé sur des valeurs morales opératoires est ainsi largement interdite. Sauf erreur, c'est d'ailleurs ce qu'on nomme une révolution et le caractère global du marché le rend particulièrement résistant, sauf crise systémique grave, dont l'hypothèse n'est ni probable, ni totalement utopique ».

Cem Ozatalay traite, dans le deuxième chapitre, principalement, de « l'encastrement moral de l'économie dans la Turquie néo-libérale ». Il distingue en final, en ce qui concerne la Turquie, deux groupes différents : celui constitué par des dirigeants de micro-entreprises animés d'un esprit protestant et religieux et souhaitant un État fort qui protège les plus faibles. Ils sont à protéger contre ceux qui font partie du deuxième groupe, celui composé de cadres moyens, parfois supérieurs, croyant en la méritocratie et en l'individualisme, se ralliant à une éthique des affaires comportant les notions de bonne gouvernance, de responsabilité sociale des entreprises, de développement durable, etc. De part et d'autre, malgré les différences, l'intégration au monde capitaliste semble en bonne voie.

L'article de J.-M. Servet sur les corporations sous l'Ancien Régime se situe dans la sphère économique, sans doute à juste titre. Mais il nous semble que cette économie des corporations était avant tout commerciale. Il s'agissait bien, pour les artisans, de produire et de vendre et, pour les commerçants, d'échanger des produits contre de la monnaie. Fort justement, à notre avis, Servet note que « l'observation des corporations montre que, pour qu'elles puissent assurer leur rôle économique, (au sens substantiel, c'est ce que nous appelons, tout en suivant Polanyi, commerce, LMB) de produire et d'échanger, *il fallait que des cadres non économiques les instituent* » (souligné par nous). Les restrictions de la production et la lutte contre les accaparements de denrées ou de marchandises mènent à s'interroger sur « le fonctionnement et l'utilité des corporations et sur la légitimité dont elles ont pu jouir auprès du plus grand nombre ». Mais cette légitimité s'inscrivait dans un dispositif tout autre que le nôtre, dont néanmoins les repères, s'ils ont changé de sens, demeurent les mêmes. Il s'agit bien de donner, recevoir et rendre, de renoncement, de permis/défendu, d'autorité, etc. Mais, à notre avis, cela se produit dans un « sacré » politique (au sens de la politique) extérieur à l'humain, alors que dans la société moderne, il est politique seulement au sens du politique et intérieur à l'humain. On ne peut oublier que les corporations avaient toutes leurs confréries religieuses.

C'est le sous-titre de l'article de Delphine Pouchain sur le commerce équitable : « Aristotélisme pragmatique *versus* pratique » qui, selon elle, fait débat. Si nous la comprenons bien, l'auteure se refuse à englober purement et simplement l'économie dans le politique. Elle y voit le risque de refuser une morale et une justice propre à l'économie. Elle oppose un Aristote interprété comme pragmatique à un Aristote pratique qui, dans ses textes, distingue une injustice au sens universel d'une forme d'injustice qui fait partie de la première et porte le même nom. De notre point de vue, l'économie n'en reste pas moins politique (au sens du politique), mais, si l'on suit Delphine Pouchain, l'économie est politique avec un statut particulier qui tient à ses rapports avec la justice, à une justice particulière qui est une partie de la justice. C'est déjà, selon nous s'avancer — et l'on peut relever toute l'importance de cette avancée — au-delà de la légitimation et de la légitimité juridiques et légales, vers un nouveau développement du rapport entre social, économique et politique.

« Cause morale des parties, normes globales de genre », l'article de Monique Selim reprend, sous un autre angle, le débat sur morale et économie. Elle n'hésite pas à écrire : « La catégorie de genre véhicule intrinsèquement dans sa cohérence idéologique globalisée, une légitimation de l'économie de marché et du marché comme structure idéelle qu'elle déplace au plan symbolique sur le marché des appartenances de sexe ». « Paradoxalement, ajoute-t-elle, le marché des appartenances de sexe ouvre sur des ruptures morales mutant vers des ruptures politiques dans des sociétés… ». La morale, le débat moral qui se donnent comme normes, le marché les récupère, mais ne parviennent pas à « canaliser complètement les désirs d'affranchissement des sujets ».

Dans la seconde partie, qui va donner des exemples de rencontres entre économie et morale — elle s'intitule « Capitalisme, solidarité, philanthropie » —, le premier article, d'Isabelle Hillenkamp, étudie l'économie solidaire « comme économie morale » en Amérique du Sud. Il y a, peut-on dire, une économie populaire solidaire latino-américaine, à base de ce qu'on pourrait appeler l'éthique solidariste qui elle-même comporte de multiples « univers de sens » que, pour notre part, nous appellerions des morales. Par exemple un courant autogestionnaire, ou une charité libératrice, non assistantialiste par l'Église progressiste catholique, ou le modèle du Vivre bien en Bolivie et en Équateur. Bien entendu, ces univers de sens, ces morales supposent des luttes travail/capital dans l'autogestion, ou contre le racisme du capitalisme dans le Vivre bien, ou au niveau des rapports sociaux de sexe dans les organisations de femmes.

Dans cette économie solidaire, dans ces « univers de sens » que nous appelons morales, surgissent des contradictions, des décalages, des divergences entre eux. Des modèles différents de relations hommes/femmes apparaissent entre les groupes de femmes de l'économie populaire en contact avec les normes de femmes indigènes et avec les ONG féministes. Des coopératives de paysans indigènes se voient interpellées par le mouvement autogestionnaire poursuivant la lutte de classe, et par les défenseurs du Vivre bien qui revendiquent leur identité ethnique. Des collecteurs de déchets sont confrontés à une vision radicale de l'autogestion véhiculée par certains mouvements d'usines récupérées. De ces décalages, de ces contradictions surgissent des blocages dans la mise en œuvre des conceptions et des pratiques de l'économie solidaire tant dans le corporatisme solidaire que dans les réseaux.

Il s'agit, pour l'économie solidaire, de construire un mouvement contre-hégémonique au niveau local, national, supranational, régional. Il suppose des alliances et des compromis entre acteurs. Pour eux-mêmes, l'exploration des contenus normatifs de chaque courant constitue une base indispensable où les intellectuels ont un rôle à jouer, car il s'agit de l'émergence d'un nouveau « sens commun » partagé, avec la solidarité comme principe organisateur de pratiques économiques. C'est ce que nous appellerions une nouvelle légitimation sociale et politique (au sens du politique) pour l'économie. Cette construction s'élabore avec des gouvernements populaires arrivés au pouvoir. Les institutions héritées du néolibéralisme, les situations décontextualisées de participations populaires et les politiques sociales ont été resignifiées notamment depuis Porto-Alegre en 2001. L'un des critères déterminants de la constitution de l'économie solidaire, ce sont les relais entre État et société civile. Les politiques d'économie solidaire peuvent être impulsées par l'État de manière volontariste (Venezuela), mais ne trouvent pas nécessairement de réponse dans la société civile. À l'inverse, des mouvements de commercialisation communautaire, d'économie solidaire, de commerce équitable, avec une base paysanne et indigène, ne trouvent pas nécessairement des interlocuteurs près de l'État (Bolivie, Équateur).

Le risque de ces politiques est une dénaturation par un usage de l'économie solidaire comme assistantielle et loin d'idéaux d'émancipation, Selon qu'elles se focalisent sur les organisations productrices, sur les territoires et communautés, sur certains secteurs d'activités (par exemple, agriculture, logement), sur les pratiques sociales, la dynamique de l'institutionnalisation de l'économie solidaire varie dans de grandes proportions à travers l'Amérique latine.

Les processus de construction de l'économie solidaire diffèrent selon les pays. Le Venezuela, l'Équateur, la Bolivie expérimentent une refonte radicale de leurs institutions économiques, politiques et sociales lors d'assemblées constituantes ; économie sociale et communale comme instrument de démocratisation du marché et du capital au Venezuela ; économie populaire et solidariste en Équateur ; économie plurielle et organisations économiques communautaires en Bolivie. Le tout avec des limites dans ce domaine économique.

Au Brésil, en revanche, l'espace gagné par l'économie solidaire peut paraître marginal par rapport à des mesures de soutien à la croissance industrielle et agricole avec tutelle et appel d'investisseurs étrangers. Il y a néanmoins, transversalement, au niveau de nombreux ministères, de certains États du Brésil et de municipalités, une lente consolidation politique de l'économie solidaire. Au Brésil, en Argentine et au Nicaragua, l'économie solidaire est intégrée dans les politiques sociales. Différents courants d'économie solidaire sont parvenus à se rassembler au sein d'un mouvement en contact avec les pouvoirs publics. La consolidation de l'économie solidaire a soulevé de nouvelles questions : autonomie des organisations, la société civile face aux pouvoirs publics, passage d'une politique de gouvernement liée aux élections à une politique d'État pérenne. C'est le cas principalement du Brésil.

On ne peut mieux caractériser actuellement le processus en cours de ce que nous appelons une légitimation sociale et politique nouvelle sur tout un continent. Avec tous les risques que, comme le montre si bien l'auteure, il suppose.

Maria Soledad Cordoba et Valeria Hermandez s'interrogent sur ce qu'elles nomment un peu ironiquement une énigme « solidariste » : les actions de l'agrobusiness sur des populations d'Argentine. Les habitants de Charita — province du Chaco dans le Nord-Est de l'Argentine — vont se trouver en contact avec le dispositif d'action (RAS) mis au point par des acteurs du modèle de l'agrobusiness en association avec d'autres acteurs de la vie sociale.

La production de soja n'est pas destinée à la consommation humaine, mais, grâce à un soja dosé et transformé en aliment, le RAS va le destiner à nourrir les habitants de la province de Charita. Cette transformation l'introduit dans la logique du marché et il figure dans les gondoles du supermarché en tant que nourriture. Le RAS va jouer, dans une nouvelle étape, le rôle de médiateur. Le soja peut être vendu tel quel après sa transformation en aliment, mais il peut aussi devenir farine, huile, etc., donc marchandises diverses. Mais il est aussi donné par le RAS à différentes institutions ; écoles publiques, cantines, etc. Le soja peut également devenir soja-crédit. Le producteur vend à un acheteur une partie de sa récolte de soja. Ce dernier lui fait une reconnaissance de dette. Au moment de l'échéance, le producteur lui demande de verser la somme au RAS. Cela permet au RAS de recueillir de l'argent et d'augmenter ses services auprès de la population.

Même si les distributions de soja devenu aliment puis marchandises diverses sont, pour certaines institutions et pour certains habitants, gratuites, on ne voit pas où est la solidarité. En réalité, comme le disent les auteures, la population est captive, captée par le RAS. Certains habitants sont dupes de ce genre de dons. Mais d'autres le dénoncent et refusent d'entrer dans le circuit. Ils rétablissent le sens du don pour recevoir (cela sans contrepartie) et celui du don pour l'échange hors échange marchand. Il va de soi que les dons du producteur et du RAS restent dans le seul économique. On est ici hors politique (au sens du politique). Les habitants sont coupés des repères communs qui donneraient à leurs droits tout leur sens. Du simple point de vue de la morale et de l'éthique (thèmes du livre), l'opération soja ne répond même pas aux critères idéologiques habituels de l'échange marchand. L'échange et le don, diraient M. Selim et B. Hours, sont transformés ici en profit matériel et symbolique pour l'agrobusiness c'est-à-dire pour le capitalisme.

Le chapitre sur la Roumanie est le seul consacré à la philanthropie. Il s'intitule d'ailleurs : « La philanthropie en Roumanie ». Des hommes d'affaires s'efforcent de placer « des rivalités politiques et économiques dans le domaine philanthropique ». Il y a tentative d'une légitimation de la position occupée par cette élite d'hommes d'affaires. La philanthropie n'est qu'une activité secondaire dans le domaine économique, qui suppose accumulation des richesses. Institutionnalisée, elle n'est qu'un aspect du statut des « nouveaux riches ». À première vue, dit l'auteur, elle produit une légitimation morale nécessaire au maintien de l'ordre social. Mais l'entreprise de moralité permet aux acteurs : « nouveaux riches », hommes d'affaires, de donner d'eux une image positive, dans la mesure où ils contribuent à façonner le monde social et symbolique. À ce titre, la philanthropie en Roumanie peut être considérée comme « un dispositif à caractère moral d'extension du pouvoir oligarchique ».

Les philanthropes roumains achètent les médias et se donnent ainsi les moyens de contrôler leur image publique et les idées que les médias propagent. Ces empires médiatiques, « en touchant un spectre social très large », évitent toute concurrence.

Nous ne revenons pas sur le portait dressé par Antoine Hémeryck de trois philanthropes roumains dont l'un est assez différent des deux autres. Outre leurs dons et leurs achats des médias, ils investissent également dans les partis politiques. Cela leur permet d'influencer directement la politique. En étant parlementaires, ils peuvent bénéficier d'une protection supplémentaire, ce qui a de l'importance pour des acteurs « dont les fortunes sont le fruit de manœuvres souvent inavouables ». Mais, à long terme, cette protection est fragile puisque des philanthropes cités ont été condamnés à des peines de prison ferme. En tout état de cause, les privatisations réalisées par l'État peuvent se révéler, par exemple, des affaires lucratives. L'empire économique des affairistes trouve son extension dans des fondations et dans « le domaine particulier qui est celui de la morale, des investissements culturels et de l'animation sociale ».

Ce qu'on a coutume d'appeler le don est, dit l'auteur, dans le cas de la philanthropie capitaliste, un instrument moral, « car la morale est commensurable : elle peut être achetée et vendue comme un simple produit ». Une note de l'auteur fait référence à Bernard Hours et à sa notion de « marchandises morales globales ».

« La richesse, dit l'auteur, et surtout la richesse acquise grâce à des moyens peu ou prou illégaux ne peut être montrée sans risquer d'engendrer une rupture morale et une révolte ». Face, par exemple, à un philanthrope dont le seul yacht vaut quarante millions d'euros, le salaire minimum en Roumanie s'élève à 190 euros, le salaire moyen à 360 euros et, en 2011, 22 % de la population (presque le quart) vit au dessous du seuil de pauvreté. Ainsi, pour les philanthropes, l'investissement philanthropique s'« apparente à une sorte de quête de rédemption ». Il fait partie d'un « blanchiment éthique personnalisé ». Les pratiques chrétiennes orthodoxes peuvent aussi contribuer à créer un environnement social favorable à la philanthropie.

Ce qui apparaît, en Roumanie, dans la philanthropie, c'est « un phénomène d'imposition de logiques spécifiques à la lutte économique, politique et sociale, qui vise la légitimation morale d'une élite sur l'ensemble d'une population. La philanthropie roumaine permet d'assurer à cette élite une position de domination, avec une idée de justice particulière — celle, selon nous et, semble-t-il, selon l'auteur, de l'injustice —, avec extension de son imposition idéologique. « La rivalité, la distinction (au sens de Bourdieu), l'ostentation — et nous y ajoutons la toute puissance, et l'illimitation — sont les valeurs morales cardinales des affairistes roumains » ou autres.

« Le blanchiment moral, dit l'auteur, permet la reproduction du capital et des positions sociales de l'élite économique ». La moralisation de l'économie est également un instrument de prise de pouvoir du gouvernement oligarchique. Cette moralisation de l'économie et ces instruments moraux, mobilisant et mettant en mouvement le capital, ne disparaîtront pas avec la mise à l'écart des philanthropes. Ces derniers ne sont que des symptômes (des « figures » dit l'auteur) d'un mouvement de conversion au capitalisme néolibéral, mouvement qui dépasse largement la Roumanie.

Bernard Castelli s'interroge sur ce qu'est la « bonne vie », le « bien vivre » en Équateur. Il veut ouvrir et il commence à ouvrir le débat autour de la question de la justice redistributive en économie et dans le champ social ; dilemmes, dit-il, autour du bien-fondé d'une justice redistributive efficace : entre le faisable et le désirable, entre la création de droits et l'imposition d'obligations, entre ce qui est injuste et juste, etc. Mais, à notre avis, analyser l'écart entre le faisable et le désirable dépasse les limites de la morale et de l'éthique, idéologiques ou non idéologiques, et ouvre déjà à la question du politique. Simple remarque. Castelli s'efforce de demeurer dans les limites mêmes que s'est donné, à juste titre, l'ouvrage.

D'abord, l'auteur note que les ressources mises au service de la morale économique solidariste se voulant fondée notamment sur la justice et la solidarité sociales proviennent de liquidités obtenues par l'extraction du pétrole et de différents minerais. Ces liquidités sont absorbées en partie par les programmes sociaux, mais elles résultent néanmoins de « la traditionnelle spéculation internationale dans le domaine exportateur », autrement dit du marché capitaliste.

Castelli fait ensuite deux remarques essentielles. 1/ L'économie morale qui s'est mise en place depuis sept ans en Équateur avec la Révolution citoyenne a certes commencé à redonner dignité et pouvoir aux plus pauvres qui, jusque-là, avaient subi le poids écrasant de gouvernements et de partis corrompus. « La redistribution des rentes comme objectif social de transfert de richesses vers le bas accomplit (une) œuvre éminemment rédemptrice en termes de légitimité pour le régime ». Mais il s'agit d'une idéologie politique fondée sur les valeurs de solidarité que recèleraient « naturellement » les couches populaires. « Une générosité sociale bâtie sur la prospérité rentière remet aussi à l'ordre du jour l'increvable populisme économique latino-américain dans une version progressiste moralisatrice à laquelle demeure directement associé un clientélisme énergétique redoutable en fonction des cycles d'expansion et de récession du capitalisme ».

2 / Deuxième remarque essentielle de l'auteur : une crise du capitalisme globalisé ou une « exigence immédiate de paiement du puissant bailleur de fonds chinois » pourraient restreindre brutalement le volume des flux de redistribution aux couches les plus défavorisées ».

L'auteur note que « sur le fond, la légitimité de la politique solidariste de redistribution favorable aux plus pauvres n'est pas contestable dans la mesure où elle se trouve justifiée par la croissance des inégalités avant même la Révolution citoyenne en Équateur ». Mais, ajoute-t-il, et c'est là, à notre avis, tout le problème de ce que nous appelons la légitimation et la légitimité sociales et politiques et celui des luttes à mener pour qu'elles soient approximativement réalisées, « la politique redistributive étatique — que nous avons connue, dans une certaine mesure, en Europe et au États-Unis, entre 1945 et 1974 — sise au cœur même de l'opulence rentière (en Équateur) n'offre en elle-même aucune alternative susceptible de sortir de la cage de fer (Max Weber) du capitalisme globalisé.

D'où la conclusion de l'auteur qui va, à notre avis, vers l'élargissement de son propos, comme nous l'avons déjà suggéré auparavant sur un autre point (le faisable et le désirable, le juste et l'injuste) : « Manquent encore les *demandes non juridiques, effectives,* de *reconnaissance* impliquant le respect et la protection des *différences*... Introduire quotidiennement de la *reconnaissance* au sein même de la politique redistributive tout en préservant les *libertés fondamentales* de l'individu (et du groupe) représente un défi *politique* » (Les termes soulignés le sont par nous LMB). Défi politique au sens du politique qui est aussi une nécessité et se situe bien au-delà des rapports entre morale et économie, de la question de l'économie morale et de celle de la morale de l'économie, défi qui dès maintenant peut contribuer à éviter les morts inutiles.

Dans leur conclusion, les trois coordinateurs et co-auteurs de l'ouvrage notent qu'aujourd'hui l'économie morale c'est grosso modo l'économie solidaire et que la morale de l'économie pose la question de la légitimité de l'activité économique et de l'accumulation des richesses. Autres questions posées : l'économie de marché peut-elle être morale ? La moralisation du capitalisme est-elle possible ?

Aux deux questions, nous pouvons déjà répondre que, selon nous, 1/ l'économie de marché est possible si elle cesse d'être globalement capitaliste, ce qui actuellement est impossible, mais ne le sera peut-être pas toujours ; 2/ la moralisation du capitalisme ou, plus précisément, son articulation à *un* politique approximativement légitime est impossible. Ce serait sa perte et, depuis qu'il est apparu en Grande-Bretagne d'abord, puis en Europe, les capitalistes l'ont su et le savent. C'est bien pourquoi ils luttent contre ceux et celles (groupes et individus) qui s'opposent à leurs desseins, pas seulement économiques. En effet, c'est le champ politique au sens du politique qui appelle, autant sinon plus que le champ économique, les aspirations morales. Au moins, peut-on le souhaiter. Sinon les morales et les éthiques n'ont aucun sens (qu'elles concernent ou non l'économique). Ou alors elles prennent, dans les sociétés modernes ou se modernisant, un sens dissimulé théologico-politique totalement idéologisé : bien, mal, faute, etc. Ce livre va plus loin qu'une incitation à la réflexion. Il pose ou va poser très vite la question des choix.

Louis MOREAU DE BELLAING

Charlotte DEBEST, *Le choix d'une vie sans enfant*, Presses universitaires de Rennes, coll. « Le sens social », 215 pages, 2014.

La parution de l'ouvrage de Charlotte Debest fera sans doute date, et c'est bien le pire que nous pouvons lui souhaiter. Il intervient alors que la loi sur le mariage pour tous n'a pas encore renfermé toutes les cicatrices du débat social, d'une violence inédite, qui s'était installé en France dès l'annonce du projet de loi. Au regard de sa ligne éditoriale, tournée vers la notion d'autoémancipation, une revue comme *L'homme et la société* se devait de signaler à ses lecteurs, assidus ou occasionnels, la parution d'un tel ouvrage, fruit d'une thèse de doctorat soutenue à l'université de Paris-Diderot, et préfacé par Erika Flahaut. La recension qu'il nous est donné l'occasion de produire ici sera nécessairement beaucoup trop synthétique, voire lacunaire, du fait de la richesse de l'ouvrage et de la force de l'analyse qui le structure.

Il fallait à l'auteure une dose de courage pour se lancer dans une telle recherche et produire une analyse aussi rigoureuse que passionnante du choix de vivre sans enfant. Courage tant est forte dans nos sociétés la pression sociale de faire et d'avoir des enfants. Courage d'incruster dans cette recherche, comme en toile de fond, la philosophie de Jean-Paul Sartre et de Simone de Beauvoir, leur approche de la liberté et la possibilité de penser le monde autrement et, *in fine*, d'organiser sa vie selon des critères autres que ceux imposés par la société, la famille ou la religion.

L'ouvrage se compose de cinq chapitres, structurés autour de l'histoire de la natalité et de la contraception en France et d'un travail d'enquête mené auprès d'hommes et de femmes ayant fait le choix de ne pas avoir d'enfants, que Charlotte Debest qualifie du très poétique sigle « les SEnVol » (« sans enfant volontairement ») (les annexes situées en fin d'ouvrage témoignent de la rigueur de l'enquête). Le premier chapitre revient précisément sur le penchant nataliste qui caractérise historiquement la société française, faisant des « SEnVol » des individus déviants, la sociologie de la déviance occupant une place centrale dans l'ouvrage. L'auteure indique dans le même temps en quoi la France s'est distinguée par un retard de près de vingt-cinq ans en matière de recherche sur les *child free*, comparativement aux États-Unis. Et comme le précise la préface au livre de Charlotte Debest, l'importance de ce travail de recherche est inversement proportionnelle à la rareté de ce type de questionnement dans le champ des sciences sociales.

La première originalité du livre réside dans le choix d'enquêter non seulement auprès d'hommes et de femmes pris individuellement, mais aussi auprès de couples, comme pour rompre avec l'image normée qu'en a fait la société. Il s'ensuit que le non-désir d'enfant constitue pour les couples interrogés, non seulement un moyen de s'affranchir de la norme sociale en vigueur, faisant des enfants l'un des signes de la réussite sociale, mais tout autant un instrument de maîtrise de l'organisation de sa propre existence afin de tendre vers une relation de couple construite sur une vision personnelle de l'émancipation.

La seconde originalité a trait au fait que l'enquête est construite sur un questionnaire engageant plusieurs générations, du lendemain de la guerre aux années 1980. On peut voir ainsi se former et se déformer le rapport à l'enfant et à la famille selon les postures générationnelles. De ce point de vue, la lecture des encadrés — qui restituent les entretiens — apporte des informations précieuses. Ne pas désirer d'enfant expose l'individu ou le couple à des formes de déviances sociales qu'il s'agit d'assumer. En cela, l'auteure montre fort bien comment se construisent les stratégies de refus ou de détachement des normes sociales en vigueur, celle tournant autour de la famille et des liens intergénérationnels étant sans doute la plus prégnante.

Le chapitre 4 de l'ouvrage apparaît encore plus intéressant en ce sens qu'il investit les motifs de « l'impossible entrée en parentalité ». Il y est certes question d'un difficile rapport à l'enfant, à sa dimension chronophage, à la pression de la responsabilité éducative… mais l'auteure met davantage en exergue « l'irrationalité du désir » de ne pas faire et avoir d'enfant. Au travers des entretiens et des postures adoptées, Charlotte Debest établit un lien entre cette absence de désir de procréer et le refus de l'universalité de la norme de fonder une famille. L'analyse ainsi livrée permet de basculer dans le dernier chapitre, spécifiquement consacré aux femmes et à leur désir de « faire autre chose » que ce qu'attend la société. Selon les enquêtées, la famille est appréhendée comme un vecteur de l'ordre social, comme le garant du patriarcat et de la maternité, bref comme une aliénation faisant obstacle à l'émancipation des femmes.

L'ouvrage de Charlotte Debest montre bien en quoi les « SEnVol » participent du déploiement de nouvelles valeurs professionnelles et conjugales. Cette vision du monde social est en quelque sorte corrélée au capital social et culturel, dans la mesure où sa détention offre la possibilité de s'inscrire autrement dans ce monde. Être producteur de son existence, voilà ce qui ressort des entretiens que l'auteure a menés, synthétisant son propos par le triptyque « liberté, responsabilité, motivation ». Elle en appelle *in fine* à une rupture allant dans le sens d'une réflexion active pour ne plus « socialiser les filles à la maternité, au rôle de mère… », pour ne plus assigner à la femme la responsabilité de la parentalité. Finir l'écriture de cet ouvrage par la célèbre phrase de Sartre « l'existence précède l'essence », permet de boucler son analyse.

Le livre de Charlotte Debest fera sans doute bouger les lignes dans un avenir plus ou moins proche. Il devrait en cela être largement diffusé, débattu, à commencer dans la sphère scolaire et universitaire. Il serait dans le même temps cohérent d'en retirer les éléments fondamentaux afin d'en écrire un article dans la presse, et prendre ainsi une part active dans le débat qui a et continue de secouer la société française à propos du mariage pour tous. Un ouvrage qui apporte sa contribution à la résistance aux forces régressives qui animent la société et qui, si l'on n'y prend pas garde, risque d'entraver la marche vers l'autoémancipation.

Toutefois, avec son approche critique de l'organisation de la société, Charlotte Debest laisse entendre que le chemin sera long et tortueux. N'est-il pas que toutes les formes de défense de la société, par la famille, le travail, la religion, et puis maintenant l'environnement, sont en fait des combats pour le maintien de l'ordre social ? La publication de l'ouvrage de Charlotte Debest en constitue selon nous l'une des démonstrations supplémentaires.

Thierry POUCH

*   *   *

Résumés/Abstracts

Nicolas Brisset

« Comment(et pourquoi) repenser la performativité des énoncés théoriques ? »

Cet article a pour ambition de questionner l'usage de la notion de performativité, emprunté à Austin, par une frange de la sociologie s'intéressant au rôle des économistes dans la construction de la réalité sociale. Après avoir montré que cet usage dénature l'approche austinienne, et que cela pose problème en ce qu'il mène à un relativisme heuristiquement peu instructif, on tente d'offrir une perspective alternative. Dans un mouvement de retour à Austin, on utilisera le concept de convention à la Lewis afin de penser la performativité par ses conditions de félicité.

Abstract

In this paper, we question the use of the notion of performativity, borrowed from Austin, by some sociologists who aspire to understand the way economics shape the social reality. We will emphasize this use distort the Austin way to approach performativity, what explains a major problem of what we call « performativist sociology » : its over-relativism stance, making lower its heuristic value. In a « back to Austin » motion, we would want to redefine performativity of economics by its felicity conditions.

Frédéric Lebaron

« Discours d'institution et pouvoir symbolique. Le cas des banques centrales »

Être écouté par « tout le monde » et voir ses meilleures phrases re-groupées dans un recueil de citations, voilà bien deux aspects, liés entre eux, du *pouvoir symbolique* : cette autorité particulière conférée aux auteurs de certains *discours* qui peuvent être caractérisés, simultanément, par l'exercice d'une *forme de pouvoir*. Ces *discours* ont pour propriété d'être universellement ou quasi-universellement efficaces, en tout cas apparemment.

Cet article analyse l'exercice du pouvoir symbolique par les dirigeants de banques centrales et tente de comprendre quels en sont les ressorts profonds.

Ceux-ci sont à chercher, en particulier, du côté de différents types de légitimité, parmi lesquels la légitimité scientifique occupe une place particulière.

Abstract

Being listened to by « everybody » and getting one's best sentences collected in a quotations book, these are clearly two related aspects of symbolic power : this particular authority which is confered to the producers of certain discourses which can simultaneously be defined as the result of some kind of power. These discourses are universally or quasi-universally efficient, at least apparently.

This article analyses the way this *symbolic power* is used by leaders of central banks and tries to understand what are its deep roots.

These roots lay in particular in different types of legitimacy, among which the scientific legitimacy has a particular position.

Philippe Batifoulier

« Performativité et théorie conventionnelle. Une application à l'assurance santé »

Faire payer le patient (ticket modérateur, forfait, franchise) est une stratégie qui illustre le pouvoir politique de l'économie *mainstream*. La théorie économique du « risque moral » considère que les politiques de partage des coûts avec le patient et le développement de l'assurance privée sont de nature à réduire les dépenses de santé sans dommage sur l'état de santé. Cette « leçon » a énormément influencé les décideurs politiques et justifie la privatisation du soin. Cet article montre que l'influence de ce discours théorique est intimement liée au pouvoir des intérêts dominants alors que les preuves empiriques sont aussi inconsistantes que l'approche théorique est déficiente.

Abstract

Making the patient pay (coinsurance, copayment, deductible) is a strategy illustrative of the political power of mainstream economics. The economic theory of " moral hazard " assumes that cost sharing and private health insurance can reduce health spending without damage on health status. This " lesson " has been enormously influential on policy makers and justifies the marketization of health care. This paper shows that the influence of this theoretical discourse *is close to the power of dominant interest despite* the empirical proof is as flawed as the theoretical approach is deficient.

Florence Jany-Catrice

« La légitimation académique d'un projet politique. Le cas de la création des " services à la personne " »

Cet article se veut une analyse socioéconomique des forces qui ont fait advenir un nouveau secteur, celui des « services à la personne ». Nous le faisons en nous intéressant non seulement au « contenu » (c'est-à-dire aux idées, aux arguments, aux images) de ce qui est véhiculé pendant la période de construction de son avènement, mais aussi aux conditions sociales de la légitimation de ce secteur, en nous intéressant à celles et ceux qui ont rendu ces contenus légitimes, et qui, ce faisant, on fait advenir une réalité.

« The Academic Legitimacy of a Political Project. The case of the creation of a " personal services " sector »

This article is a socio-economic analysis of the social forces that made happen the new " personal services " sector. We analyse the " content " (*i.e.* the ideas, arguments, pictures) of what is conveyed during the period of development of this sector. But we are also interested in the social conditions of legitimation of this sector, by focusing on the actors who produced the legitimacy required, and by doing so, made happen a reality.

François Flahault

« Quand la science crée le monde qu'elle décrit »

Les sciences économiques décrivent et prescrivent à la fois. Pourquoi mêlent-elles ces deux rôles alors que les autres sciences les distinguent ? Pour répondre à cette question l'auteur commence par rappeler la distinction entre les actes performatifs assumés explicitement et ceux qui sont effectués implicitement sous le couvert d'énoncés descriptifs, comme le font les théories économiques. Il montre ensuite, en prenant l'exemple de représentations sociocosmiques de l'ancienne Égypte, puis de la théologie médiévale comment ces sociétés ont dû, elles aussi, se référer à un ordre qui est, et qui est ce qu'il doit être. La thèse générale de l'article est que les sociétés humaines doivent nécessairement instituer un monde commun, et que, pour assurer la crédibilité de ce cadre, il leur faut faire comme si elles ne l'avaient pas créé.

Abstract

Economic sciences describe *and* prescribe. Why are these two roles mixed in this case when they are always distinguished in other sciences ? To answer this question, the author starts by reminding us of the distinction between acts that are performed explicitly and acts that are performed implicitly, this being done by descriptive enunciations, as it is the case in economic theories. Then, using the examples of socio-cosmic representations in Ancient Egypt and of medieval theology, the author shows how these societies had to refer to an order which is, and which is what it should be. The general thesis of the essay is that human societies must necessarily imagine and create a shared world, and that to ensure its credibility, they have to pretend that they never created it in the first place.

Katerina Bregianni

« Mémoire et oubli des institutions associatives : microanalyse de réseaux coopératifs dans la Grèce de l'entre-deux-guerres et politique centrale »

L'article vise à examiner la prolifération des réseaux coopératifs dans la Grèce rurale de l'entre-deux-guerres *via* l'analyse du cas thessalien. Son objectif principal est de souligner les enjeux des acteurs, le poids des traditions et des blocages sociaux. On examine donc les variables du changement rural dans la

Grèce au lendemain de la première guerre mondiale, en utilisant la microanalyse de ces réseaux thessaliens locaux. Cette étude démontre le rôle primordial et impératif de l'État en ce qui concerne la régularisation de l'économie agraire et l'influence de cette intervention à l'échelle régionale, reposant sur une exploitation d'archives locales.

Abstract

This essay focuses on the State's role regarding the regularization of Greek interwar rural economy, at regional level. To this purpose it was examined the case of a local cooperative network in Thessaly, supervised and controlled by the Agricultural Bank of Greece. It was demonstrated, by archival documentation, that the Greek rural cooperatives' institutional form was an instrument for the political authority so as to control social and individual experience.

* * *

Modalités de soumission et d'évaluation des articles

Conditions d'envoi des manuscrits

Les auteurs soumettant un manuscrit à *L'homme et la société* s'engagent à proposer un texte inédit et à ne pas le soumettre à d'autres revues. Les articles doivent être accompagnés d'un résumé en français et en anglais d'une dizaine de lignes maximum. Tout manuscrit doit être transmis en version électronique (format.doc) à :

Secrétariat de rédaction
deldyck@univ-paris-diderot.fr
01 57 27 64 86

Présentation des manuscrits

La première page de l'article indique le titre de l'article, les prénoms, noms, coordonnées et rattachements institutionnels des auteurs.

Le texte est saisi en double interligne. Les articles ne doivent pas excéder une longueur de 70 000 signes (ponctuation et espaces compris) et les comptes rendus de 10 000 signes.

Dans le texte, les références sont faites en notes de bas de page.

Modèles de notes :

Ouvrages : Gilles POSTEL-VINAY, *La rente foncière dans le capitalisme agricole*, Ville, Maspero, 1974.

Articles : Jean-Michel CHEVET, « Production et productivité : un modèle de développement économique des campagnes de la région parisienne aux XVIIIe et XIXe siècles », *Histoire & Mesure*, 1994, vol. 9, n° 1-2, p. 101-145.

Ouvrages collectifs : Ronald HUBSCHER et Jean-Claude FARCY (dir.), *La moisson des autres. Les salariés agricoles aux XIXe et XXe siècles*, Ville, Creaphis, 1996.

Procédure d'évaluation des articles

Tout texte soumis pour publication, est évalué de manière anonyme par deux membres du comité de rédaction en exercice. Si ces deux évaluateurs sont d'un avis différent, un troisième lecteur est nommé pour départager. Lorsque le comité de rédaction en éprouve la nécessité, il peut solliciter l'avis d'un expert extérieur à la rédaction. La décision est transmise, par courriel, à l'auteur du texte par le secrétariat de rédaction. Le comité de rédaction se réserve le droit de demander toutes modifications qu'il juge nécessaire à apporter à l'article.

Tout article publié dans la revue est également publié en ligne *via* le portail Cairn.

Copyright

En contrepartie de la publication dans *L'homme et la société* d'une contribution, quelle qu'elle soit, l'auteur cède à la revue, à titre exclusif, les droits de propriété pour le monde entier, en tous formats et tous supports, en l'état, adaptée ou traduite, sous forme de livre ou sur internet. Cependant, à la condition qu'il demande l'accord préalable à *L'homme et la société*, l'auteur peut publier sa contribution dans un livre dont il est l'auteur ou auquel il contribue, à la condition de citer *L'homme et la société* comme source de première publication.

*　　*　　*

L'HARMATTAN ITALIA
Via Degli Artisti 15; 10124 Torino
harmattan.italia@gmail.com

L'HARMATTAN HONGRIE
Könyvesbolt ; Kossuth L. u. 14-16
1053 Budapest

L'HARMATTAN KINSHASA
185, avenue Nyangwe
Commune de Lingwala
Kinshasa, R.D. Congo
(00243) 998697603 ou (00243) 999229662

L'HARMATTAN CONGO
67, av. E. P. Lumumba
Bât. – Congo Pharmacie (Bib. Nat.)
BP2874 Brazzaville
harmattan.congo@yahoo.fr

L'HARMATTAN GUINÉE
Almamya Rue KA 028, en face
du restaurant Le Cèdre
OKB agency BP 3470 Conakry
(00224) 657 20 85 08 / 664 28 91 96
harmattanguinee@yahoo.fr

L'HARMATTAN MALI
Rue 73, Porte 536, Niamakoro,
Cité Unicef, Bamako
Tél. 00 (223) 20205724 / +(223) 76378082
poudiougopaul@yahoo.fr
pp.harmattan@gmail.com

L'HARMATTAN CAMEROUN
BP 11486
Face à la SNI, immeuble Don Bosco
Yaoundé
(00237) 99 76 61 66
harmattancam@yahoo.fr

L'HARMATTAN CÔTE D'IVOIRE
Résidence Karl / cité des arts
Abidjan-Cocody 03 BP 1588 Abidjan 03
(00225) 05 77 87 31
etien_nda@yahoo.fr

L'HARMATTAN BURKINA
Penou Achille Some
Ouagadougou
(+226) 70 26 88 27

L'HARMATTAN SÉNÉGAL
10 VDN en face Mermoz, après le pont de Fann
BP 45034 Dakar Fann
33 825 98 58 / 33 860 9858
senharmattan@gmail.com / senlibraire@gmail.com
www.harmattansenegal.com

L'HARMATTAN BÉNIN
ISOR-BENIN
01 BP 359 COTONOU-RP
Quartier Gbèdjromèdé,
Rue Agbélenco, Lot 1247 I
Tél : 00 229 21 32 53 79
christian_dablaka123@yahoo.fr

Achevé d'imprimer par Corlet Numérique - 14110 Condé-sur-Noireau
N° d'Imprimeur : 126651 - Dépôt légal : mars 2016 - *Imprimé en France*

www.ingramcontent.com/pod-product-compliance
Lightning Source LLC
LaVergne TN
LVHW011305061026
849535LV00005B/1416
* 9 7 8 2 3 4 3 0 8 3 0 4 9 *